呼吸
语文的气息

陈清华 ◎著

吉林大学出版社

·长春·

图书在版编目（CIP）数据

呼吸语文的气息 / 陈清华著. — 长春：吉林大学
出版社，2020.10
ISBN 978-7-5692-7330-4

Ⅰ.①呼… Ⅱ.①陈… Ⅲ.①中学语文课—教学研究
Ⅳ.①G633.302

中国版本图书馆CIP数据核字（2020）第171472号

书　　名	呼吸语文的气息
	HUXI YUWEN DE QIXI

作　　者	陈清华 著
策划编辑	刘子贵
责任编辑	安　斌
责任校对	李卓彦
装帧设计	北京言之凿文化
出版发行	吉林大学出版社
社　　址	长春市人民大街4059号
邮政编码	130021
发行电话	0431-89580028/29/21
网　　址	http://www.jlup.com.cn
电子邮箱	jdcbs@jlu.edu.cn
印　　刷	北京政采印刷服务有限公司
开　　本	787mm×1092mm 1/16
印　　张	17.75
字　　数	300千字
版　　次	2022年6月　第1版
印　　次	2022年6月　第1次
书　　号	ISBN 978-7-5692-7330-4
定　　价	45.00元

序 言
PREFACE

　　十年前，自己致力于"清华TSDC主动本质学习法"研究，得遇时在安徽省砀山中学任职的清华老师。作为知名语文教师和卓越的管理者，他业务之精湛、理念之系统、思想之丰富、胆气之豪迈皆令人赞赏。难能可贵的是，他创造性地推进"TSDC"实践活动，取得了辉煌业绩，谱写了"兄清华清华育出清华，弟北大北大源自清华"的高考传奇。

　　清华园是自己昔年读书的地方，那里的气息润肺养心，醇美宜人。拜读清华大作《呼吸语文的气息》，方知有一种香甜绵长的气息源自语文，语文原来是生命的源头活水。唯有让鲜活的生命呼吸到文字芬芳气息的老师，才是真正的师者。在清华的语文世界里，纸上的文字鲜活灵动，各具性情，学生可以在馨香四溢的气息里登山临水，神交古人；可以在清新怡人的气息里淘洗魂灵，濡养精神。或回溯历史，或置身生活，或浮舟沧海，或立马昆仑，一切都是那样的细腻而丰盈，一切都是那样的真实而美好。

　　写序文实非易事，分享一些令人眼亮、心动、情暖的句子，或是上佳之选。

　　"课堂有活动，教学方灵动。当你有路可走的时候，把课堂让给学生；当你无路可走的时候，把课堂交给学生。"清华老师的教育观和学生观令人敬佩。

　　"坚守自我者相信自己的专业判断，不迷信权威者会形成自己的教育思想。这样的老师方能从容驾驭课堂，赢得孩子们发自心底的信赖和敬重，这当是一位教师真正的快乐。"这是清华老师的教育体悟。

　　"'教课文'和'用课文教'是完全不同的教学行为，没有对文本的深入阅读、深刻思考与独到理解，没有醉心语文、热爱生活和拥抱生命的情怀，一位语文老师就很难享受到文字流淌出来的哲思和韵致之美。"这是清华老师的教育省思。

　　"思想的伟力会让人变得厚重、和悦，有尊严地活着。作为语文人，你要做的便是醉心于课堂，和一群鲜花般的少男少女一起尽情呼吸语文的气息，为他们也为自己留存无限浪漫香甜的记忆，收获无比温煦动人的故事。"这是清华老师的教育情怀。

"新老师，新内容，新教法，教的是创新，我们有了新感受，今后我们一定要创新。我们喜欢这堂课，更喜欢带给我们新感觉的老师。"这是清华老师借班上课后学生的心声。

"幽默生动，金句频出，欢笑与思考并行；深入浅出，饱含智慧，技巧与情怀同在。"这是清华老师任教班级学生的共识。

"特级教师的课不仅特在新奇完美的设计上，还特在清晰流畅的过程上，更特在内省语文、思辨探究的理念上。'语文课堂即学生生命的舞台'是陈老师的教学追求，一堂课结束了，但所引发的思考才刚刚开始。"这是教育专家罗日明老师的观课评价。

"用最短的时间来诠释语文教学理念，传递语文教育思想，不忌讳，不顾虑，很坦然，很陶然，就是为了引发思考和行动。这是一堂厚积薄发、厚重灵动的语文展示课，更是一堂滋养灵魂、濡养精神的文化探索课。"这是贵州省册亨县民族中学吴安琼老师的深切感言。

"清华老师的课堂教学有两大特点：一是得体，二是得法。教学思路清晰，学习材料丰富，活动安排充分，能够让我们感受到教师对教学内容的细心把玩和对教学细节的精心锤炼。"这是全国著名特级教师余映潮老师的高度赞誉。

在本书的"教学案例"部分，我惊喜地发现了一个细节：在执教大型公开课时，清华特别爱请观课者当场命题检测教学效果。这不仅充分展示了清华的教学胆识与自信，也充分体现出他对学生的无限信任与期盼。

作为师者，清华自强不息，内省求进。从乡镇到县城到一线城市，由农村中学到省示范高中到国家级示范高中，他勤勉不辍，孜孜以求；从县教坛新星、十佳班主任、劳动模范，市优秀教师、骨干教师、学科带头人，到课堂教学市一等奖、省一等奖、全国一等奖，他热爱语文，执着有恒。特级教师的荣誉不过是对他三十二年从教历程的生动注脚。

清华不仅是师者，更是厚德载物、行胜于言的师表。坦荡诚信、敬畏悲悯、感恩良善、立己达人是其个体生命的光华。清华以其独特的人格魅力感染着他的每一名学生，他所培育的学生多有成就，皆以清华为人生榜样而效仿追随，不管身在何处，无论成就大小，即便毕业多年，亦是对其感念不已。

清华曾经"投资"万余元，帮助一个贫困女孩到北京参加一次足以改变她命运的夏令营活动。后来，女孩考取了对外经济贸易大学；再后来，女孩去了外交部工作，并且有了自己想要的生活；几年后，这个女孩找到清华老师，拿出"契约"要偿还其本息，清华感慨良深："老师仁爱乃根本，学生信诚即利息。"

"近看碧野陈静，更觉地设天造，人间无双。执子之手，与子偕老，自是万千姻缘之所期。二人必可参透情爱之真谛，举案齐眉，两心相倾，彼此包容，同沐阳光，共担风雨，演绎爱情生命之佳话，留存恒久动人之华章。再祝新婚甜蜜，凤凰于飞，早诞麟儿。"清华老师在两名学生的婚礼现场即席作赋也是一种恣意的幸福。

"老陈啊！遇见你是我的幸运，以后会有更多的人能感受到这份幸运，所以我并不悲伤你的离去，因为你在逐光而居。不管老陈在哪儿，我都相信你会过得很好，不因其他，只因你是我们的老陈。要记得哦，我们的征途是星辰大海，我们不说再见！"这是一个叫佳慧的孩子给"老陈"的留言，难怪清华常说自己是一个被语文和学生格外眷顾的人。

"传道、授业、解惑固然是一位语文教师的职责，但我深知语文之外延等同于生活的外延，让学生拥有健全之人格、独立之思想、高洁之操守，将知识升华为智慧和胆识，从而使自己的人生璀璨壮美，更是我最热切的冀望。""上不愧天，丰富心灵，任繁星纵变，智慧永恒；下不怍地，壮阔胸襟，纳河山锦绣，万里驰骋。"清华的学生为何言嘉行懿，德学两进，既能赢得分数，又能拥有诗和远方？这就是完美的答案。

清华多年专注于教育教学管理与研究，着力打造有尊严、有归属感的教师队伍，不断提升学校软实力。他领导的团队"分担风雨，分享阳光""健康，理性，尽责，臻善""明德，笃行，弘毅，致新""睿思，敦行，敬畏，坚卓"。清华的教育思想深深影响着他的同事，大家恪守清华提出的"方向第一""对等"和"健康至上"三大原则，有着共同的目标追求和行为准则且奉行不悖，做到了"爱惜荣誉，担负责任，立德树人，各得其所"。"不讲工作的感情轻飘飘，不讲感情的工作冷冰冰"，这句话凝聚着清华的教育理解和人生智慧。清华成长为一位优秀的特级教师是自然而然的，没有苛求，更无执念。在清华看来，"鹪鹩巢林，不过一枝"，毋庸讳言，我并不赞成他目下多少有些逃避成分的选择，他应该成为一位出色的教育家。唯有教育家才会有如下的体悟和认知：

"学生不痛苦而欢心，老师不焦虑而舒心，家长不抱怨而放心，社会不指责而倾心是我追求的教育。但这或许是一种理想！不过我深知一位教育工作者不能站在学生的对立面上去施教，要尊重规律，顺乎人性。

"要在教育的终点看教育，教育的思路就是培育的思路，而不是管理的思路。

"不是所有的种子都会发芽，但我们只要播种就会收获满园花香和累累硕果。

"个人的尊严永远比团队的利益重要，一个团队最大的利益便是让个体享有尊严。

"工作是一个人安身立命的基础，工作可以改变生活，生活可以促进工作。一个工作一塌糊涂的人，生活质量也高不到哪里去。

"善于总结和内省，找准行动的方向，科学规划时间和行为，比简单地拼搏、一味地努力更有效。这样的工作才会给生活带来更大的快乐和幸福。"

《我曾邂逅一位教育家》是清华专门为他初中班主任写的文章，读之感同身受。"顾念既往，难忘师长。对照恩师躬身自省，便觉自己远不如他想得纯粹，做得自然，走得从容。作为学生，自己幸遇唐老师；身为老师，自己要终生做一个像唐老师那样的人。写下以上文字，唯愿恩师教育思想相延不废。"我想，清华一定是他所有老师的骄傲。

清华有言："省思既往，有两大憾事，一是读书太少，二是内省甚浅。每期冀前路，有三个愿望，一为五世同堂，儿孙绕膝；二为做一位不给学生丢脸的老师，培育出令自己崇拜的弟子；三为皓首苍颜之日，犹可以语文为伴，游历河川山岳。""赤子降临，五世同堂。自此，我有奶奶，是孙子；有父母，是儿子；有儿子，是父亲；有孙女，是爷爷。"清华的心底缘何会生发出这样的文字呢？谦卑沉静之外，"五世同堂"的和美岂不羡煞你我？一个温柔以待世界的大家庭才会被世界温柔以待。"做一位不给学生丢脸的老师"，这堪为最朴素的教育愿景了，却也最发人警思，最令人向往。

本书以作者主持的一项主题任务行动研究的题目《呼吸语文的气息》命名，分五个部分：学科探微——厚实语文，二十余篇学科文章诠释了"内省语文"教育观，包括语言推敲、考试纵深和教学省思三个板块；教学案例——丰盈课堂，十个典型课例，展示灵动多姿的语文课堂，呈现鲜明独特的教学风格；教育体认——厚重生命，表达对教育和生命真实而独特的理解；生活观照——温煦情怀，但见作者胸襟壮阔，悦纳万物，诗意栖居；学生佳作——芬芳气息，九篇获奖或发表作品散发着清新醉人的语文气息。

本书适合广大教育工作者尤其是语文教师阅读。"呼吸语文的气息"，是执着的追求，是切实的行动。"语文的气息"是文化的气息，塑造人格；是生活的气息，濡养情怀；是生命的气息，润泽灵魂；是成长的气息，砥砺精神。

走进清华园，我很幸运；得遇清华，幸甚；能为培养出众多清华学子的清华老师之大作添几行文字，殊幸！

清华TSDC主动本质学习研究院院长　姜哲夫

2020年7月于海南

目 录
CONTENTS

第一篇
学科探微——厚实语文

第二篇
教学案例——丰盈课堂

第三篇

教育体认——厚重生命

第四篇

生活观照——温煦情怀

第五篇

学生佳作——芬芳气息

第一篇

学科探微

——厚实语文

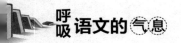
语言推敲

由一道语言文字运用题说语言的得体

最近，笔者让学生做了一道语言文字运用题。现列举如下：

日常交际中，注重礼貌用语，讲究措辞文雅是中华民族的优良传统。请写出下列不同场合中使用两个字的敬辞谦语。

示例：探望朋友，可以说"特意来看您"，更文雅一点，也可以说"特意登门拜访"。

（1）想托人办事，可以说"请您帮帮忙"，也可以说"＿＿＿＿＿＿＿＿＿＿＿＿＿＿您了"。

（2）请人原谅，可以说"请原谅""请谅解"，也可以说"请您＿＿＿＿＿＿＿＿＿＿＿＿＿＿＿＿"。

（3）询问长者年龄，可以说"您多大岁数"，也可以说"您老人家＿＿＿＿＿＿＿＿＿＿＿＿＿＿＿＿"。

参考答案分别是：拜托、海涵、高寿。

这三个答案给得很准确，没有任何问题。看得出该道题难度不大，不少学生的解答与参考答案完全相同，该题训练似乎可以轻松过关了。但在讲评时，笔者发现，同学们给出的答案有一些与参考答案相近，他们很想知道这些答案能否得分。还有一些是错误答案，需要明确指出来。还有几个答案，存在较大争议。便当堂搜集答案，分类整理，再次读题干，明确解答该道题的几个具体要求：①系礼貌用语；②措辞文雅；③敬辞谦语；④两个字。

这样看，最先排除的是两个字以上的敬辞谦语，还真有几个同学没有注意这一限制，所给答案超过了两个字。于是再一次向他们强调语言文字运用题的解题要求：①审清题干，按要求答题；②注意限制。接下来，就是肯定一些与参考答案不完全一样，但可以得分的答案，像第（1）题的"有劳""麻烦""烦劳"等，第（2）题的"见谅""包涵"等，第（3）题的"贵庚""高龄"等。然后要做的就是明确指出一些错误答案，如第（1）题的"叨扰""打扰""仰仗""有请"等，第（2）题的"宽容""宽恕""饶恕"等，第（3）题的"享年""长寿"等。最后就是解决有争议的答案，主要是第（1）题的"劳驾"，第（2）题的"包含"，第（3）题的"寿诞"。

先说"劳驾"。劳驾，是请别人让路或帮忙做事时用以表示谦恭的套语，犹言麻烦您。其结构为动宾式，因而其后不可以再加宾语，但是在实际运用时，用错的现象很多。一些词典并没有注意该词的结构特点，举的一些例子欠周全，一些文学作品在这个词的运用上也不够恰当。我们应该注意到，"劳驾"一词多用于句首，有时会有"劳您驾""劳您大驾"的用法。但不管怎么样，"劳驾"后都不可以再加上宾语了。第1题用"劳驾"，因其后有宾语"您"，所以是错误的。汉语中，还有的词语不可在其后再加介词，如"涉及""截至"后无须加"到"。这些都要求我们在学习时多加注意。

再说"包含"。包含，一般有两种解释：①里边含有；②同"包涵"，宽容，原谅。《现代汉语词典》只给了一种解释：里边含有。举例为"这句话包含好几层意思"。查阅相关资料后知道，用"包含"第二种意思的多为古文，现代汉语表示"宽容""原谅"意时，一般用"包涵"。故"包含"为第2题答案则是错的。《现代汉语词典》中虽"狼藉""狼籍"互见，但是把"狼藉"写作"狼籍"则一定是错的。

最后说"寿诞"。寿诞，寿辰、诞辰的意思，即生日。"寿诞"也是敬辞谦语，尽管知道生日可以推算出年龄，但题目要求的是询问长者的岁数，用"寿诞"无法直接知道岁数，在这里，用"寿诞"显然是不妥当的。

还有一个同学在第（3）题给出了"芳龄"的答案，芳龄一般指年轻女子的年龄。由此可见，如果不会使用谦辞敬语，便会闹出笑话来。记得几年前一个朋友的女儿出嫁，请柬上赫然写着：兹定于某年某月某日，为令爱敬设喜宴，恭请光临。"令爱"是敬辞，只能用来称呼别人的女儿，显然这里错得有些离谱。

写了以上这些，只是想告诉大家，生活中的人际交往离不开语言，怎样称谓，怎样开始，怎样结束，怎样表达感谢，怎样表示拒绝，怎样使自己的语言准确得体，这一切都是有讲究的。我们要善于积累一些称谓语、禁忌语、委婉语、寒暄语、致谢语、祝颂语、抚慰语、吉祥语，不断探究交际中的语言运用，这样就能提高交际能力，还可以由此打开一扇了解传统文化的窗口。

从"单县正宗羊肉汤"和"正宗单县羊肉汤"说起

十几年前，在街上看到"单县正宗羊肉汤"和"正宗单县羊肉汤"这两种招牌时，笔者就让所任教班级的学生来辨析这两种说法的正误。后来，每当接手一届新同学，笔者便会请他们来辨析这个问题。辨析之初，同学们争议很大，举手表决时，基本上是一半对一半。再请同学们去辨析"砀山正宗梨"和"正宗砀山梨"，看哪一种说法正确，结果只有极少数同学判断错误。接着请同学们辨析"哈密正宗瓜"和"正宗哈密瓜"，看哪一种说法正确，结果无一人判断错误，还有一些同学直呼这题目太简单。再回头看看，这三个命题的难度其实是完全一样的，词语间的结构也完全一致。但是，为什么同学们辨析起来前后会有如此大的差异呢？症结就在于，没有从语言的结构入手学习和分析语言。忽略了语言的结构，就不能发现和掌握语言的规律，就会导致我们的学习杂乱无序，事倍功半。以上三个命题的结构完全一致，正确的说法依次是"正宗单县羊肉汤""正宗砀山梨""正宗哈密瓜"，因为"单县羊肉汤""砀山梨""哈密瓜"都是地方特色品牌，其结构为"地域名+品牌名"，"正宗"作为一个形容词，应当放在前面起修饰作用。如果能够从结构入手，无论语言长短，都可以迅速作出准确判断，如"正宗黄山毛峰""正宗景德镇瓷器""正宗芜湖铁画""正宗吐鲁番葡萄"等。

以上例子中，"正宗"和表示地域概念的词语均充当定语，来修饰后面的定语中心语。我们要掌握多重定语的排列顺序，从语言的结构入手去学习和运用语言。多层定语之间一般按照与中心语关系的密切程度排列顺序，关系越密切的定语越靠近中心语。多重定语的排列顺序应该是：领属性修饰语——时间性修饰语——处所类修饰语——数量词——动词性修饰语——形容词性修饰语——名词性修饰语，最后是定语中心语。例如：

我去年从南昌带回来的一本儿子的辅导员送的线装版《论语》

高一年级每间教室的黑板上方张贴的彩色标语

李老师2008年担任班主任时教的一位十分优秀的学生

我国一位夺得过十五次世界冠军的杰出的乒乓球运动员

还要注意，多层定语的排列要遵循以下的规律：

（1）同一性质、应当处于同一位置上的定语，带"的"的定语一般放在不带"的"的定语之前。例如，只能说"伟大的超级球星"，不能说"超级伟大的球星"。

（2）结构复杂的定语一般放在结构简单的定语之前。例如，"从美国转会来的准备夺冠的篮球运动员麦蒂"，一般不能说成"准备夺冠的从美国转会来的篮球运动员麦蒂"。

以上两个规律，基本上先遵循规律一，再遵循规律二。

"单县正宗羊肉汤"和"正宗单县羊肉汤"哪种说法正确？看似十分简单的问题却可以引发我们诸多思考。正如朱光潜先生在《咬文嚼字》中所说的"无论阅读或写作，我们必须有一字不肯放松的谨严"，本着这个精神，从准确把握语言的结构入手学习和分析语言，就能不断发现和掌握语言的一些规律，给我们的阅读和写作带来便利，进而提高语文的鉴赏和运用能力。

"从来学问欺富贵"的"欺"作何解释

"最难耐的是寂寞，最难抛的是荣华。从来学问欺富贵，真文章在孤灯下"是上海昆剧名家张静娴主演的《班昭》中的一段唱词。这是班昭的精神写照。《班昭》一剧，在舞台上演绎、展示了班昭五十余年寂寞而壮美的人生风雨，班昭才华出众，历经生活磨难，被婚配，守空房，再守寡，直至孤灯寒卷守书稿，终于继承父兄遗志，完成史学巨著《汉书》的续写。

这几句话的大意似乎不难理解和领会，也常常被我们所引用，但对"从来学问欺富贵"的"欺"字的解释很是模糊，多有不妥。在学习苏轼的《赤壁赋》时，相关材料引用了这几句话来评说、激赏东坡先生愈挫愈奋、以苦为乐的傲岸精神和豁达襟抱。笔者就请学生谈对"欺"字的理解，学生给出了"欺压""欺负""被欺压""被欺负"等解释，大家多赞同"学问从来都是被富贵所欺"的理解，甚至有的同学这样认为，班昭和苏轼等人是被迫抛弃了荣华，耐住了寂寞，经受了磨难，才在"孤灯"下写出了极富性情的"真文章"。

听了同学们的这些意见，笔者感觉很是别扭，似乎并不是那么一回事。那这里的"欺"到底应该作何解释呢？于是便动手去搜寻相关的资料，以求有令人信服的结论。先去百度搜"'从来学问欺富贵'的'欺'作何解释"，没有找到具体的解释。再来求助工具书。《现代汉语词典》对"欺"的解释有二：①欺骗。②欺负。这两种解释显然不能令人满意，倒和不少学生的理解差不多。《辞源》（上海辞书出版社）对"欺"的解释有二：①欺骗；欺诈。②凌辱；欺负。这两种解释和《现代汉语词典》的解释几近相同。

《古代汉语词典》（商务印书馆）对"欺"的解释有四：①骗，欺诈。②欺负，欺凌。③压倒，胜过。④貌丑。可见，义项①、义项②的解释和前两种工具书的解释没有大的区别，义项④的解释则和"从来学问欺富贵"根本不搭边。义项③的解释却令人眼前一亮，将"压倒""胜过"之意置于"从来学问欺富贵，真文章在孤灯下"句中，感觉甚为恰当。仔细揣摩义项③所举的两个句例"飘然集仙客，讽赋欺相如"（杜牧《张好好诗》）和"冷艳全欺雪，余香乍入衣"（丘为《同咏左掖梨花》），愈觉得"压倒""胜过"的意思颇为恰切。

最后，笔者又借助《汉语大词典》来佐证。该词典对"欺"的解释有七：①欺骗；欺诈。②遮蔽。③辜负。④欺负；欺侮。⑤压倒；胜过。⑥超过。⑦丑貌。由此看，义项①②③④⑦可以排除，再来比较义项⑤和义项⑥。义项⑥所举句例为宋苏轼《徐大正闲轩》诗："早眠不见灯，晚食或欺午。"义项⑤所举句例一是元李寿卿《伍员吹箫》第一折："文欺百里奚，武胜秦姬辇。"二是元无名氏《博望烧屯》第一折："（诸葛亮）才欺管乐，智压孙吴。"将两个义项和所举句例做比较，细看义项⑤例句"文欺百里奚，武胜秦姬辇"和"才欺管乐，智压孙武"，"欺"分别对应"胜"和"压"，因而

"欺"的意思便不难领会，故而笔者以为，拿义项⑤的"压倒""胜过"来解释"从来学问欺富贵"的"欺"字甚为妥帖。

再上百度搜索"欺"字，竟然发现有"补义"部分，"欺"字，除传统词义外，另有两个常被用到的引申词义，文字如下：①压倒、胜过；②近、逼近、接近、贴近。词义①恰是已经被自己认可的解释。

至此，就可以把"从来学问欺富贵"理解为"学问从来压倒、胜过富贵"，"欺"字当释为"压倒""胜过"。

又见"眉欺新月"一词，这里的"欺"字只能解释成"压倒""胜过"，该词即可释为美丽女子的眉毛胜过农历每月初出的弯弯的月亮。

从一道成语考查题看语文考试的导向功能

近日，宿州市教学质量检测高二语文试题（A卷）第16题引发了语文组十四位老师的争议和探究。

现将该题表述如下：

下列各句中，加点的词语使用恰当的一项是（　　　　　）

A. 上海世博会推出了200多项高新技术，这些技术将逐渐在普通家庭登堂入室，给人们带来更加美好的生活。

B. 为了弘扬地方特色文化，促进经济发展，宿州市隆重召开"中国灵璧奇石文化博览会"，广大奇石爱好者趋之若鹜。

C.《安徽省学前教育条例》呼之欲出，今后，我省解决学前教育乱收费、"入园难""入园贵"等问题也将有法可依。

D. 古希腊哲学家苏格拉底善于运用交谈探寻真理，无独有偶，中国儒家先贤孔子也常用富有启发性的谈话治学。

显而易见，该题系语言文字运用类考查，能力层级为E（表达应用）。正确答案为C项。我校网上阅卷正答率统计显示，参考1860人，仅有140人选择了C项，正答率为7.527%。

在教师同步答题时，笔者首先排除了A、B两项，接着轻易地认定C项有误。D项"无独有偶"似乎用得不错，但是该成语"多用于贬义"的特点告诉自己，D项一定是错误的。再回视前三个选项，综合比较，该题的正确选项只能是C项"呼之欲出"。当笔者把这个意见告诉同事们时，遭到了大多数人的反对，大家认为应该选D项"无独有偶"。

笔者特别强调了"无独有偶"的诸多释义中"多用于贬义"的注脚，又列举了商务印书馆《新华成语大词典》在"无独有偶"词条下的例子：1.清·梁绍壬《两般秋雨盦随笔·禁宰犬猪》："古今怪事，无独有偶如此。"2.郭沫若《驴猪鹿马》："这位东晋皇帝所闹的笑话，和西晋惠帝问虾蟆的叫声是为公还是为私，真真是无独有偶。"例句中的"无独有偶"均用于贬义。尽管如此，依然不能说服大家，但是已经有几位老师开始倾向选C项。

笔者接着告诉大家，近来在报刊和互联网上看到过讲述新事物即将出现时确实有用"呼之欲出"这个词语的。例如：本届比赛已经接近尾声，冠军呼之欲出。于是大家丢下词典，去网上搜索"呼之欲出"这一词条。"百度百科"的解释为："呼之欲出，形容画像非常逼真，也形容文学作品的人物描写十分生动。也指某事即将揭晓或出现。［该释义收录于《现代汉语词典》（第6版）中］"这就告诉我们，随着《现代汉语词典》（第6版）为"呼之欲出"增补了"也指某事即将揭晓或出现"的意义，以前那些被认为是误用、错用"呼之欲出"的情形已经"合法化"了。

大家尽管知道了命题者的命题依据，但仍然认为本题有故意求新弄奇之嫌，因为绝大多数的学生会出错，试题的区分度和效度都很低。笔者认为，如果从命题的基本要求和考试的一般功能方面去评价这道题，该题的确值得商榷。但是从市级期末质量检测的导向功能方面来剖析这道题，其价值和意义不言而喻。对本道题进一步探究后，我们发现，诸如此类的词语还有不少，如"空穴来风""感同身受""美轮美奂"等。"空穴来风"的解释为："有了洞穴才有风进来。比喻消息和传说不是完全没有原因的，现多用来比喻消息和传说毫无根据。"（《现代汉语词典》第6版）"感同身受"的解释为："原指感激的心情如同亲身受到对方的恩惠一样（多用来代替别人表示谢意），现多指虽未亲身经历，但感受就同亲身经历过一样。""美轮美奂"的解释为："古时形容房屋建筑的高大、众多与宏丽。后来用'美轮美奂'形容新屋高大美观，也形容装饰、布置等美好漂亮。"三个成语新增加的意义显然颠覆了我们以前的许多认识。

《2012年普通高等学校招生全国统一考试安徽卷考试说明》的相关表述为："正确使用词语（包括熟语）主要考查根据语境选择恰当词语（包括熟语）的能力。要求能准确理解词语（包括熟语）在具体语境中的意义，能根据语境正确使用词语（包括熟语）等。熟语的考查以成语为主。"

这道题的命题者，就是要最大限度地发挥市级大型质量检测的导向引领功能，不惜冒挨批挨骂之险，也要让大家积极接受新信息，学习新知识，领会新精神，让语文教学富有生气和活力。我们应该明白命题者的初衷，钦佩其智慧和胆略，在自己的教学实践活动中，做一位敢于负责、智慧前行的语文教师。

当下，每一位语文教师都应该开阔视野，及时了解和掌握语文的前沿信息，准确把握语文教学和考试评价的方向，深入反思自己的教学行为，积极探索新路子、新理念，勇于挑战自我，自觉接受新知识、新元素，开创彰显生命特质的语文教学新局面。

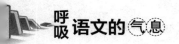
考试纵深

角度一变新意出

你知道苹果里隐藏着一颗奇妙的"五角星"吗？第一个发现苹果里有五角星的人是美国的小迪·恩·帕金斯，他之所以有了这一惊人的发现，只是因为他切苹果的角度与众不同。人们切苹果通常的方法是从顶部切到底部，但如果换一种切法，将苹果拦腰切下去，从横切面就可以清晰地看出，苹果核果然像一颗五角星。如果你想知道什么叫创造力，往小处说，就是换一种切苹果的方法。人的创造力来源于打破常规的思维方式，即变换思维角度。换一种思维方式，从不同的角度看问题，会有不同的结论，正所谓角度一变，新意全出。

《普通高等学校招生全国统一考试大纲》"写作"部分对作文考试发展等级"有创新"的要求是：见解新颖，材料新鲜，构思新巧，推理想象有独到之处，有个性色彩。"见解新颖"指文章对生活有独到的感悟和见解，立意不是人云亦云，而是见人所未见，言人所未言，发人所未发。"推理想象有独到之处"指文章推理能够避免常规思路，打破思维定式，力求创新，推导出的结论往往是一般人意料之外却又在情理之中的。"有个性色彩"指文章能体现考生较鲜明的个性特点，带有强烈的自我烙印。创新的时代呼唤创新的文章，创新的文章须有创新的观点，创新的观点应当具有新颖、独到、有个性的特点。这就要求我们在作文审题立意时要善于变换思维角度，思维角度一变，就容易提炼出有创意、彰显个性色彩的观点。王夫之说："意犹帅也。无帅之兵，谓之乌合。"富有新意的观点是整篇文章的灵魂，中学生写作的第一步，也是最重要的一步就是审题立意。每年高考的十几道作文题，写作要求的第一句话就是"选好角度，确定立意"。写作时若能在立意时选好角度，突出创新，就占得了先机，为整篇文章布局、推理、论述等环节的合理性和有效性提供了重要保证。

一、立意角度一变，观点新颖别致

如2014年高考新课标（卷Ⅱ）作文题：

阅读下面的材料，根据要求写一篇不少于八百字的文章。

不少人因喜欢动物而给它们喂食。某自然保护区的公路边却有如下警示：给野生动物喂食，易使它们丧失觅食能力。不听警告执意喂食者，将依法惩处。

要求选好角度，确定立意，明确文体，自拟标题；不要脱离材料内容及含义的范围作文；不要套作，不得抄袭。

考生从不同的角度立意，可以提炼出如下观点：人贵自立，不能因自己喜欢而喂食，拒绝喂养，抗拒依赖，理性关爱，勿滥施爱心，喂食者也很无奈等。以上观点都符合这则材料作文立意的要求，具有一定的发散性，但创新的成分不够。我们知道，选好角度是文章出类拔萃的关键。在考场作文中，如果相同的一个角度，写的人多了必然会"撞车"。要想高屋建瓴，超凡脱俗，就要在选取立意角度时兼顾"善于变换""我有人无"两个方面，通过变换，选别人没有想到的角度，写自己独有的生活体验和感悟。比如，没有人选写"尊重规律"这一角度，你就可以从中提炼出"喂食违反自然规律"的观点，用野生动物野性的退化类比人类天性的泯灭。这一角度唯你独写，就一定会得到阅卷者的青睐。再如，大多数考生从"因喂食而伤害"中联想到家长的溺爱，而有的考生却联想到不喂食的伤害更大，于是选择材料的另一面作为立意的角度，反弹琵琶，呼吁家长和社会要给予儿童生存的基本物质条件和精神发展的帮助。这样的观点新颖别致，能令阅卷者眼前一亮，容易拿到作文写作要求"发展等级"中"有创新"的分数。

千古文章意为高。从不同的角度出发审题立意，就会有不一样的观点，打破惯性思维的模式，学会变换思维的角度，就一定能让作文的立意新颖别致，独具魅力。

二、推理角度一变，结论新奇独到

有这样一则故事。

十三岁的那年，有一天，父亲突然递给他一件价值不超过一美元的旧衣服问他能否卖到两美元。他很小心地把衣服弄好，来到一个人流密集的地铁站，经过六个多小时的叫卖，他终于卖出了这件衣服。又过了十多天，父亲突然又递给他一件旧衣服："你想想，这件衣服怎样才能卖到20美元？"终于，他想到了一个好办法。他请自己学画画的表哥在衣服上画了一只可爱的唐老鸭与一只顽皮的米老鼠。他选择在一个贵族子弟学校的门口叫卖。一个管家为他的小少爷买下了这件衣服，那个十来岁的孩子十分喜爱衣服上的图案，一高兴，又给了他5美元的小费。回到家后，父亲又递给他一件旧衣服，问道："你能把它卖到200美元吗？"两个月后，少年觉得机会终于来了。当红电影《霹雳娇娃》的女主角拉佛西来到纽约做宣传。当记者招待会结束后，少年猛地推开身边的保安，扑到了拉佛西身边，举着旧衣服请她签名。拉佛西先是一愣，但是马上就笑了，因为没有人会拒绝一个纯真的孩子。拉佛西流畅地签完名。少年笑着说："拉佛西女士，我能把这件衣服卖掉吗？""当然，这是你的衣服，怎么处理完全是你的自由！"他"哈"的一声欢呼起来："拉佛西小姐亲笔签名的运动衫，售价200美元！"经过现场竞价，一位石油商人以1200美元的高价买走了这件运动衫。回到家里，父亲感动得泪水横流："没想到你真的做到了！你真棒，我的孩子，你真的很棒！"二十年后，他的名字传遍了世界的每一个角落。他的名字叫——迈克尔·乔丹。

这个故事蕴含着怎样的道理呢？这就要求学生认真阅读、分析材料，选择恰当的推理角度，得出正确、合理、有创新的结论。有的同学从乔丹用三种不同的方式卖出旧衣服的角度推断出"只要开动脑筋，办法总是会有的"的结论；有的同学从父亲培养儿子的角度推断出"欲要孩子成功，须先从磨砺开始"的结论；有的同学从乔丹成长经历的角度推断出"生活并无完美，与其让生活带来更多的沮丧与抱怨，不如坚持着一份信念，相信通过努力可以让生活变得更好"的结论。其实，在故事的结尾，父亲说了这样的话："我只是想告诉你，一件只值一美元的旧衣服，都有办法高贵起来。何况我们这些活着的人呢？我们有什么理由对生活丧失信心呢？我们只不过黑一点，穷一点，可这又有什么关系？"乔丹的回答是："是的，连一件旧衣服都有办法高贵，我还有什么理由妄自菲薄呢！"原来，这个故事蕴含着"在美国，黑人唯有更多的辛苦抗争，才有可能赢得高贵和尊重"这一严肃而深刻的主题。如果从美国社会种族问题的角度出发，就可以推出这样的结论。

可见，分析材料时，要重视推理角度的变换，不同的推理角度，会有不同的结论。我们可以变换推理的角度，多得出一些结论，然后加以比较，最终选择一个更符合创新要求的新奇独到的结论。

三、论述角度一变，个性新异鲜活

我们先来看《高手》一文的论述。

高手不怕别人超越，唯有被超越，方感不寂寞。

高手往往不屑和一般人过招，别人还以为高手最是稀松平常。

高手的大境界就是不以为自己是高手，而是认为高手尚未出现。

高手往往在可以一招制敌死命的时候，把利剑放回剑鞘，然后飘然而去。

高手的最大特点不是出手，而是示弱。

高手不贪婪，一贪婪，高手就会变得平庸。

高手过招，拼的是底蕴。

这篇小文章对高手的论述，规避了传统的角度，没有说高手怀揣秘籍，手握神兵，美人相伴，玉树临风，飘逸神秘；也没有说高手绝技在身，武功盖世，一招毙敌，英名远播，万人膜拜。而是另辟蹊径，变换角度，从挖掘高手自身内涵的角度去论述，写出了高手深层次的特点，每句话都很耐人寻味。整篇文章个性显明，给人以新异鲜活之感。

再看《鲍鹏山评水浒》中的精彩论述。

（1）李逵是这个成人世界里的孩子。举凡孩子的天真、单纯以及胡闹闯祸、没准头、欠缺是非判断力，他都有。

（2）武松对虎，不想打，不敢打，也不会打。只因为他好面子，好自负，好逞能，逼得自己没了退路，只好打了。打了，也就真的打死了。逞英雄，也就真的成了英雄。世界上的好多事，往往也就是这样。

（3）在鲁智深眼里，人生无坏事，天下无大事。无论什么事，反正不怕事。而在林冲眼里，人生太多事，天下皆难事。无论什么事，都是烦恼事。鲁智深是个莽撞人，林冲是个精细人。但是，偏偏这个莽撞人最终获得了圆满，精细人却终身遗憾。

深受广大电视观众喜爱的《百家讲坛》主讲人之一的鲍鹏山教授在《鲍鹏

山评水浒》一书中，独具只眼，打破了常规思路，善于变换论述的角度，所发所言自出机杼，警策动人，整书新意频出，彰显了新异鲜活的创作个性，充分体现出作者诙谐、峭拔、灵动的独特风格，令人称奇。

角度一变新意出。变换角度思考问题，应当成为中学生写作的一种素养。平时注意进行相似联想、相关联想、对比联想的思维训练，可以扩展自己思考问题的角度。最有效的方法就是慢慢积累一些哲学理论，使之成为自己写作时的思维角度，如主观与客观、理论与实践、量变与质变、一般与特殊、必然与偶然、现象与本质、外因与内因、运动与静止、局部与整体、内容与形式、主要矛盾与次要矛盾、矛盾的主要方面与次要方面等。也就是说，平时要多用联系的观点、发展的观点、矛盾的观点去看待和分析问题。这样，变换思维角度就会成为我们写作时的一种自觉行为，新颖的观点、新奇的结论、新异的个性就会让我们的文章亮点频现，新意盎然。

文有细节自升格

著名作家黄宗英说过这样的话："什么是细节？细节就是你的珠子。你要穿一串项链，这串项链要与别人的不同，你起码得有几颗是你的珠子，一颗珍贵的珠子能使一串项链熠熠生辉，一个好细节能使一篇作品读后难忘。"米开朗琪罗则说："在艺术的境界里，细节就是上帝。"

细节，《现代汉语词典》的解释为：细小的环节或情节。一篇习作如果从审题环节就开始高度关注材料中的"细节"，立意时就能够透过现象深入本质，使观点具有启发性和思辨性。在行文的过程中，如果有几笔精彩的细节描写呈现出来，就可以使文章的语言更富表现力，使作品形象更为丰满。这样的习作，在作文要求的"发展等级"上便占得了先机，容易获得读者和阅卷者的青睐，自然会被升格、得高分。

一、在审题时关注

明末的洪承畴兵败被俘后不吃不喝、不言不动，好像真的要宁死不屈一样。旧友范文程前去看他，回来后对多尔衮说："他肯定不是一个死节之臣，我和他闲聊时，房梁上掉下一点灰尘落在衣服上，他赶忙弹掉了。一件衣服都舍不得，他肯舍得性命吗？"于是，找了个美人去劝降，果不其然，洪大人也就顺坡下驴，当了大清国的"开国元勋"。

范文程之所以能洞察秋毫，就在于他关注到了细节。当下高考作文以材料作文为主，审题时务必要高度关注材料中的"细节"。材料中的"细节"就是材料中的关键词，当仔细把握。

如2014年高考安徽卷作文题：

阅读下面的材料，根据要求写一篇不少于800字的文章。

一位表演艺术家和一位剧作家就演员改动剧本台词一事，发表了不同的意见。表演艺术家说：演员是在演戏，不是念剧本，可以根据表演的需要改动台词。剧作家说：剧本是一剧之本，体现了作者的艺术追求；如果演员随意改动台词，就可能违背创作的原意。

要求选好角度，确定立意，明确文体（诗歌除外），自拟标题，不要脱离材料内容及含义的范围作文；不要套作，不得抄袭，不得透露个人相关信息；书写规范，正确使用标点符号。

仔细分析以上材料的表述，表演艺术家和剧作家之间其实不存在本质上的分歧：表演艺术家说"可以根据表演的需要改动台词"，强调了为了"表演的需要"时才改动；剧作家说"如果演员随意改动台词，就可能违背创作的原意"，强调的不是不能改，而是不能"随意改动台词"。从二者结合的角度看，表演艺术家和剧作家分别以"根据表演的需要"和"随意改动"为修饰语，可以看出，表演艺术家和剧作家对剧本的改动都有一个前提：不是乱改，是根据需要改；不是不让改，是不能随意改。由此可以谈"改"要恰到好处、沟通交流方可实现共赢的观点，这正是当年高考安徽卷作文评分标准的一类文立意。

由此可见，材料中的"根据表演的需要"和"随意改动"就是作为审题关键词的"细节"，从这里出发，就可以理性地分析材料，透过现象发现材料的思辨色彩，领会其蕴含的哲理意味。

二、在学习时领会

高中教材和一些阅读材料中有很多精彩、典型、独出机杼、感人至深的细节描写，在学习时要用心领会、掌握一些细节描写的方法，重点体悟其以小见大、见微知著的特点。

何谓细节描写？就是把细小事物，如一个动作、一种表情、一个特点用特写镜头来凸显放大，通过准确、生动、细致的描绘，使读者有如临其境、如见其人、如睹其物的写作手法。

细节描写是刻画人物性格，揭示人物内心世界，表现人物细微复杂感情，点化人物关系，暗示人物身份、处境等最重要的方法，极富表现力和感染力。有些细节描写看似闲笔或赘笔，无关紧要，可有可无，但这却是作者精心的设置和安排，越品才越有味。

例如：

1. 艾青《大堰河——我的保姆》

大堰河曾做了一个不能对人说的梦：

在梦里，她吃着她的乳儿的婚酒，

坐在辉煌的结彩的堂上，

而她的娇美的媳妇亲切地叫她"婆婆"。

这里是对"梦"的细节描写，把大堰河心底的深情最充分地展示了出来。大堰河对她的乳儿的爱是如此深切、真挚，就连做梦也念念不忘。乳儿的幸福就是她最大的满足！这个梦，把大堰河对乳儿的爱推向了高潮，倾注了她那慈母的深情。但这个梦是不能说的，因为这个梦对大堰河来说是不可能实现的。大堰河和乳儿处在矛盾对立阶级的两极，乳儿是地主家的少爷，他成婚之日，在堂上接受跪拜的只能是他的生母，作为乳母的她甚至连讨一杯喜酒喝的机会也没有。大堰河尽管深爱着她的乳儿，但她的内心仍有一层自卑，这里的"不能对人说"表明了大堰河深爱着乳儿却又处处维护着他的尊严，正所谓，放弃也是一种爱护。所以，这个"梦"是一种执着的明知不可能实现却始终难以忘怀的期待。可见细节描写是刻画人物性格，揭示人物内心世界，表现人物细微复杂感情的重要手段。

《大堰河——我的保姆》中还有多处细节描写。如诗中第四小节"你用你厚大的手掌把我抱在怀里，抚摸我/在你……之后"选取了八个细节，为读者真实地再现了大堰河勤劳操持家务的情景，充分表现出大堰河的勤劳和对乳儿无私的爱，让读者深深地感到，这里尽管贫穷粗陋，但这里有母爱的拥抱和抚摸；第七小节连用六个"她含着笑"的细节，具体描写了大堰河在"我"家里帮佣的劳动情景，既突出了她的勤劳、淳朴、宽厚、善良和本分，也渗透着诗人对她悲苦命运的同情：她以自己的双手换取最低的生活需求，她对此感到满足——她对生活的要求就是那么低！

2. 归有光《项脊轩志》

庭有枇杷树，吾妻死之年所手植也，今已亭亭如盖矣。

这是文章的末段，也是最为人所称道的一段，无一字言思念，而思念之情却表现得极为诚挚动人。这"亭亭如盖"的枇杷树，是妻死之年所手植，睹物思人，物是人非，怎能不令人黯然销魂！枇杷树送走了多少寒暑秋冬，经受了几番雨雪风霜，如今枝青叶绿、郁郁葱葱，俨然一突兀挺立的碑石，长久地悼念着长眠于地下的亡妻。这"亭亭如盖"的枇杷树，年年岁岁陪伴着古旧的项脊轩，似主人那般，不能忘怀逝去的年华和昔日的悲欢，摇曳着满腹难以割舍的思念。这里的细节描写，融情于景，借物抒情，更为含蓄地表达了思念之情，正如明人王锡爵所评"无意于感人，而欢愉惨恻之思，溢于言语之外"。

作者运用白描手法创造的这一细节新颖独特，为点睛之笔，堪称经典。语言质朴自然，感情悲苦真挚，堪为千古绝唱，令人浮想联翩，回味无穷，如"亭亭如盖"的枇杷树那样有着旺盛的生命力。

归有光善于从日常生活中选取那些感受最深的细节来表现人物的风貌，寄托内心的感情。如写老妪叙述母亲之事，寥寥数语中，老妪的神情、母亲的慈爱无不尽现纸上，道出了人间亲情。对祖母的回忆尤其感人，祖母爱怜的言辞，离去时的喃喃自语，以手阖门以及持象笏至的动作等描写，把祖母对孙儿的关心、疼爱和期待惟妙惟肖地表现了出来，同时也勾勒出一位慈祥、平易、出身于官宦世家的老者形象，语言平淡之至，读之却令人动容。

三、在习作时尝试

学习的目的在于运用。表达应用是对学生较高层级的能力要求，在习作时主动、大胆地尝试细节描写既是一种要求，也是一种需要，应当成为同学们的自觉行为。只要勇于实践、善于总结、不断积累，大家的表达能力和写作水平就会大大提高，写出来的文章就会慢慢升格，甚至成为精品美文。

请看笔者学生的习作片段：

（1）要交学费了。星期天下午，父亲把1400元钱交给我。晚上，我把12727.3斤的树枝树根交给了班主任。这12727.3斤的树枝树根，是父亲一条条、一把把地剪下、刨出来的，然后以每斤0.11元的价钱卖出去，日积，月攒，才凑齐的。

作者用了一个简单的乘法就把父女之间的真挚情感细腻地表现出来，看似简单平静，实则深情无限，女儿对父亲的感念、牵挂跃于笔端，父亲辛苦劳作、担当责任的形象也清晰地呈现在读者面前。

这一细节典型、富有表现力，能起到以一孕万、以小见大的作用。

（2）小姨出嫁的日子终于来到了，我好兴奋。迎亲的车队快要出发了，小姨就要离开外婆家了。这时，照例要拍照留念，我突然发现有些不对劲，大家的脸色都有些凝重。坐在前排的外婆眼圈红得厉害，正襟危坐的外公用手轻扯了一下外婆，这一扯不要紧，外婆的眼泪竟簌簌落下，外公一把抓住外婆的手，紧紧地，外婆的眼泪正好滴在外公伸出去的手背上。这是我第一次看见外公外婆的手牵在一起。我知道，在快门按下的那一刻，两位老人的心也相拥在了一起。

这是笔者很欣赏的一段细节描写，语言不事雕琢而真切感人。女儿远嫁之日，必是父母牵挂之时，万千情愫萦绕心头：喜孩子成家成人，忧未来生活不易，想不能常伴左右，念悠悠相思之苦。作者观察细致入微，对情感的体味和把握极为准确，"扯""抓""滴""牵"都是极为平常的词语，在这里连用却精确、生动地表现出"外公""外婆"嫁女时发乎内心而自然流露出的不忍之情。

这一细节真实、富有感染力，能引发读者对生活的思考和热爱。

文有细节自升格。细节决定成败，细节成就完美。细节是生活中最柔软、最鲜活、最灵动的部分，善感的心往往易被细节打动，善于捕捉细节之美的人，既可以写出真实而细腻的文字，更能够享有温暖而幸福的生活。

易学易用话照应

照应，是文章结构的基本环节，指文章中某些内容和意思在不同位置上互相关照与呼应。照应是就文章内容的联系说的，是使篇章完整周密的重要方法。照应可以让文章生出波澜，使作品结构更严谨有致，令语言表达更耐人寻味。

一、照应的主要类型

1. 内容与题目照应

篇章的内容与题目相照应，或揭示标题的含义，或突出篇章的中心。这种照应有时在开头点题，有时在结尾扣题，有时则在整篇中随时和题目照应。

朱自清的《绿》就在开头和结尾两次点题：

我第二次到仙岩的时候，我惊诧于梅雨潭的绿了。（开头）

我第二次到仙岩的时候，我不禁惊诧于梅雨潭的绿了。（结尾）

开头点出梅雨潭的绿，结尾再次点题，表达对绿的赞美、惊异之情。

2. 结尾与开头照应

结尾与开头照应得好，能够"首尾圆合"，使文章成为一个有机的整体。

这样的例子很多，如杨朔的《荔枝蜜》，开头写道："花鸟鱼虫，凡是上得画的，那原物往往也叫人喜爱。蜜蜂是画家的爱物，我却总不大喜欢……"结尾写道："这天夜里，我做了一个奇怪的梦，梦见自己变成一只小蜜蜂。"开头实，结尾虚，开头抑，结尾扬，首尾相互照应，将文章的意义推向了更高的层次，使作品的主题得到了进一步的深化。

3. 前文和后文照应

前文和后文照应是最常见的照应类型。前边先交代一下，后面或换一个说法，或点出结果，使内容深入。

《林教头风雪山神庙》在运用前后照应手法方面堪称典范。如下文：

（1）林冲自来天王堂，取了包裹，带了尖刀，拿了条花枪，与差拨一同辞了管营，两个取路投草料场来。

这里对林冲离开天王堂时的描写，看起来好像是不经意之笔，但这里所写的事物，在后文都有了着落：包裹——放在床上；尖刀——剜了陆谦的心窝，同时也照应了上文的"买把解腕尖刀"；花枪——挑了酒葫芦，也挑了差拨和富安。

（2）林冲把被卷了，花枪挑了酒葫芦，依旧把门拽上，锁了，望那庙里来。入得庙门，再把门掩上。旁边正有一块大石头，掇将过来靠了门。

这里是对林冲来到山神庙后的描写，他掇石头靠住庙门，后边照应的内容正是陆谦三人推不开庙门，才在庙檐下对话，让林冲伏门听清楚了事情的真相。这时林冲的幻想彻底破灭了，于是毅然手刃仇敌，投奔梁山。

4. 相同或相近的词语、句子在文中照应

这样的照应可以使文章前后语意不断，结构更加完整周密。

某官员上任，为示亲民，与下属寒暄："我是农民的儿子。"然后问秘书："你呢？"秘书本是官二代，但只好谄媚道："我是农民的孙子。"领导很满意，再问身边刚分配来的一名大学生："你呢？"大学生憨厚地答道："俺是农民。"

"我是农民的儿子""我是农民的孙子"和"俺是农民"在句式上保持一致，只更换了个别词语，因此，三者之间形成了一种照应关系，不仅表达完整而富有层次，而且收到了诙谐幽默的讽刺效果。

二、如何学习和运用照应之法

1. 积极领会和学习名著及教材中的例子

名著和教材中行文照应的经典例子甚多，当用心领会和学习。如《西游记》中的片段：

众猴拍手称扬道："好水！好水！原来此处远通山脚之下，直接大海之波。"又道："那个有本事的，钻进去寻个源头出来，不伤身体者，我等即拜他为王。"连呼了三声，忽见丛杂中跳出一个石猴，应声高叫道："我进去！我进去！"

…………

石猴端坐上面道："列位呵，'人而无信，不知其可。'你们才说有本事进得来，出得去，不伤身体者，就拜他为王。我如今进来又出去，出去又进来，寻了这一个洞天与列位安眠稳睡，各享成家之福，何不拜我为王？"众猴听说，即拱伏无违。

这是《西游记》第一回中一处很有趣的照应，笔者每每想起就会忍俊不禁。这样的照应尽管没有多少曲折，但也算有呼有应，自然圆熟，极为恰切地交代了石猴成为猴王的原因。

再如《红楼梦》，其主要人物的命运结局和该书第五回中判词的照应可谓天衣无缝，令人叹绝。

还有中学语文教材中的《小橘灯》《背影》《祝福》等，都是我们领会和学习照应手法的好文章。

2. 要相信自己可以切实地掌握照应之法

下面的例子是来自中学生的考场作文：

林清玄在他的《心的菩提》中说："我们要以全心来绽放，以花的姿态证明自己的存在。"

…………

全心，忘我，去除一切杂念，这是我们今后所要做的，同样，也是人生的至高境界。

正因此，以全心之态，对待生活中的每件事，才可至善，至美！

《全心》一文的首尾做到了前呼后应，既紧扣文题，又极为准确地诠释了"全心"的意义。这样的照应，看上去一点也不难吧？所以，一定要相信自己可以切实地掌握文章的照应之法，继而写出美丽多姿的文章。

3. 掌握一些行文时可以造成照应的方法

例如：

（1）同桌三年的时间里，她偷偷喜欢着他，他却似乎没感觉。他们每天吵吵闹闹，有时玩疯了他会喊一句："你这么凶，男生和你果真不适合一见钟情。"这时她会假装不屑地骂回去，背过身却是满脸落寞。

…………

毕业聚会，他拉着她的手一本正经地说："毕业了，终于可以跟你告白了。和你果真不适合一见钟情，却适合白头到老。"

"和你果真不适合一见钟情"一定会让"她"心下凄然，也会让读者感觉到二人没戏。三年一度毕业季，本是你我分手时，没想到"他"来了句"和你果真不适合一见钟情，却适合白头到老"的真情告白，"她"的感动何止是惊喜莫名，定然是以为自己的耳朵出了问题，然后是梨花一枝春带雨，幸福陶醉得一塌糊涂。

这则微小说之所以取得令人称奇的效果，是因为它运用"误会法"造成了前后照应，以"适合白头到老"照应"不适合一见钟情"，前后用语变化甚大，表达精妙，出人意料。

（2）报到第一天，她满心沮丧。高考失利，沦落到这个遥远的南方三流大学，她已经看不到前途。这时有人喊她的名字："方莹！"是负责接待新生的清秀学长。这是缘分吗？素不相识，他竟在人群中准确地认出自己。她忽然觉得考砸也没什么，新生活这才要开始。学长来到了她面前，笑着说："方莹来到偶民鞋校（欢迎来到我们学校）。"

这段文字在内容的前后照应上显得别出心裁，先是给了方莹无限的希望和无穷的力量，同时吊足了读者的胃口，而后又玩起了"冰桶"，冷水浇透了方莹，也浇醒了多情的读者。以"方莹来到偶民鞋校（欢迎来到我们学校）"照应"方莹"，谐音成趣，新奇自然，值得借鉴。

除了误会法、谐音法，还有悬念法、对比法、问答法、因果法、反复法等，但是运用照应讲求水到渠成，无斧凿痕迹，没有必要给所有的照应都贴上一个标签。

4. 从内容和标题相照应的角度结构全篇

《纽约时报》曾经罕见地以中文标题发表评论文章《从开封到纽约——辉煌如过眼烟云》，作者说："我对世界上最重要城市的投票是这样的：……公元1年，罗马……公元1000年，中国开封……公元2000年，纽约。"

这样的文字告诉我们，作者在行文时一定会铺开笔墨去写开封的悠久和凄凉——那是一种历史从这里走过而不能驻留的感觉。因为只有这样才可以和文章的标题形成照应。当然，我们还可以推知，作者最终会把文字的重心落在时下的纽约上，开封的辉煌只能属于千年之前的大宋，早已完整而结实地保存在那幅《清明上河图》里了。我们在写作实践时，要善于从内容和标题相照应的角度结构全篇，这样，才可以写出题文一致，结构精美，重点突出的上乘之作。

5. 要努力让自己习作中的照应耐人寻味

来看《三国演义》中的两段文字：

先主以目遍视，只见马良之弟马谡在傍，先主令且退。谡退出，先主谓孔明曰："丞相观马谡之才何如？"孔明曰："此人亦当世之英才也。"先主曰："不然。朕观此人，言过其实，不可大用。丞相宜深察之。"（第八十五回）

…………

蒋琬问曰："今幼常得罪，既正军法，丞相何故哭耶？"孔明曰："吾非为马谡而哭。吾想先帝在白帝城临危之时，曾嘱吾曰：'马谡言过其实，不可大用。'今果应此言。乃深恨己之不明，追思先帝之言，因此痛哭耳！"（第九十六回）

小说在结构上设此照应，严谨周密，单就内容来说，刘备之嘱不可谓不警人心，诸葛之哭不可谓不痛肺腑。但这一照应值得读者思考的东西太多：刘备判断马谡是一个赵括式的人物的依据何在？诸葛亮是智慧的化身，为何置先帝遗命于不顾？斩马谡仅仅是为了整肃军纪吗？诸葛亮"违众拔谡"酿成大败的根源何在？至今，恐怕这些问题也无定论。

这样的照应历来为人称道，发人深思，是我们学习的标杆。我们不仅要学会运用照应的方法，还要努力让自己习作中的照应与众不同，耐人寻味。

照应之法，运用之妙，存乎一心。照应仅仅是写作的一种技法，能够自然、巧妙、恰当地运用它，必将给我们的习作增分添彩。当然，中学生在写作实践中不应该刻意、生硬、胡乱地去制造一些所谓的照应，因为真实和美才是我们的终极追求。

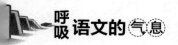

2017年高考北京卷作文赏析

共和国，我为你拍照
北京一考生

我走在去往天安门的路上。路旁彩旗随风飘扬，街角花坛绚丽夺目。这一天，是一个极为特殊的日子。一百年前的今天，一个新的名字响彻世界，那就是"中华人民共和国"。在岁月的拷问和时光的历练中，今天我们伟大的祖国迎来了百年华诞。今天，我要用相片作为贺礼，表达对祖国母亲最诚挚的敬意。

走在街上，柏油马路反射出灿烂的阳光，远处的斑马线白得那样清晰。清洁工阿姨坐在路边的长椅上喝着矿泉水，微笑着对路过的人问好。抬头是蔚蓝的天空，时不时留下飞机划过的痕迹，一片片留白任我在脑海里想象。低头是整齐的树木和草坪，遍布城市的绿色让人心情舒畅。深呼吸一口，仿佛身处丛林之中。清新的空气、宜居的环境、合理的规划，让我在心中为共和国点赞。按下快门，我拍下了我眼中的环境。

相比鳞次栉比的高楼大厦，宁静清幽的胡同更能吸引我的目光。穿梭在老北京的巷陌之间，转角便是一座温馨恬静的四合院，带着悠久的历史积淀、古老的传统特色、浓郁的文化气息。几位老爷爷在胡同口的石桌上摆下棋子，车来炮往地对弈。孩子们欢快地玩耍，抖空竹、编花篮、跳皮筋，好不热闹。胡同里的手艺人数不胜数，画糖人儿的，穿糖葫芦的，纷纷拖着独特的京腔长音叫卖着。轻快的自行车铃声和悠扬的二胡声交织在一起，演绎出一支悦耳的乐曲。我轻轻地按下快门，拍下了我眼中的文化。

天安门附近的地铁站旁，共享单车整齐地排列着，每个人都自觉地扫描车上的二维码，然后有序地将车骑走。进入地铁站只需用手机在安检仪器上碰一下即可通过，后台程序会自动把费用从银行账户中扣除。现在大多数人都是

"一部手机走天下"，带钱包的都很少了。想想多年前，我们还曾经使用过公交卡呢！路上已没有汽油车、柴油车的影子，取而代之的是新能源汽车和电动车。有一个大学生吸引了我的注意，他的行李乖乖地跟在他后面，就像牵着一条透明的绳子一样。仔细一看，原来是新型的国产行李机器人啊！这种机器人只需要提前输入程序，就可以一直跟着它的主人，这为人们省去了很多麻烦。我对准这一画面，拍下了我眼中的科技。

不知不觉走到了天安门城楼下，听着慷慨激昂的国歌，目视国旗缓缓升起，我心中充满了激动、感恩和自豪。我拍下的这些照片，是传统文化与时代精神的交织，是科技进步与美好环境的共存，是祖国一步一步走向繁荣富强的光辉印迹。站在这百年华诞的新起点，共和国，我再为你拍张照，这就是我眼中的中国。

赏析

2017年高考北京卷作文，在形式要求上延续了二题选一、文体特征鲜明的传统。学生可以选择自己熟悉的话题和擅长的文体进行写作，体现作文命题的选择性和开放性。"共和国，我为你拍照"一题，可谓是"中国梦"的具象化。文题贴近学生现实生活，引导学生树立民族自信、培养家国情怀，关心民族发展，传承并创新优秀传统文化。

2017年高考北京卷作文，有四成考生选择了记叙文体。这篇选文何以能够脱颖而出，成为标杆作文？是因为它兼具以下特点。

1. 选材典型，有画面，有细节

这篇文章选取了几个典型的场景，符合题目所说的"几幅照片"的要求，从环境、文化、科技等角度来展现共和国各方面的辉煌成就。此外，在记叙的过程中，注意细节描写，让人如临其境。记叙文的核心应该要有时间、地点、人物、事件这些基本要素，这样才能保证一篇文章在文体上没有任何硬伤。选文的时间是特定的，共和国百年华诞；地点则是由大街到胡同、到地铁旁，最后到天安门城楼；人物有清洁工阿姨、几位老爷爷、孩子们、胡同里的手艺人、一个大学生，还有最重要的"我"；事件是"我"到天安门城楼参加祖国百年华诞庆典。选文的细节描写更是丰富多彩：清洁工阿姨的微笑，飞机划过的痕迹，抖空竹、编花篮、跳皮筋，艺人拖着独特的京腔长音叫卖，大学生的行李乖乖地跟在他后面，等等。纵览全文，可谓要素齐全完整，画面灵动美好，细节精巧逼真。题干中"可以写宏大的画面，也可以写小的场景，以小见大"的要求，提示考生切入的角度可以大到国家、社会的整体面貌，也可以小到一饭一饮、一颦一笑。这也提醒未来的考生，首先，要走出教室，开阔视野，关注时代与国家，拥有主动观察的意识；其次，既要留意大的形势、动向，又要关注身边的小事，让对国家、对自我的期许与责任具化在生活的点滴之中。大处着眼，小处落笔，以小见大，永远是记叙文写作应当恪守的重要信条。

2. 结构明晰，有生活，有时代

选文结构明晰有致，富有浓郁的生活气息和时代精神。"今天，我要用相片作为贺礼，表达对祖国母亲最诚挚的敬意"一句统率全篇。三幅照片分别观照环境、文化和科技，可见作者是选择具有时代特点又能代表祖国成就的画面，作为自己关键的思考点，这样就做到了心中有祖国，眼前有生活，笔下有时代。文末的文字"我拍下的这些照片，是传统文化与时代精神的交织，是科技进步与美好环境的共存，是祖国一步一步走向繁荣富强的光辉印迹"直接表达了文章的写作意图，既在结构上呼应首段，又在内容上将生活、时代和家国情怀融为一体。

"共和国，我为你拍照"，实际上是我们比较熟悉的"讲好中国故事"的写作类型。选文作者真正读懂了题目的要求，才能在考场之上高效搜索自己掌握的素材，在头脑中迅速整理出完整的叙事逻辑，确定文章各部分的安排。作为高考考场的记叙文，该选文叙事既简洁明快，又有一定的文学性设计，比如场景的选择，对生活和时代的思考，情感线的埋设，等等。同时，作者也没有将文章写得过于曲折，而是很注意照顾读者的感受。最终把主题落脚在对中国传统文化和革命历史文化的热爱上，体现出对共和国真挚的情感。

3. 想象合理，有叙述，有描写

本文想象合理，不惜用大量笔墨叙述描写，但主题集中，既重视每一幅画面的整体描述又重视具体的细节描写。清新的空气、宜居的环境、合理的规划，是"我"眼中的环境；宁静清幽的胡同、温馨恬静的四合院、独特的京腔长音，是"我"眼中的文化；"一部手机走天下"、新能源汽车和电动车、新型的国产行李机器人，是"我"眼中的科技。这样的想象和描绘具有强烈的画面感，显示了作者较强的文字表达功底。从看得见的画面，联想到看不见的情感，是一种更高的层次，作者能用不同的笔调来描摹眼前的画面，同时又把画面描写得真实可信，然后再衬托出看不见的情感，令人称道。成熟的作品语言表达至上，本文在描写上颇见功夫，场面描写和细节描写尤为突出，以描写推动行文的过程，既有现实可见画面的描写，如"我"眼中的环境和"我"眼中的文化；又有想象可感的画面的描写，如"我"眼中的科技，二者互相辉映，相得益彰。

"两个一百年"是国家发展民族复兴的宏伟目标，也是几代中国人从贫弱走向富强的执着梦想。不难看出，作者视野阔大，熟知这些内容，写作时做到了充分展开想象，科学展望共和国的辉煌前景，并关注个人在祖国建设发展中的作用，将个体责任和幸福与祖国命运和荣耀紧密联系在了一起，写就了一篇文质兼美的考场记叙文。

4. 表达流畅，有情感，有思想

选文语言不事雕琢，平易、质朴，表达准确流畅，富有形象感和情味，思想有一定的深度和广度。共和国走过一百年，辉煌和荣耀来之不易，最能体现这个不容易的便是作者在字里行间渗透和凝聚的那种自豪、自信和责任感。本文能够突出个人感受，通过自己的笔触去表现祖国的变化，写出了真情实感。带着感情来表达，是一个层次，更是一种高度。设想国家在三十二年后的样貌，本质上是将学生放在"蓝图设计师"的位置，因此有没有自觉的担当精神，有没有厚重的家国情怀，从基础上影响着整篇文章的质量。今年参加高考的考生，三十二年后恰好是整个社会的中坚力量。从某种意义上来说，每张照片都是一份沉甸甸的责任。为2049年拍照，就要立足今天，关注今天和未来的关系。环境、文化、科技，仅仅用一幅或者几幅照片就能体现出共和国的辉煌成就，因此这几幅或者一幅照片，便具有了思想的穿透力。

总之，2017年高考北京卷作文命题，意料之内，是不从审题、积累等方面苛责考生，而是让所有考生有话可说。情理之中，是语文考查的特点仍然旗帜鲜明地在试题中展现，鼓舞着我们重阅读，重观察，重思考，重表达，这些，才是语文学习的重中之重！

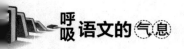

社科文阅读指津

文人画：内心自省的外在流露

朱万章

何谓"文人画"？文人画以"逸"为宗旨，近人陈师曾如是说："就是画里面带有文人的性质，含有文人的趣味，不专在画里面考究艺术上的功夫，必定是画之外有许多的文人的思想，看了一幅画，必定使人有无穷的感想，这作画的人必定是文人无疑了。"但如果创作这幅画的人不是一个文人，而是一介武夫或别的什么人，那这幅画到底还算不算文人画？或一个文人，创作了一幅不具有文人趣味，而是具有工匠性质甚至更差的一幅画，那这幅画还算不算文人画？一般说来，一个具有文人身份的人，大多数时候是会在笔墨中自然而然流露出文人意趣。另外，某些具有文人身份的人，但其一出笔便无文人趣味，而是画工死板，意境低俗，最多只能归属到工匠画一类。

画中具有了文人的趣味，但笔墨技巧是不是就不讲究了呢？答案当然是否定的。真正的文人画，首先必须是"画"——必定是在笔墨技巧方面达到相应水准，有的甚至并不输于专业画家的艺术造诣，只有在此基础上的艺术作品，才有可能称得上是"文人画"。我们在讨论文人画的时候，既不必拘泥于画者的身份，也不能因强调文人趣味而忽视一定的笔墨技巧。二者相互依存，互为补充，才可谈得上是真正的文人画。

真正的文人画，不需要贴标签，也无须标榜，更不必刻意追求。苏东坡、倪云林、徐渭、八大山人、石涛、郑板桥从来没有标榜自己的画是文人画，但毋庸置疑，他们是承前启后的一代代大家，他们的画是真正的文人画。事实上，文人画是文人内心自省的外在流露，是荒江野老屋中向心培善的个人行为，是长期文化积淀的结果。它是自然而然形成的，不需要花架子，更不需要建立阵营、派别，文人画的作者都是自出机杼。

不可否认，当下所谓的"新文人画"，具备部分传统文人画的表征。比如他们构图大胆，追求新奇怪诞，不求形似，也不求笔墨，无拘无束，具有反主流文化的前卫精神，与时下画坛一味追求装饰性与制作性的时风流韵大异其趣，但这些局部的相似点并不能与文人画相提并论。反而值得警醒的是，他们混淆了传统文人画的概念，或者说片面理解文人画中"超逸"、不流于时俗的特点。其实，真正的文人画，强调的是作画者个人的内在修为，是内外兼修的结果。作画者只是以笔墨为余兴，借书画以娱情，修身养性，不求形似而神韵自足。

近百年来，很多学者也画画。是不是他们的画，都可统称为"文人画"？这是一个很容易混淆的话题。"文人画"和"学者画"毕竟是两个互为交叉的门类，不可一概而论。"学者画"中有一部分可称得上"文人画"，但并非都可归结于"文人画"中。同时，文人画家群体中又有一部分本身是学者，一出笔便具文人之笔情墨趣。所以，这就需要从绘画本体去解读，而非仅关注于创作者本身。清代书画鉴藏家查礼曾说过，"文人作画，虽非专家，而一种高雅超逸之韵露于纸上者，书之气味也"，以此来检测"文人画"和"学者画"，应该是比较确切的。

（摘自《中国艺术报》，有删改）

阅读社科类文章，可从以下四个方面入手：

（1）通读全文，整体把握文本。要正确高效地解决社科类文章阅读题，就必须建立在准确而深入地把握文本内容的基础之上。答题之前，要集中注意力通读全文。阅读文本之前，不妨先浏览文后的题目，带着问题阅读，有助于迅速把握文章要点。阅读时，最好一边读一边标出自然段数，明确每段的中心内容，理清段与段之间的逻辑关系，画出文中的关键词句，如文章重点阐述的概念术语，表示范围、性质、程度等的修饰语、限制语，表达作者见解、观点和论述对象特点的语句，表明层次、段落、角度、内容等照应、转换、提起、总结的语句等。总之，要尽可能地从整体上把握文意，对文本的主要内容、整体结构、写作思路、重要概念、中心意思、观点态度等有一个比较清晰的认识，为下一步答题奠定坚实的基础。

阅读《文人画：内心自省的外在流露》一文，就要重点理解"文人画"

这一重要概念，弄清文人画的特征、文人画与作画者的关系、创作文人画的基础以及构成文人画的两大要素等主要内容，还要准确把握"文人画""新文人画"和"学者画"的特点及三者间的关系。以下关于"文人画"的表述都是正确的："文人画不仅注重笔墨技巧，更注重画中的文人趣味，文人思想，也就是画里面带有文人的性质，引人遐想。""谈文人画是就画论画，与作画者的身份没有必然联系，不能因为作画者是一个文人，就判定他的画就是文人画。""笔墨技巧是创作文人画的基础，文人趣味与笔墨技巧是构成文人画的两大要素，两者相互依存，互为补充。"

（2）审读试题，锁定信息区间。在对阅读材料有了总体把握之后，就要仔细审准题意，弄清题目要求。不仅如此，还要善于从题干中搜寻隐含的信息，揣摩命题意图，因为只有与命题意图吻合的答案才是正确的。由于高考对社科类文章的能力要求是基本阅读，不需要鉴赏，因此，一般说来，所有选项的表述都能在文中找到相关信息，即"答案来自文本"。这是解答社科类文章阅读题的一个基本原则。为此，答题时，要结合题干要求，将题中的各个选项"代入"回归到原文中，在原文中找准、找全与各个选项相对应的段落或语句，从而快速锁定答题的有效信息区间，避免盲目无绪。这是非常关键的一个环节。

阅读《文人画：内心自省的外在流露》时，比如要判断"一般说来，文人作画时，笔墨中会自然流露出文人意趣，但若其意境低俗，画工死板，就不能说是文人画"这一选项正确与否，就可以先在原文里锁定答题的有效信息区间，原文第一段后半部分有这样的表述："一般说来，一个具有文人身份的人，大多数时候是会在笔墨中自然而然流露出文人意趣。另外，某些具有文人身份的人，但其一出笔便无文人趣味，而是画工死板，意境低俗，最多只能归属到工匠画一类。"由此不难发现，一般来说，身为文人，作画时大多数时候是会自然流露出文人意趣，不是每次都会；也有些一出笔便无文人趣味的文人，其意境低俗，画工死板。故可判断所给选项是错误的。

（3）对比辨析，筛选正确答案。确定了答题的信息区间后，就要将题干以及各个选项与原文中相对应的文字进行细致的对比，认真辨析两者在语言文字的表述上有无变化、如何变化，变化后的内涵、外延等是否相同，从原文中找出依据，以排除错误选项，确认正确选项。需要注意的是，对于那些摘抄原文词句多、结构形式类似、上下文能找到某些词语的选项，不能盲目认同；而对于那些改换了说法或表达形式，找不到相对应词句的选项，也不能轻易否定。特别是有些概括性较强的选项，原文根本没这句话，若简单地与原文去对比，就很容易出错。因此，一定要从是否符合原文意思、符合逻辑性上去思考判断。

阅读《文人画：内心自省的外在流露》一文，通过对比辨析，下列理解和分析都是符合原文意思的："真正的文人画，不需要刻意追求，是自然而然形成的，是文人内心自省的外在流露，是文人长期文化积淀的结果。""文人画的作者都是自出机杼，如苏轼等，他们不需要建立阵营、派别，不需要贴标签标榜自己，但他们都是大家。""当下的新文人画作者，追求新奇怪诞，无拘无束，这种追求自由表达的意趣与传统文人画的表征有部分相合之处。"

（4）识别陷阱，自觉远离误区。针对命题人设置干扰项的常用手段，在答题时要特别注意以下八个对应关系：①部分与整体，即在事物的程度深浅、范围大小上有意混淆；②主观与客观，即不尊重阅读材料中事物的客观性，故意夸大事物实有的能力、功能和效用；③原因与结果，或是因果关系颠倒，或是强加因果关系；④主要与次要，即将事物的主要方面和次要方面倒置；⑤肯定与否定，即将阅读材料中对肯定了的事物加以否定，或者将否定的事物加以肯定；⑥已然与未然，即将尚未发生的事情转述成既成事实；⑦偶然、可然与必然，即故意把原文中偶然发生、可能发生的事情说成是必然发生的事实；⑧有与无，即无中生有，在选项里故意设置原文没有的信息以干扰考生。抓住这几组关系，有助于迅速而准确地识破选项中的陷阱，从而保持头脑清醒，自觉远离误区，提高答题准确率。

阅读《文人画：内心自省的外在流露》时，要求判断这样两个选项是否符合原文意思：①新文人画作者不求笔墨技巧，与传统文人画相反，这是因为他们片面理解了文人画中"超逸"、不流于时俗的特点。②学者画与文人画是两个互有交叉但又不同的门类，学者画通常都不具备文人画的意趣，文人画大都有学者意趣。通过对社科文答题陷阱的识别，便可以发现选项①系强加因果关系，新文人画作者片面理解文人画中"超逸"、不流于俗的特点，是针对他们与时下画坛一味追求装饰性与制作性的时风流韵大异其趣而言的。选项②系以偏概全，学者画中一部分可称得上文人画，不能理解为"学者画通常都不具备文人画的意趣"；文人画家群体中又有一部分本身是学者，不能理解为"文人画大都有学者意趣"。所以，以上两个选项都不符合原文意思。

尽管社科文阅读能力要求较高，难度较大，但只要明确考查范围，弄清考查重点，洞悉设题规律，掌握答题技能，精读深思，细比明辨，就一定能披沙拣金，收获成功。

实用文（传记）阅读指津

李叔同——从风流才子到一代高僧

"长亭外，古道边，芳草碧连天；晚风拂柳笛声残，夕阳山外山。天之涯，地之角，知交半零落；一杯浊酒尽余欢，今宵别梦寒……"一曲《送别》唱到今天，激起人们多少往日情怀！这首名歌的词作者，便是我国近代艺坛上杰出的先驱人物——李叔同，也就是后来的弘一法师。

李叔同1880年生于天津，父亲为津门富豪。李叔同的母亲很注重对他的教育，多方延请名士教授诗词书法，加之他本人聪颖好学，小小年纪便积累了非常深厚的国学素养。

由于家庭的变故，李叔同十四岁南迁上海。当时的上海，处于西洋文明和东方文化碰撞的边缘。李叔同从蔡元培先生受业，一方面接受了较系统的儒家经典教育，另一方面又吸纳了"新学"的精华。很快，学贯古今中西的李叔同就以其横溢的才华、潇洒无羁的气度，二十文章惊海内，驰名于上海滩。

1905年，李叔同东渡日本，成为我国最早出国学文艺的留学生之一。留学之初，他即对日本明治维新后的西化成果深感羡慕，于是开始对西洋艺术全面研攻；同时他又接受了"以美淑世""经世致用"的艺术救国的教育理念，并积极付诸行动。留学期间，李叔同创造了中国近代艺术史上的多个第一：最早把西洋绘画引入国内，最早用五线谱进行音乐教学，创办了中国最早的话剧社团——"春柳社"。1907年2月，为赈济国内徐淮水灾，"春柳社"举行义演，李叔同亲自出演小仲马名剧《茶花女》中的女主角，演出在日本引起极大轰动。

1911年，李叔同由日本回国。当时的中国，虽经"辛亥革命"却并未如人们所希望的那样一片光明，社会的黑暗腐败，理想抱负的难以实现，使李叔同深感苦闷。在这种心情下，李叔同应浙江第一师范学校之聘，担任音乐、美术教师，继续致力于实践"以美淑世""经世致用"的教育救国理想。

"一师"在李叔同的主持下，艺术教育气氛十分浓厚。其间，李叔同以非凡的艺术胆略开创了"裸体写生"进入美术教学的先河；以其人格魅力、深厚的中西文化底蕴，培养了一大批音乐和美术的优秀人才，从中华民国初年到民国二十年间，举凡中国音乐界人物，几乎都是李叔同的薪传，不是他的学生，便是他学生的学生。"一师"时期，也是李叔同生命的辉煌时期，在诗词、音乐、美术、金石书法等各个艺术领域，均达到了那个时候的最高境界，为后人提供了咀嚼不尽的精神食粮。人们相信，"现代中国文化正待从他脚下走出婉约清丽的一途"（余秋雨语）。

然而，谁也未曾料到，渐臻于完美之境的、正当盛年的李叔同，却在"五四运动"的前夕，悄然在杭州虎跑寺出家，正式皈依佛门。自此，李叔同从艺坛退隐，弘一法师横空出世。

李叔同并未正面解释过自己出家的原因，众说纷纭中，其得意门生丰子恺的解释则较为中肯：他做人太认真，满足了"物质欲""精神欲"还不够，还必须探求人生灵魂的究竟。

皈依佛门后，弘一法师潜心研习书法，他摒弃了在俗世的那种点画精到，刻意求工，而是充满了宗教所赋予的超脱和宁静，心平气和。他的书法，已成为一种心灵的迹化，达到了真正的成熟；他更发愿精研戒律，将失传已久的佛教中戒律最严的南山律宗拾起，清苦修行，终使传统断绝数百年的律宗得以复兴。在对书法、宗教潜心研修的同时，他也并未了却尘缘，他时刻关注众生疾苦，对生命充满无限热爱与悲悯；抗战时期，他广结善缘，开导众生，"念佛不忘救国"，一片"救护国家"的火热心肠……这些又与大师早年"经世致用"的教育救国理想一脉相承。

1942年10月10日下午，弘一法师索来纸笔，写下"悲欣交集"的绝笔。

10月13日晚，弘一法师安详圆寂于陋室板床之上，他的眼角沁出晶莹的泪花。

李叔同的一生充满了传奇色彩，为世人留下了享用不尽的精神财富。他传

奇般的一生，是不断自我超越、自我升华的一生，更是悲天悯人、经世致用的一生。（有删改）

理清文本内容是做好实用类文本尤其是传记阅读题的基础，为此，阅读时要注意四个方面。

（1）知人。就是要把握文中写了哪些人，主要人物是谁，次要人物有几个，人物之间的关系如何，作者对他们的评价是什么。

读《李叔同——从风流才子到一代高僧》一文，我们就要走近并了解李叔同其人。李叔同（1880—1942），原名文涛，别号息霜，法号演音、弘一，曾经是"五四"新文化运动的创始人之一，中国话剧的开拓者之一，他是著名音乐教育家、美术教育家、书画家、戏剧家，集诗词书画、篆刻、音乐、戏剧、文学等造诣于一身，堪称全才。后皈依佛门，终成一代高僧。

国学大师夏丏尊回忆"一师"时期的李叔同时这样说："李先生教图画、音乐，学生对图画、音乐看得比国文、数学等更重。这是有人格做背景的缘故。他的诗文比国文先生的更好，他的书法比习字先生的更好，他的英文比英文先生的更好……这好比一尊佛像，有后光，故能令人敬仰。"

（2）明事。事件是传记文的主体。明事，就是要弄清楚作者围绕主要人物写了几件事。如果只写了一件事，就要分析事件的起因、经过和结果。如果是写几件事，就要了解事件的先后顺序，事件之间是什么关系。弄清这些问题，就把握住了文章的主要内容。

选文突出表现了李叔同极富传奇色彩的一生：他二十岁即以横溢的才华、潇洒无羁的气度震惊海内，驰名上海滩；他集诗词书画、音乐、美术、戏剧、篆刻、文学、教育、佛学等造诣于一身，堪称全才；他是中国近代艺坛杰出的先驱人物，"五四"新文化运动的创始人之一；他第一个向中国传播了西方美术、音乐、戏剧，以及教学方法；他在教育上培养了丰子恺等一大批美术和音乐的优秀人才，为中国的艺术教育做出了巨大贡献；他在艺术生命的辉煌时期，悄然出家，皈依佛门，去探求人生灵魂的究竟；他出世后对书法、宗教潜心研修，使书法达到真正的成熟，弘扬了佛教律宗，使传统断绝数百年的律宗得以复兴，他也成为一代高僧。

关于李叔同出家的原因，历来众说纷纭，其得意门生丰子恺认为是李叔同做人太认真，不断自我超越、自我升华而做出的选择，这种解释是较为中肯的。

（3）辨理。就是要分析作者借助所叙之事，对人物做出怎样的评价，阐明了什么道理。这其实就是分析作者在文中的观点态度。所谓"理"，有的是作者明说的，即作者通过议论表现出来的观点态度；有的是借人物之口表达作者的看法，更多的却是在叙事之中透露的，这就需要"辨理"。

欲辨选文之"理"，必须把握住作者的观点态度，即从风流才子到佛门高僧，"经世致用"的救国理想贯穿李叔同人生的始终，皈依佛门后他并未了却尘缘，而是致力于以出世的精神，做入世的事业。

选文中引用的余秋雨"现代中国文化正待从他脚下走出婉约清丽的一途"一句，若不经几番玩味是颇难理解的。皈依佛门前的李叔同，正处于艺术生命的辉煌时期，在当时的诗词、音乐、美术、金石书法等艺术领域，均达到了最高境界，若在这条路上继续走下去，李叔同将对现代中国文化产生巨大而深远的影响，现代中国文化将进入崭新的境界。这句话是对李叔同艺术成就的高度概括，也表达了人们对他将对中国文化产生深远影响的热切期盼，同时在结构上与下文李叔同悄然出家、皈依佛门形成突转，突出表现了人们对他这一举动的震惊和惋惜。

（4）析法。就是通过分析作品的选材、谋篇布局、表现手法、修辞技巧、语言特色等艺术形式，了解作者这样处理的意图。

分析实用类文本的艺术手法需要读者做出自己的思考和判断，属于文本探究能力的考查。

若从选文构思谋篇出发，可做如下分析。

选文标题为"李叔同——从风流才子到一代高僧"，自是统摄全篇，精要概括了李叔同富有传奇色彩的起始两端。

文章开头从歌曲写起，是因为这首《送别》系大家耳熟能详的作品，是李叔同的代表作。以此作为开篇，自然可以引出词作者——本文传主李叔同，可谓先声夺人。不难揣度，作者是想用这首歌词的意境表达对弘一法师的惜别和怀念之情。

选文的主体部分以时间为序讲述了李叔同的传奇一生，塑造了一个清高脱俗、孤情峭拔的传主形象。绝笔"悲欣交集"可以算作弘一法师对自己充满传奇色彩的一生的高度概括。

最后，选文结语做了完满的收束：李叔同的一生充满了传奇色彩，为世人

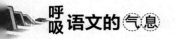
留下了享用不尽的精神财富。他传奇般的一生，是不断自我超越、自我升华的一生，更是悲天悯人、经世致用的一生。

实用文（新闻）阅读指津

北斗卫星系统的研发与应用

材料一：

我国2000年建成了北斗导航实验系统，这是第一代北斗卫星系统。中国工程院院士刘经南告诉记者，第一代北斗卫星系统是一个区域系统，由三颗卫星提供区域内的定位服务。虽然只有三颗卫星，但使我国成为继美国、俄罗斯之后世界上第三个拥有自主卫星导航系统的国家。

"第一代北斗卫星系统在海上定位也可达到二三十米的精度，它是一个双向定位系统。双向授时，可以达到20纳秒，比GPS（全球定位系统）的授时精度要高，GPS承诺的是50纳秒。还有短报文功能，短消息可发60字，利用双向通信的特点进行调制。"刘经南说，"第一代北斗卫星系统建立以后，在大地震、泥石流等救灾过程中得到应用检验，在海洋渔业中也有很多用途，它可以与地面移动通信进行互联互通。北斗的船舶入网当时已经有五万多个，手机用户十万余个。"

现在我国推广应用的是北斗二代卫星系统，它由十四颗卫星组成。刘经南表示，北斗导航系统在亚太地区内导航系统标准服务的定位精度在10米左右。同时，它可以根据用户需要提高定位导航服务的精度，达3米左右。在中国及其周边地区，它的短报文通信功能一次可以发送120字，并可与互联网以及移动互联网进行互通。

"卫星上天，重点在于应用，我国北斗卫星系统可用性和连续性指标超99.9%。"刘经南介绍，"2012年底，第二代北斗卫星系统正式向亚太地区提供服务，运行四年多来，系统保持了连续运行，可用性指标实际上达到了99.99%以上，连续性达到了99.986%。"

"我国北斗的应用非常广泛，现在主要在汽车领域大规模应用，涉及汽车制造业、汽车电子制造业、车载信息服务商，还有面向智能交通的设备制造业及服务商。北斗将来还可跟用户的车辆定位需求结合起来。"刘经南举例说，现在装载了北斗导航系统的交通运输车辆约有三百八十万辆，这个市场规模将达到千万量级，车辆运营状态都可以实时上传至互联网上，实现实时监测。

"'互联网＋'时代，卫星数据在云端，用户在网上，北斗卫星系统与新兴信息网络系统跨界融合发展趋势越来越明显。"刘经南表示，北斗位置服务将实现跨界融合，包括跨系统融合、跨地域融合等。

刘经南说："我国将重点推动'互联网＋北斗'的空间位置服务产业。比如北斗系统与蓝牙、宽带移动互联网、有线互联网、窄带物联网等融合，使北斗时空信息传输更快、位置更精确、图像更清晰、用法更巧妙。有了北斗系统，我国的无人驾驶也可能加快实现。"

（选自《光明日报》2017年2月16日）

材料二：

2012年4月30日，中国在西昌卫星发射中心成功发射"一箭双星"，用"长征三号乙"运载火箭将中国第十二、第十三颗北斗导航系统组网卫星顺利送入太空预定转移轨道。北斗二代作为我国服务国际社会的公共产品，已成为代表中国的国家名片：北斗二代卫星导航系统是世界上第三个提供运行服务的卫星导航系统，可服务五十多个国家、三十多亿人口；北斗系统是联合国确认的四大核心供应商之一；北斗已进入国际海事、国际民航和国际移动通信组织标准体系，国际主流的手机芯片已支持北斗功能……"稳步推进北斗系统走出去"，被纳入国家"一带一路"建设规划，北斗已成为我国对外交往的重要合作项目，显著提升了我国的国际地位与影响力。

（摘自《经济日报》2017年2月3日）

材料三：

2月21日，八十八岁的孙家栋院士在北京燃气集团考察时表示，北斗二代应用和北斗产业化在面临着新挑战的同时也迎来了最佳历史机遇期，中国的北斗在北京市政公用领域的应用不断突破，为开创北斗"天上好用，地上用好"新格局做出了贡献。

北京燃气集团总经理表示，三年多来，北京燃气集团将国家北斗精准服务网引入到施工管理、运行、泄漏及防腐层检测、应急抢险等各领域和环节，极大地强化了燃气管网管理的精细度和深入度，从本质上提高了管网建设和运营的能力。

北斗系统将于2018年率先覆盖"一带一路"国家，2020年覆盖全球。随着北斗组网的推进，下游行业应用呈现加速趋势。当前，卫星导航与云计算、物联网、移动互联网和大数据等融合发展已经成为趋势，"北斗+"时代正在到来。

（选自人民网《孙家栋院士：北斗应用迎来最佳历史机遇期》2017年2月22日）

《2017年普通高等学校招生全国统一考试大纲》对"实用类文本阅读"有这样的说明："阅读和评价中外实用类文体。了解新闻、传记、报告、科普文章的文体基本特征和主要表现手法。阅读实用类文本，应注重真实性和实用性，准确解读文本，筛选整合信息，分析思想内容、构成要素和语言特色，评价文本的社会功用，探讨文本反映的人生价值和时代精神。"这和2016年《考试说明》的最大的变化就是将"传记"和"新闻"换了位置，2017年高考全国1、2、3卷语文试题"实用类文本阅读"无一例外地考查了非连续性新闻类文本，材料思想性强，反映社会时代风貌。题型为单选题、多选题、简答论述题或探究题。

选文是非连续性的新闻调查报告类文本，三则材料虽然相对独立，但都是对我国北斗卫星系统的研发动向、应用领域等做的报道。

怎样阅读新闻文本呢？

一、深入理解特征，做好答题铺垫

真实是新闻的生命，反映的是新闻工作者实事求是的态度和诚实负责的职业道德。但是，纯粹的真实、客观是不存在的。新闻受到新闻工作者生活经历、文化程度、习俗观念等的影响，受到国家、媒体意志的影响，不可避免地带有一定的倾向性。因此，我们往往看到，虽然新闻需要客观、公正、真实，但对同一事件，不同媒体的报道也有差别，有其自己的立场和观点。

二、准确把握考向，理清答题思路

考向一，概括新闻内容。概括新闻内容在考查形式上和传记相同，既可以指整篇新闻的中心内容，也可以指某则材料的中心事件或传递的主要信息。比如：选文的材料一全面介绍了两代北斗卫星系统的定位精度、应用领域等，材料二、三则侧重介绍了北斗二代在国际化服务进程和产业化应用方面取得的新突破。概括内容要点的办法有三：一是抓住关键部位，联系整体揣摩；二是归纳层次要点，综合各层层意；三是提取关键信息，重新加以整合。

考向二，比较报道异同。在对新闻内容要点的概括上，《考试说明》新的考题示例增加了对比分析的内容，题型多为选择题。解答比较题，要注意三个方面：

（1）比较报道的对象。这类题目，在报道的对象上基本相同，都是针对某一现象进行的。

（2）比较报道的深度。有的新闻，仅就新闻事实进行报道，时间、地点、人物、事件等新闻要素完整；而有的新闻，除这些要素之外，还有深厚的新闻背景、原因分析和结果预测。比如：通过对选文材料深度的比较，从"北斗系统在汽车领域得到广泛应用，在市政公用领域已经取得了实际效益"等信息可以预测出如下结果："互联网+北斗"系统即将覆盖社会生活的许多方面。

（3）比较报道的宽度。所谓新闻报道的宽度，就是新闻的涉及面。比如：材料一表明，我国北斗卫星系统与新兴信息网络系统跨界融合发展趋势越来越明显，将重点推动"互联网+北斗"的空间位置服务产业，材料二和材料三的相关报道则对此进行了充分阐述。

考向三，分析报道角度。同样一个新闻事件，角度不同，给人的感受也不同。比较新闻报道的角度要针对同一新闻素材的不同方面进行比较，从中发现观察视角、观点态度、表达方式的差异。比如：选文的三则材料中，《光明日报》的报道内容翔实，能够满足不同层次读者的需求，《经济日报》的报道内容集中在为世界提供运行服务方面。相比较而言，"人民网"在报道北斗系统的发展现状和趋势方面较另两家媒体更新、更具体，它已明确指出北斗卫星系统未来的发展目标和方向。

考向四，探究新闻的价值。探究新闻社会价值有三个技巧：一是找准文本的主要观点和基本倾向；二是对观点和倾向解读要有个性，还要合乎情理；三是评价要尊重文本，尊重事实。比如探究选文三则材料的新闻价值，可以得出这样的结论："报道内容表明，我国北斗卫星系统已在汽车领域、国际海事、国际民航、手机和工程建设管理等领域得到了一定程度的应用。"探究时切莫误把"未然"作"已然"，误将"一定程度的应用"理解为"广泛应用"。

三、仔细阅读题干，规范答题行为

针对选文可以这样设题：根据上述材料，谈谈你如何理解北斗卫星系统研制的意义。

题干是要求谈"对北斗卫星系统研制意义的理解"，考向是"探究新闻的价值"，对于北斗研制的意义，在三则材料中有零星表述，可以先筛选出这些表述，再分点整理。要点如下：①我国卫星导航科研水平进入世界先进行列。北斗卫星系统是世界上第三个自主研发建立、提供运行服务的卫星导航系统，系统的各项指标达到世界先进水平。②北斗卫星系统在汽车、市政、"互联网+北斗"等领域广泛提供服务，服务国计民生。③北斗卫星系统助推我国对外开放和"一带一路"建设。北斗卫星已成为对外交往的重要合作项目，北斗位置服务将覆盖全球，实现跨界融合。

答题指向明确后，就要按照题目的要求尽可能全面、条理清晰地作答。除非题干已经明确表示用词语来回答，否则答案要用句子的形式来呈现。一定要紧扣新闻的主要内容，将叙、析、评有机结合，反对空泛地乱扯。一般建议分条作答，凡是有得分可能的要素都应该答出。要善于准确运用新闻的基本术语，如"新""真实性""现场感""时代色彩""新闻价值"等。

2018年高考实用类文本阅读考查探析

2018年《考试说明》对实用类文本阅读的"考试范围与要求"的表述较之2017年几无变化。我们是否可以据此判断，2018年高考（全国卷）的实用类文本阅读考查一定会沿袭去年的考查形式呢？

一、新题例引发新关注

2018年《考试说明》尽管在实用类文本阅读"考试范围与要求"的表述上没有明显变化，但是在"题型示例"部分却增加了一道新闻文体的题例，应当引起大家足够的注意并加以研究。这一题例和《考试说明》中同为新闻文体的"例4"相比，最大的变化有三点：

第一，客观题第（2）题，题干要求答案是"不正确的一项"，而非"最为合理的两项"，答案是单选，而非双选。

第二，主观题第（3）题，题干要求回答的是两个问题，而非一个。

第三，客观题第（1）题，题干要求答案是"不正确的一项"，而非"最为准确的一项"。

这一题例不难引发这样的思考：实用类文本阅读考查的分值是否会有所变化？提及分值，便会有总分和为每道题设分的考虑。从该题例的题干可以看出，第（1）和第（2）两道客观题均为单选，每道题的分值应该是3分。第（3）道主观题要求回答的是两个问题：中国文化消费的现状如何？通过哪些途径可以改变这一现状？前一问是对"分析综合C"层级中"筛选并整合文中信息"能力的考查，后一问则是对"探究F"层级中"探究文本中的某些问题，提出自己的见解"能力的考查。最有可能的分值是6分，前一问2分，后一问4分。若是这样，实用类文本阅读考查的总分仍然保持在12分不变。

但是，我们还应该关注2018年《考试说明》中"试卷结构"部分的表述：试卷分为阅读题和表达题两部分。阅读题约70分，分为两类：现代文阅读约35分，古诗文阅读约35分。表达题约80分，分为两类：语言文字应用约20分，写作60分。"阅读题分为现代文阅读和古诗文阅读。现代文阅读包括：论述类文本阅读、文学类文本阅读、实用类文本阅读，五题左右。古诗文阅读包括：文言文阅读、古代诗歌鉴赏、名句名篇默写，七题左右。表达题分为语言文字应用和写作。语言文字应用，五题左右；写作一题。"全卷共二十二题左右。

2017年《考试说明》用肯定的语气对题量和分值做了极其明确的说明，而2018年《考试说明》却多出了五个"约"和四个"左右"，这看来值得做一些研究，因为《考试大纲》和《考试说明》是高考命题的指针，这样的表述会在

2018年或者其后的高考中有怎样的体现呢?

二、新思考带来新设想

回到2017年《考试说明》最初颁布的时候,我们一眼便看出了"阅读和评价中外实用类文本。了解新闻、传记、报告、科普文章的文体基本特征和主要表现手法"中的变化,"新闻"和"传记"的顺序调换所传递出的信号迅速被当年的高考研究者和备考者捕捉到。

2017年高考语文全国Ⅰ、Ⅱ、Ⅲ卷的实用类文本阅读全部考查了新闻文体。第7题题干均要求选择"不正确的一项",分值为3分;第8题题干均要求选择"正确的两项",分值为5分;第9题均以概括性的简答题为考查形式,能力层级为"分析综合C",分值为4分。

2017年《考试说明》的变化在当年的高考中就得到了很充分的体现,那么,2018年呢?其后呢?

我们可以做如下的设想:

(1)实用类文本阅读不再考查新闻文体,而是考察报告、科普文章等文体,题型和分值与2017年保持一致。

(2)实用类文本阅读继续考查新闻文体,题型和分值与2017年保持一致。

(3)实用类文本阅读继续考查新闻文体,题型和分值与2017年比有所变化,两道客观题均为单选题,每题3分,一道主观题分为两问,设6分。

(4)实用类文本阅读继续考查新闻文体,题型和分值与2017年比有所变化,两道客观题均为单选题,每题3分,一道主观题分为两问,设5分。

(5)实用类文本阅读继续考查新闻文体,题型和分值与2017年比有所变化,两道客观题均为单选题,每题3分,一道主观题分为两问,设4分。

当然还有更多的设想。

综合比较,设想(1)和设想(5)的可能性相对较小,因为去年刚刚把新闻作为实用类文本阅读考查的主体对象,今年应该保持文体的稳定性。尽管2018年《考试说明》多出了五个"约"和四个"左右",但是要将实用类文本阅读的12分一下子减少到10分,恐怕多数人是难以接受的。设想(2)的可能性最大,因为稳定是最好的选择。设想(3)的可能性颇值得考虑,因为它和2018年《考试说明》中新的题型示例有太多的相关性。设想(4)的可能性最耐人寻味，如果实用类文本阅读考查真的减少到11分，那么少掉的那一分会去往何处呢？

如果真的是这样，命题者最好的选择就是让这很不寻常的一分回归到它从前的位置——古诗文默写。

今后的高考将更加凸显"立德树人"的教育功能。语文的名篇默写、文言文阅读能够引导学生热爱祖国的语言文字和博大精深的文明，感受认同社会主义核心价值观深厚的内涵。独特的历史和文化是立德树人的底气和底蕴，今后的高考必将更加重视对传统文化的考查。

古诗文是优秀传统文化重要的载体之一，先前将古诗文默写由6分减少到5分的变化是很值得商榷的。新的语文《课程标准》也已经极大地突出了古诗文的重要地位，因此在最能体现国家意志的高考中突出优秀传统文化知识和素养的考查是教育的责任，也是时代的要求。

三、探源头开阔新视野

让我们来看一下2018年《考试说明》新增的这一题型示例四则材料的来源。材料一：文字（摘编自范周《中国文化消费调研报告》）。材料二：文字（摘编自严成樑、雷小钧《我国居民文化消费影响因素探析》）。材料三：柱状图，2007—2013年农村人均文化消费支出和城镇人均文化消费支出。材料四：文字（毛中根、杨丽姣《文化消费增长的国际经验及中国的政策取向》）。可以发现，该示例的四则材料无一源自权威的、专业性很强的传统意义上的新闻媒体，而是摘编自某种调研报告或研究性文章，材料三则是直接摆出柱状图来呈现内容。

再来看2017年高考全国卷新闻文体考查的材料来源。

全国卷Ⅰ——材料一：文字（摘编自杨玉洁等《真实聚焦：2010—2011中国纪录片频道运营与纪录片产业发展纪录》）。材料二：柱状图（加线性标示），2011年中央电视台纪录频道在七十一个大中城市的观众构成和集中度（资料来源于中国光是索福睿媒介研究）。材料三：文字［摘编自张同道等《2011年国家纪录片频道发展报告（下）》］。材料四：文字（摘编自楚蕙萍《多元延伸，有机互动——美国国家地理频道运营模式初探》）。

全国卷Ⅱ——材料一：文字加百分比比较（摘编自《垃圾变资源！这不是

魔法，而是垃圾分类》，2017年4月5日新华网）。材料二：文字（摘编自刘毅《垃圾分类应自扫门前雪》，2017年5月6日《人民日报》）。

全国卷Ⅲ——材料一：文字〔摘编自刘世锦主编《中国文化遗产事业发展报告（2014）》〕。材料二：文字加柱状图〔摘编自苏杨等主编《中国文化遗产事业发展报告（2015—2016）》〕。材料三：文字（摘编自王小润等《博物馆能否成为旅游经济新坐标》）。

比较可见，2017年高考全国卷的新闻文体的考查，除了全国卷Ⅱ的两则材料摘编自新华网和《人民日报》等专业性很强的新闻媒体外，其余的七则材料中有五则摘编自一些发展报告和研究性文章，有两则直接用上了柱状图。3月3日，教育部考试中心主任姜钢、党委书记刘桔，在《中国教育报》发表署名文章《牢记立德树人使命 写好教育考试奋进之笔》，就教育考试工作发表了重要意见。此文可以说是对高考命题的"最新定调"，对于2018年高考命题尤其是全国卷的命题具有非常明确和重要的指导意义。

可以预见，2018年高考语文将扩大文本选取范围。论述类文本将多选用论文和时评，考查逻辑论证和批判推理能力；实用类文本将多选用新闻和报告，考查信息处理和超文本阅读能力；文学类文本将多选用小说和散文，考查审美鉴赏能力。

"实用类文本将多选用新闻和报告，考查信息处理和超文本阅读能力。"这样看来，今后的高考实用类文本阅读，将突出对"信息处理和超文本阅读"能力的考查，新闻文体的"纯度"将会被稀释，新闻的"专业"意味将进一步变弱，材料将紧扣时代脉搏，来源将更加倾向于"广""精""新"等层面的新闻、报告和研究性文章，除了文字材料外，柱状图、饼状图、线状图、树状图和多种表格的直观对照分析将在新闻文体考查时呈现，以呼应我们正处于一个读图、读表的时代。

四、蠡测

综合分析，对2018年高考实用类文本阅读考查做如下预测：

（1）将继续考查非连续性文本阅读，文本将多选用新闻和报告，考查信息处理和超文本阅读能力。

（2）新闻文本将扩大选材范围，材料来源将趋于多样化，更有利于考查学生阅读的必备知识和关键能力。

（3）新闻文本阅读的总分不变。两道客观题均以单选的形式考查，分值减少；主观题一题两问，分值增加，借助对新闻文本的探究，考查学生的学科素养和核心价值。

（4）新闻文本阅读的总分减为11分。两道客观题均以单选的形式考查，分值为6分；主观题一题两问，分值为5分。减少的一分回归到古诗文默写。

高考语文阅读反映了信息时代阅读的特点和要求，将全方位考查阅读的"关键能力"，学生在阅读广度、数量、速度上要下大功夫，只有全面培养阅读能力、文学素养和思维品质，才能从容面对今后的高考。

《信息时报》就2018年广东高考作文采访陈清华老师

一、抓住两个关键词，把握好两条线

陈清华介绍，审读今年的作文材料，要抓住两个关键词：时代和青年，写作时要把握好两条线：时代发展线和青年成长线。今年，2000年出生的千禧宝宝已经年届十八岁，他们长大成人，很多年轻人正要参加今天的高考，他们与新世纪的中国一路同行、成长，和中国的新时代一起追梦、圆梦，将个人理想和追求与中国梦、民族复兴梦紧密结合、共同圆梦是时代的呼唤和历史的要求。伟大的时代属于每一个人，处在这个伟大的时代是青年的际遇、机缘、使命和挑战。

纵观七则材料，可分为过去、当下与未来三个层面。过去，中国抓住机遇，直面挑战，关注民生，敢于担当，勇立时代大潮，取得了令国人骄傲、令世界惊讶的辉煌成就，但是我们更应该客观、理性地审视时代大局和世界格局，我们必须清醒、冷静地认识到我国的经济发展还处在大而不强的较低层次，与他国相比的多是体量；我们的科技发展与创新还面临着更多新的挑战，尤其是核心技术的研发还很滞后，常会受制于人；人民日益增长的美好生活需要和不平衡不充分的发展之间的矛盾还很突出。"中国梦"对于未来的规划是：2020年全面建成小康社会，2035年基本实现社会主义现代化，这是新时代中国特色社会主义发展的战略安排，是中国梦的具体化，那时的中国必将成为引领世界发展、影响世界格局的经济强国，必将成为世界的科技中心和科技高地，中国的科学家将为人类的文明和进步做出应有的贡献，中国人民将被幸福生活紧紧包裹，并以身为中国人而倍感自豪和荣耀。

七则材料具有强烈的时代感与历史感，能够引导考生充分认识个人成长与国家、民族和新时代的深刻关联。

二、千万不要忽略了材料中的那个省略号

考生对材料中的省略号可以有各自的理解与补充。十八岁的青年，在这一机遇与挑战并存的时代应该如何去做？如何认识个人命运和国家命运的关系？要给2035年的十八岁青年留下怎样的时光礼物和财富？这里才是考生丰富心灵、创新思维、开阔襟抱的青春才情的展示场！

作为时代青年，应该珍视机缘，不惧挑战，顺势而为，担负使命。要将个人发展与时代进步紧密结合，把个人理想和强国之梦紧密契合，做有理想、有本领、有担当的时代青年。青年要勤奋学习，刻苦钻研，创新发展，练就过硬的专业技术，不断提高科学文化素养，为实现个人价值和报效祖国打下坚实的基础；青年要自觉提升人文素养和道德修养，要有兼善天下的家国情怀；青年要有砥砺前行的意志，要学习中国杰出科学家"繁霜尽是心头血，洒向千峰秋叶丹"的矢志不渝、追求卓越的伟大精神，努力成为科技创新、科技兴国的后备军。青年要牢记四点希望：爱国，励志，求真，力行。

三、行文要对"给2035年的十八岁青年阅读"做出回应

陈清华提醒考生，作文材料中有这样的写作要求："请据此写一篇文章，想象它装进'时光瓶'留待2035年，给那时十八岁的一代人阅读。"考生写作时，在开头或者结尾要有比较明确的文字表述，来体现这是写给2035年的十八岁青年阅读的，这一点很容易被忽视。此外，该考题并没有要求写成书信的格

式。有人问：可以写成记叙文吗？陈清华表示，只要不限文体，写诗歌都可以，当然可以写记叙文，而且今年写记叙文或许是一个不错的选择。

四、主要考查学生的家国情怀和时代视野

陈清华强调，今年的语文作文题目在审题上并没有太大难度，但是对于学生的写作积累却有较高的要求。"这个题目实际考查的是考生的家国情怀和时代视野。要求考生在平日的学习生活中要关注我们国家的发展、城市建设、社会民生等问题，要将自己的高三备考和切身生活与时代要求紧密联系起来，这样才能写好这篇作文。"陈清华表示，今年的广东作文题目，恰恰是体现了教育部对高考"一点四面"的要求，"一点"就是立德树人，"四面"是指传统文化、依法治国、创新精神和社会主义核心价值观。高考体现国家意志，为国选才是其重要功能。今年的作文题正是以机遇与挑战并存的宏大时代为背景的，考查考生多元思维的品质、青年应该具有的家国情怀和使命担当精神。

此外，广州考生还可以把广州城市发展战略写进去，以连接"我"与"国""青年"与"时代"，即"一江两岸三带"——珠江两岸经济带、创新带、景观带。

五、必须肯定全国卷作文的命题水平

陈清华表示，必须肯定全国卷作文的命题水平，单就今年Ⅰ卷的命题形式而言，就令举国师生叹服，去年材料要有所选择，今年材料要全部考量，又是一次"出乎意料而又在情理之中"的命题。好题目的意义在于，就是让人拍自己脑瓜："我怎么没想到！哎，有一回我差点想到了！"

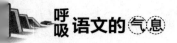
教学省思

语文课堂的金字塔学习方式

　　美国缅因州贝瑟尔国家培训实验室用多种方法指导学生学习，两周后，学习内容平均保持率如图所示：

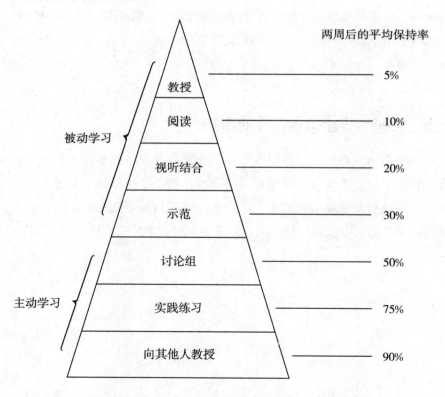

　　从上面的"学习金字塔"可以看出，用不同的方法指导学生学习，学习内容的平均保持率差异很大。其中，教师和学生最习惯、在教学实践过程中最常

见、时至今日仍为各级各类学校教师奉为圭臬的讲授法，其保持率也就是教学效率居然是最低的。而阅读的保持率是10%，系讲授法的两倍，难怪有人说，听某某老师讲课还不如自己看书。比讲授和阅读保持率更高的学习方式是视听结合和示范法，保持率分别为20%、30%。但以上四种学习方式的保持率普遍较低，在以上四种方式指导下的学习，学生经常处于被动学习状态，对学习内容的掌握及学习知识的记忆和领会不是主动的，因而教学效果必然低下，而这四种学习方式恰恰是眼下高中课堂最主要、教师选择最多的方式。由此可知，在全国各级各类学校，师生普遍选择和采用的学习方式，大多置学习对象于被动地位，没有真正唤醒学生的主体意识，有的课堂甚至罔顾学生，教师只是一味地讲授知识，灌输知识。我们应该清醒地认识到，要想让课堂实现高效，必须从选择高效的学习方式入手。

"学习金字塔"显示，讨论组的学习内容平均保持率为50%，实践练习的学习内容平均保持率为75%，而向他人传授（对所学内容立即运用）的学习方式的平均保持率高达90%，这三种学习方式的平均保持率之所以高，是因为在这三种学习方式指导下的学习，学生均处于主动学习的状态，学习必然高效。这就告诉我们，讨论、实践、教会别人（对所学内容立即运用）的学习方式是高效的方式，要在课堂教学活动中优先选择，合理运用。

毋庸讳言，目前，高中课堂教学的效率处在一个较低的层次，关键一点就在于我们没有真正把握高中课程的根本性质。例如，《普通高中语文课程标准》明确指出："高中语文课程应该进一步提高学生的语文素养，使学生具有较强的语文应用能力和一定的语文审美能力、探究能力，形成良好的思想道德素养和科学文化素养，为终身学习和个性的发展奠定基础。"标准的实施建议部分有这样的表述：积极倡导自主、合作、探究的学习方式。语文教学应为学生创设良好的自主学习情境，帮助他们树立主体意识，根据各自的特点和需要，调整学习心态和策略，探寻适合自己的学习方法和途径。为改变过于强调接受学习、死记硬背、机械训练的状况，特别要重视探究的学习方式，教师应努力提高组织教学和引导学生学习的质量。高中各学科的课程标准都十分明确地指出了创设高效课堂务必要重视学习方式的选择。

当下，高中课堂教学的低效，和教师没有树立正确的培养理念有直接关联。部分教师一味地抱残守缺，以提高升学率和应对高考为借口，拒绝选择把学生置于主动地位的高效学习方式，明知满堂灌讲授效率低下，效果很差，仍然不舍得摒弃，原因之一是，接受学习理念指导下的课堂教学行为简单统一，教师备课简单，课堂操作简便，因为没有生成，也就没有碰撞，教师根本不用担心教学过程中的种种"意外"，不会被"问"倒，更不会被"挂"住，练好"讲"功，万事大吉，还时常落个"精彩"的评价。学生也不排斥此类课堂，一是早已习惯，二是省力清闲。上课时，拿出两只耳朵去听一听，高兴时记一记，最好"含情脉脉"地看着老师，时而点点头，再伴以微笑，顿然让老师自信满满，便以为自己所讲内容定然是学生已懂已会的东西，哪怕是在课堂上"神游万仞，心骛八极"，也无碍于教师的讲授。一堂课下来，学生不需要思考，不需要感悟，不需要交流，不需要合作，不需要探究，他们收起了学习的个性，送走所有的灵动，坐稳了身子，等待下一位"讲师"登场，至于记住多少，掌握多少，消化多少，那就看你的造化了。

直面惨淡的现实，广大高中教师必须勇于解剖自己，静下心来细细读一读《普通高中课程标准》，切实用标准来约束和规范自己的教学行为，积极倡导自主、合作、探究的学习方式，努力打造高效课堂，注重学生各种能力特别是创新能力的培养，不断提高学生的学科素养和综合素质，为学生的终身学习和个性的发展奠定基础。打造高效课堂一定要成为我们高中教师的不懈追求和执着梦想，我们眼里要有前方，心中要有方向。我们应该从选择高效的学习方式入手，在课堂教学活动中优先选择、合理运用讨论、实践、教会别人（对所学内容立即运用）的学习方式，让每一堂课都充满生机，彰显个性，散发出醉人的芳香，传递着成长的力量，给每一个孩子最大、最真切的帮助，唯有如此，我们的课堂方可成为万千学子生命中温暖、香甜、恒久的记忆。

例谈文学作品探究题的文化反思

最近，笔者参加了一次省级示范高中高三联考的阅卷工作，语文卷第14题凸显了文学作品阅读探究题的文化反思功能，导向明确，充分体现了"探究的目的是面向未来，而不是回到原点"的思想。

本题的阅读材料选自当代诗歌评论家李元洛的《汨罗江之祭》。题干为"从全文看，请联系现实探究作者在文章第五自然段所引发的议论文句的深刻内涵"。

选文第五自然段文字如下：

世上许多有抱负有才华的人，常常得不到认识和赏识，有如明珠暗投于尘封的角落，好似良骥局促于偏远的一隅，有的人还屡遭厄运，抱憾甚至抱恨终生。然而，有些人却僭居高位，浪得虚名，肥马高车，锦衣玉食，一辈子似乎活得有滋有味。怀才不遇而困顿一生的杜甫，在生命行将结束的暮年，他得到郭受与韦迢的赞扬，虽说他们是文坛的无名之辈，虽说杜甫和他们是浅友而非深交，但在杜甫凄凉寒冷的岁月，那不是如同两盆炉火温暖了他那颗已经冻僵的心吗？千秋万岁名，寂寞身后事。杜甫如此评价和叹息李白，不知他对自己是否也有这种预感？杜甫和李白一样有千秋万岁之名，这已是毫无疑问的了，李白的故里与墓地我还无缘瞻拜，但河南巩县现为巩义市的杜甫故居，却依然寒碜，杜甫墓园也只是封土一堆，青碑一块。

《2013年普通高等学校招生全国统一考试安徽卷考试说明》对文学类文本阅读探究层级的表述有三点：（1）从不同的角度和层面发掘作品的内涵、民族心理和人文精神。要求对文学作品进行广泛而深入的探求。可以从多个角度、多个层面入手，对作品的意蕴、民族心理和人文精神做出准确而深刻的把握。（2）探讨作者的创作背景和创作意图。要求在把握文学作品内涵的前提下，探求作者的创作背景和创作意图，理解作品所反映的社会生活和情感世界。（3）对作品进行个性化阅读和有创意的解读。要求在整体把握文学作品的前提下，表达对文学作品的独特感受和新颖见解。

不难看出，这道探究题侧重考查"从不同的角度和层面发掘作品的内涵、民族心理和人文精神。"发掘的依据就是题干中所说的阅读材料中的议论文句，这些文句的深刻内涵即作者悲天悯人的情怀和因杜甫诗才旷世却不能见用而生发的不平之气，其中蕴含了作者的社会责任感和对历史文化传统的沉痛反思。

作者对杜甫悲苦遭际的同情和愤慨是显而易见的，而这种同情和愤慨源于作家的社会责任感。作者李元洛说过，按照我的文学观点，一个作家应该有社会责任感和当代感。一个真正的作家至少应该有一颗同情心，至少应该继承自屈原以来的忧国忧民的精神，继承自范仲淹以来的先忧后乐的精神。在李元洛心中，杜甫才华卓著，忠厚谦逊，胸怀天下苍生，是忧国忧民的典范。出现在作者笔端的是一位仁慈、良善、温润的悲情诗人。

当代解释学企图从历史和传统中寻找文化的出路，但又不是单纯回到过去，而是立足现在，以现在的目光审视历史和传统。很多时候，对文学作品的探究也是对历史和传统的一种解释，其目的是面向未来，而不是回到原点。

《汨罗江之祭》对历史文化传统的沉痛反思则源自作家的时代感。这道探究题的答题重点应该放在对文化的反思上，这一反思的"原点"是试题提供的阅读材料，当从文化的角度审视杜甫所处的时代。"世上许多有抱负有才华的人，常常得不到认识和赏识，有如明珠暗投于尘封的角落，好似良骥局促于偏远的一隅，有的人还屡遭厄运，抱憾甚至抱恨终生。"这是作者对像杜甫一样的文化人境况的准确评说。在杜甫生命行将结束的暮年，文坛的无名之辈郭受与韦迢的赞扬，竟然如同两盆炉火温暖了他凄凉寒冷的岁月中那颗已经冻僵的心。与其说这是对杜甫的一种安慰，还不如说是一种对高才冠绝于世而命途多舛者的亵渎，而之于那个时代，则为一种绝妙的讽刺。作者实在不愿过多提及与杜甫齐名的李白等生前死后的风光。千秋万岁名，寂寞身后事。直面全国各处杜甫故居、陵寝横遭不测的悲惨命运，作者忧心如焚，坐卧不宁。墓园再寒碜，毕竟是杜甫灵魂的栖息之地，悲凉的哪是青碑一块，分明是一座本应魏峨、本应不朽的文化丰碑。

正如作者所说："一个民族假如热衷于形而下的物质追逐与享受，而对于前贤往哲缺乏应有的敬意，总不免令人感到悲哀。"作者从杜甫诗才文华葱郁却难遇伯乐，饱受冷遇，甚至面临被遮蔽被遗忘的命数，洞察出一个民族文化精神的贫血，从而将文章从习见的凭吊怀人之作上升到一种文化反思的高度。没有故作高深，没有刻意拔高，情与理交相辉映。

我们在反思时，一定要立足当代，把视野投向未来，去寻求一条解救"杜甫"的道路，不能让杜甫的悲剧在我们这个时代和未来重演，否则我们这个时代就难以称得起崭新和伟大。学生在答题时，应当从阅读材料出发，立足当今社会，反思如何重视人才，发现人才，利用人才；反思如何让才华出众者不再遭受冷遇，能够有自己的用武之地；反思如何实施人才兴国战略，使中华民族有不竭的发展动力，实现文化繁荣和伟大复兴。学生答题时，甚至可以联系当今中国政治体制改革的举步维艰，呼吁进一步建立和健全人才选拔制度。这样的反思才能彰显对历史的敬畏和对文化的尊重，折射出理性的思辨色彩，具有鲜明的时代精神。

综上所述，这道探究题的答题层次有三：对杜甫才华卓著却饱受困厄的同情和愤懑；一个民族要让有才华、有抱负的人有用武之地，为社会做出应有的贡献；从文化的层面进行反思，审视当今社会人才选拔制度，探求国家发展、时代进步、民族振兴的路径。这样就符合了《考试说明》"对作品的意蕴、民族心理和人文精神做出准确而深刻的把握"的考查要求。

阅卷中发现，学生答题时，对作者的悲悯之心和愤懑之情说得较为充分，这是探究的出发点，值得充分肯定。一部分同学提出了社会应当重视人才，不要冷落和埋没了有才华的人，要避免杜甫的悲剧在当今社会重演的见解，很是难得。少部分同学能够从文化层面进行反思，肯定人才兴国战略，呼吁进行更彻底的人事制度改革和政治体制改革，有鲜明的时代感，真正做到了"面向未来"，令人欣喜。

但由于没有深入地审读题干，剖析材料，不少同学答题时偏离了本题侧重考查"从不同的角度和层面发掘作品的内涵、民族心理和人文精神"的方向。一些同学把探究的重点放在了对当今社会的批判上，甚至出现了"以古讽今""揭露了""抨击了""黄钟毁弃，瓦釜雷鸣"等严重脱离阅读材料、随意发挥的语言。联系现实时就罗列上"贪官污吏""官二代""表哥""房姐"等名词，肤浅而不着边际。我们应该知道，对任何一道文学作品题的探究，其手段不外乎"发掘""探求""把握""理解""解读""表达"等，即使是侧重考查"对作品进行个性化阅读和有创意的解读"的探究题，也是要求"表达对文学作品的独特感受和新颖见解"，不能"想说什么，就说什么"，更不能"说什么痛快就说什么"。学生答题时出现的种种问题，究其根源只有一个，那就是没有立足当代，面向未来，把文化反思作为探究的重点。这样看来，在完成探究题时，动辄批判、揭露、抨击的做法诚不可取。

笔者在阅卷时发现了一些貌似合理，实则错误的回答。一是原地打转，不痛不痒。如"千里马常有而伯乐不常有。正如杜甫，他有才华有抱负却屡遭厄运，抱恨而终。但是他的精神却光照千古，为人敬慕。虽然一些人显赫一时却终将被历史所遗忘。唯有精神高尚，方可百世流芳"。二是随意解读，胡乱联系。如"杜甫有才华却得不到重用，但他依然坚守自己的信念与追求。在日常生活中我们要相信自己，是金子就一定会发光。莫言有才，虽多年默默无闻，但终获诺贝尔奖；薛蛮子等网络名人风光一时，终被人揭穿真面目"。三是舍主求次，曲解文意。如"在杜甫困顿时，得到了郭受与韦迢的赞扬，从而温暖了他那颗已经冻僵的心。生活中，我们不要漠视那些有才德而身处困境的人，应该给予他们支持和鼓励，让他们的身心得以温暖，要知道我们的一个援手有时会成为他们生命的转折点"。还有一些同学谈到名人故居和名人墓的修缮，谈到养老制度的改革等，也严重偏离了正确的探究方向。

一问而升华语文课堂教学

几次就教著名特级教师余映潮先生，先生总是告诫笔者，要在课堂提问上下功夫。角度新美、形式灵动、内蕴丰厚，能够激发情趣、激励创新、激起浪花的提问是教师语文教学素养和教学能力的华丽呈现，是教师语文教育思想和教育理念的智慧结晶，可以收到"一问而升华课堂教学"的效果。

一、诗圣的九层之悲

《普通高中语文课程标准》指出，促进高中学生探究能力的发展应成为高中语文课程的重要任务。应重点关注学生思考问题的深度和广度，使学生增强探究意识和兴趣，学习探究的方法，使语文学习的过程成为积极主动探索未知领域的过程。

在执教"第七届全国中学语文教学艺术观摩大赛"《登高》一课时，在"品诗情"的教学环节，笔者先紧扣颈联"万里悲秋常作客，百年多病独登台"激发思考：诗人在垂暮之年，清秋时节，独自登高，纵目山河，俯仰宇宙，忧国伤时，慷慨悲歌。此时，悲情的诗人心中交织着哪些悲呢？学生参照宋·罗大经《鹤林玉露》中的有关评语就可以回答这一问题，即"十四字之间含八意"，写出了诗人的八层悲：万里之外，清秋时节，客居他乡，长年漂泊，人至暮年，疾病缠身，登高远之台，无亲朋相伴。颈联从时间、空间两方面表现了诗人深广的忧思。

此时，问题看似解决，但学生对诗中圣哲杜甫博大情怀的品析和领悟还处于浅表的层次。于是，笔者再次指导学生深入文字、饱含真情地诵读，而后轻声问道："你能发现诗人的第九层悲吗？"此问一出，整个课堂顿然变得热烈、灵动起来。"还有第九层悲？"同学们兴奋地讨论起来。大家纷纷发言，有的说诗人的第九层悲是功业无成，壮志难酬，这是诗圣最大的悲苦；有的说诗人的第九层悲是忧国忧民而自身却老、病、孤、愁，其悲非一己之悲；还有的结合尾联说诗人的第九层悲是时事艰难，自己颓然老矣，这是诗人悲苦潦倒的根源。

在此基础上，师生继续交流探讨：这里既有对自身命运的悲叹，更有对国家命运的忧伤，表现了诗人悲天悯人的圣哲情怀。杜甫早年有"致君尧舜上，再使风俗淳"的政治抱负，他一生忧国忧民，上下求索，无论穷达，都想实现"兼济天下"的理想，但报国无门，壮志难酬，而且长年漂泊，老病孤愁。尽管如此，他仍然"穷年忧黎元，叹息肠内热"，胸怀天下苍生，关心人民疾苦，其胸襟之阔大，灵魂之崇高，为世人所景仰。杜甫正是用他伟大的人格力量和杰出的艺术天赋为我们树立了一座不朽的文化丰碑。

这一问妙在贯通上下，重点关注学生思考问题的广度和深度，将课堂教学引向深入，整体带动了学生对诗句的品读和领悟，极大地促成了学生深层次的思考和探究活动。这一问被评委视为亮点，与会专家给予了充分肯定，最后，该课例被评为高中组一等奖，教学设计被收入《中学语文课堂教学案例选评》，余映潮先生亲自撰文做了精彩点评。

二、何人可揾稼轩泪

人类有渴求创新的天性，只要被恰当地关照，学生就会自愿去思考、探究他们感兴趣的、富有挑战色彩的问题，并且把发表极具独创性的见解当作自己学习行为的追求和学习成功的标志。

去年，在全市学科带头人评选的课堂教学环节，评委会指定的课题是《水龙吟·登建康赏心亭》。这是辛弃疾豪放词的力作，优秀课例甚多。设计教学时，为了不落窠臼，笔者在以景结情、动作传情、典故明志、慷慨悲情等方面动了不少脑筋，但终无突破。

在一次次品读词句后，笔者发现，在众多的教学案例中，对词作的末三句"倩何人唤取，红巾翠袖，揾英雄泪"的赏析普遍着力不够，并没有抓住稼轩词中极难一见的"红巾翠袖"去设计"一问而升华课堂"的问题。于是，笔者不惜用一段文字提出这样一个问题："同学们，知己难求，词人的痛苦已切腹断肠，因此只好唤取身着鲜丽衣服的美女手执一方红巾来揩拭英雄的眼泪了。但'倩何人'又表明无人可代为唤来'红巾翠袖'，词人只好独自守着哀伤和苦痛。真该给稼轩寂寞悲苦的心灵送上一丝一毫的慰藉！设若真的有这样一位美丽多情的女子飘然而至，莞尔一笑，轻轻拭去他那满脸的泪水，稼轩的孤独便会缓解，悲苦终将排遣了吧？"

笔者认为，这是一个立意高远的问题，也是一个学生颇感兴趣、又愿意去探讨的问题，是深层次课堂活动的引爆点。笔者是将这一问题作为结课部分的重点设计的，旨在促成学生的创造性思考和解读，追求余音不绝、余味无穷的效果。答题分三个步骤：一是感性认知，请学生自由作答；二是理性赏析，小组讨论后推选代表登台展示成果；三是"读书滋味长"，即个性化解读，要求学生深入探究，写一篇不少于300字的读书笔记。

在问题解决的过程中，笔者尽可能地帮助学生发展积极的自我意识，促进其个人潜力的充分发挥。

有的同学这样回答：辛弃疾并非不知山水田园之乐，也可以享受远离政治的隐逸之趣，但他一生被炽烈的恢复之志所激荡，即便岁月无情，山河破碎，夙愿成空，却依然坚守本心，矢志不渝。稼轩不是东坡，政治流放了东坡，东坡也就流放了政治；稼轩更非耆卿，天子命我"填词"，我便浅吟低唱，流连于歌楼舞榭。男儿有泪不轻弹，只是未到国破时。词人终于由期望到失望再到绝望，孤苦之情满膺，悲愤之气难抑，不觉潸然泪下，对作者的这种眼泪，我们应该感动、钦佩、肃然起敬。滴滴泪，滴滴血，面上的泪可以擦去，受伤的心却难以抚慰。

有的小组如是展示：年华一点一点凋敝，理想一点一点落空，最后，这位空负了平生雄心壮志的寂寞英雄只能怆然洒下孤独的热泪。悲情的稼轩，鬓染秋霜却无力回天，心怀大志又无人领会。更堪叹的是，词人终于发现当时朝廷上下并没有人理解自己，更没有人重用自己，南宋统治集团中竟然没有像他一样的同道之人。知音无处觅，即便有貌美如花、柔情似水的女子能替词人拭去英雄之泪，也只能给他带来片刻间的安慰而已，因为刻骨之痛痛彻肺腑，国破之苦无以排遣。

有的读书笔记写道："报国欲死无战场，栏杆拍遍悲断肠。"有人说："英雄从来都不缺少神兵、宝马、烈酒和美女。"辛弃疾的神兵"吴钩"只能把看，难以杀敌；"马作的卢飞快"，也只是他"梦回吹角连营"时的奢想；对于酒，词人虽有"身世酒杯中，万事皆空""古今达者，醉后何妨死便埋"的浩叹，但他终究不会选择放浪形骸，纵情于酒；至于美女，在辛词中更是鲜见，"红巾翠袖"出现在词中却无人唤取，词人的英雄泪也只好任由它流淌了。辛弃疾的"英雄泪"具有复杂而独特的内涵，我们透过稼轩婆娑的泪眼看到的是一颗高贵的、不甘沉沦的心灵。再妩媚、再动人的"红巾翠袖"也只能拭去稼轩的面上之泪，但稼轩的眼泪流自心底，一颗颗浑浊的眼泪不过是稼轩抱定终生的"恢复大志"的载体罢了，是无人可揾的，因此稼轩的孤独不会缓解，悲苦难以排遣，只能郁积于胸，越来越沉重，直至忧愤而卒。辛弃疾是寂寞的英雄，但他的寂寞高不可攀！

通过以上对学生部分读书笔记的展示与解读，我们可以知道，教育面临的真正挑战是寻求正确的方法和途径，使所有学生永远保持这种天生的求知欲、好奇心和创造性，成为不倦的学习者。从一定程度上说，这堂课在积极寻求正确的方法和途径，努力使学生成为不倦的学习者，效果显著，笔者也从中收获了"一问而升华课堂教学"的真切体验。这堂课也打动了所有的评委，后来笔者以高分顺利当选市学科带头人，也成为全县唯一的中学语文学科带头人。

三、让"一问而升华课堂教学"成为一种追求

教师是学生学习的促进者，应当积极营造能够促进学习的气氛，选择较为恰当的手段来激发学生内在的学习动力，"一问而升华课堂教学"应当成为语文教师的一种追求。实现这一追求的最好途径就是让设计"一问而升华课堂教学"的问题成为一种习惯，久而久之，我们的语文课堂教学就会有品位、有内涵，彰显生命的活力。近年来，笔者设计了一些可以促进良好的学习气氛、激发学生学习动力的问题，而"妙在一问"的感觉真的很好。现列举如下三例：

1. 这不是米的问题

在教学《归去来兮辞》时，笔者这样问："陶渊明不为五斗米折腰，那他会为几斗米折腰呢？"

——陶渊明的话是"我岂能为五斗米折腰向乡里小儿"，后面的"折腰向乡里小儿"最为重要。对于"五斗米"是否指俸禄，是日俸还是其他等问题尚存争议。陶渊明辞官归田是操守高洁使然，而不是米的问题！

2. 杀人是讲究顺序的

在教学《林教头风雪山神庙》时，笔者提问道："林教头杀人有何讲究？当如何理解？"

——杀人有先后顺序，先杀差拨，再杀富安，最后杀陆虞候，一则要问缘由，二则表现出林冲武艺高强。

3. 文学作品的感情点

在教学《记念刘和珍君》时，笔者的问题是："本文的感情点何在？"

——本文的感情点在于先生，而不在于刘和珍。学习时，不可把刘和珍的故事和她对生活的态度作为重点，必须紧紧抓住鲁迅先生对刘和珍等青年遇难的态度和情感去把握作品内核。此类文章的阅读理解和鉴赏就是要紧扣住作者的情感态度进行，可以说"握住胸膛左侧"（即把握作者感情）是文学作品阅读和鉴赏的一把金钥匙。由此可知，《兰亭集序》的鉴赏重点不是"集会"本身，而是作者透过集会而生发的人生感慨和生命拷问。《边城》的鉴赏重点不是翠翠和天宝、傩送凄美的爱情故事，而是作者对湘西特有的人性美的怀恋和歌颂。

教学的情景千差万别，从来就没有普遍适用于任何教学环境的万能的模式和方法。在追求"一问而升华课堂教学"的同时，还应该不断加强提问艺术的研究，真正让课堂提问切中肯綮，使语文课堂教学不断精炼，渐次升华。

由班级随机点名系统引发的思考

笔者偶尔从某班窗户旁走过，看到该班正在上语文课，电子屏幕上赫然呈现"高二某班随机点名系统"一行大字，当时，三四位同学正在黑板上做题，可想而知，这几位同学就是"随机点名系统"产生的成果。后来跟该班语文教师进行了交流，说他所任教的另一个班级也有这样的系统，上课时利用这一系统可以有效遏制教师点名时的倾向性，很公平，而且学生注意力较为集中，因为他们不知道在什么时间就会有一个问题"随机"到自己头上。

对此，笔者不敢苟同。"随机点名系统"固然有其优点，但提问的针对性会大打折扣。问题的难度和梯度不同，学生的水平和能力不一，仅仅靠一个系统的随机点名来确定问题的回答者和解决者难免有失偏颇。一个简单的问题"随机"给了一个优等生，其回答和解决问题的价值就不大，不仅对该同学没有多少帮助，而且其他同学也少了一次答题机会；一个难度大的问题"随机"给了一个学困生，结果只会糟糕，非但问题难以有效解决，而且会给看似得到机会的那位同学带来尴尬。那么，班级随机点名系统可否用于课堂教学呢？当然可用。譬如检查学生应知必会的知识时，抽查要求完成的学科作业时，指名学生读书背诵时就可以利用这一系统。检查对学生要求相对统一的内容时，利用这一系统点名可以充分发挥其随机性强的特点，能够引起学生的高度重视。甚至在做一些教学游戏时，组织一些学习活动时也可以利用这一系统，这样有利于提高学生的参与度，增强游戏和活动的趣味性。如此看来，"随机点名系统"不是不可以用，而是应该合理、有针对性地利用，切不可仅仅以公平的名义而一味滥用，导致课堂教学的点名方式就只剩下"随机"，这样我们课堂教学的提问和解答就走向了一个简单化的极端。

传统的课堂提问方式随意性强，和提问者的主观情感关系密切，一些教师会"青睐"少数学生，常常会给我们不公平的感觉。但是有经验、有责任心的老师大多会根据具体的教学情境，准确把握问题的难度和梯度，正确审视学生的能力和状态，有针对性地把问题交给最适合的同学去回答和解决，有时会伴有启发、诱导和点拨，让孩子们跳一跳就摘到了香甜可口的桃子，多好啊！什么样的问题就交给什么样的学生来回答和解决，这是教育智慧和科学精神的体现。

多年前，笔者参加了一个省级课题的研究，当时我们提倡学生积极参与课堂教学活动，教师煞费苦心地激发学生的学习热情，问题提出后，鼓励学生不举手、不须老师同意而直接抢答，一时间课堂上你争我抢，好不热闹，问题一提出就被极少数的几个同学抢答，没抢到问题的学生还因此懊恼不已。结果，每堂课都会造就几个"明星"，少数表现欲强的学生牢牢"把持"了回答问题的权利，有时抢到了问题又不能正确解答，老师为了保护其自尊心还要不停地鼓励和激发，导致一些课堂问题得不到有效解决，甚至不了了之。在这样的课堂上，绝大多数同学先是"抢"不到问题，后来便不愿意去"抢"问题，最终成了课堂的看客。"热闹是他们的，我什么也没有！"反思这种以抢答为特征的问题解答方式，可以明显发现其症结所在，这样的问答方式致使教师的主导作用丧失殆尽，课堂上的教学问题被一抢了之，既不科学，也不公平。当然，这种抢答式也有其优点，对于难度很大的问题就可以采用抢答的方式，谁会谁就来回答，对于一些明显高于学生现有认知范畴的文史知识、科学知识和前沿知识，要避免直接点名和小组讨论的形式，要尽量引领学生去抢答，这样既可以高效解决问题，又可以让一些优秀的学生脱颖而出。

我们可以发现，在实际的课堂教学过程中，有不少的提问和解答方式是存在突出问题的，像我们熟知的横排、竖排、S型等提问法。也有一些风靡一时、值得研究的解答问题的方式，如小组讨论法、小组展示法、同桌补充法等。提问之法，存乎一心，一切要从实际出发，教师要追求问得恰当，学生要追求答得精彩。唯有如此，我们的课堂教学问答才会高效科学，从而发挥其应有的重要作用。

在课堂教学中，提出有价值、有利于增强学生主体意识，能够激起教学浪花，可以彰显学生主体地位的教学问题，既是对教师的高层次要求，也是教师必须具备的教学素养。问题提出后如何引领学生去回答和解决是课堂教学的关键环节，学生答题方式的确定则是一门值得我们长期研究的学问。《普通高中语文课程标准》要求教师特别要重视探究的学习方式，应努力提高组织教学和引导学生学习的质量，可见能够创设良好的自主学习情境，突出探究的学习方式，有利于高效组织教学活动，不断提高学习质量的提问和答题方式是师生在课堂教学时的共同选择。

古典诗歌教学展示课发现的几个问题

在诗城安徽马鞍山举办的2015年长三角语文教育论坛"诗歌教学内容的确定"研讨会上，笔者听了三堂高中古典诗歌教学展示课，分别是浙江平湖中学金中老师执教的《蜀道难》、安徽屯溪一中郑静老师执教的《定风波·莫听穿林打叶声》和安徽马鞍山二中周文福老师执教的《念奴娇·过洞庭》。这三堂课能够紧紧围绕本次论坛的主题"诗歌教学内容的确定"进行教学设计，教学过程重视古典诗歌的诵读，强调学生的阅读体验，引领学生走进诗人的情感世界，突出了语文学科的教化功能，可谓亮点频现，美点很是惊艳，引爆点令人称羡。三堂展示课的成功之处观之可知，议之易言，专家点评时自是好评如潮，在诸多溢美之词中，笔者不揣冒昧，但就观课时发现的一些较为突出的问题谈谈自己的粗浅意见。

一、节外生枝

大型的观摩课、示范课、公开课以及展示课，最讲究主线统领贯穿，层次清晰有致，很忌讳节外生枝。节外生枝易导致教学目标偏离，学生注意力分散，课堂结构混乱，教学流程梗阻。

《蜀道难》一课的教学设计可谓匠心独运，尤其是要求学生在诵读诗歌时呈现出姿态感的教学环节深深打动了数百听者。但是该课在开始部分，老师为了拉近与学生的距离，先叙说了李白与马鞍山的一段渊源，其后，本应进入文本诵读环节，老师却又谈起了本次展示课所处的环境——马鞍山二中体育场的空阔，告诉学生在这样的情境下赏读诗仙李白的诗歌应当让自己年轻的心灵飞扬。这便是节外生枝的一种表现，老师本想暖场以激发学生的诵读激情，孰料却造成了冷场，一堂课下来，同学们都没有很好地进入古典诗歌诵读、感悟、鉴赏、探究所应有的状态，究其原因，或许与此大有关联。

《念奴娇·过洞庭》一课的教学设计展示了马鞍山二中语文组精英们一贯

的风格，教学过程灵动流畅，给人以轻松愉快之感，"学生的精彩是这堂课最大的亮点"是点评者也是众多观课者的共识。但是，或许孩子们的表现太精彩了，执教者以"爆料"的方式向观课专家和老师介绍说，这些学生不是自己班的，是文科实验班的孩子，之所以很优秀，是因为他们的语文老师是徽派语文的领军人物、正高级教师郭惠宇先生。郭惠宇先生是大家尊敬和钦佩的著名特级教师，但在展示课的课堂上由执教者如此讲出来似有不妥，也算是节外生枝的一种表现，因为这对教学而言没有任何帮助，只会让学生注意力分散，致使课堂结构紊乱。好在执教者沉稳洒脱，久经大场，课堂驾驭能力极强，稍稍偏离后又较为顺畅地实施了随后的教学活动，笔者在想，不是所有的执教者都可以做到这些的。

二、预设不足

高中组的三堂古典诗歌教学展示课都在诵读上着力甚多，朗读、品读、赏读等形式多样，教学目标也多是希望通过诵读这一重要手段来实现。遗憾的是，《蜀道难》和《定风波·莫听穿林打叶声》两堂课学生的诵读活动没有得到很好的推进，多数学生局促拘谨，不能积极主动参与学习活动，执教者显得紧张焦急，观课者也担心着急。面对此情此景，执教者也做了诸多努力，但效果不佳。于是，以下的诵读活动就全赖老师了，即便是齐读，也只能听到老师的声音，两位老师也就只好按照既定的目标去完成教学的任务。正如一位点评专家所言："一些展示课，老师花了许多心血和智慧，遗憾的是设计精美、预设极好的教学愿景却是在老师的独白中完成的！"如此一来，教学过程的深化，教学目标的达成，作品形象的感受，学生人格的引领都会大打折扣。

反思之，主要原因在于执教者对教学过程中可能面临的困难预设不足，能够执教"长三角语文教育论坛"研讨会展示课的老师可谓千里挑一，多是屡获课堂教学比赛大奖的青年才俊，他们多次品尝了成功的喜悦，但所受挫折不多，在大型的展示课上遇到学生冷场这一本来很正常的情形时，自己的心里出现了大的起伏，由于现实与课前的预期反差较大，便难以从容面对。多年前，笔者应邀参加"苏鲁豫皖接壤地区语文研讨会"，执教一堂高中作文指导课《议论文的立意》，这是笔者参加全省优质课评选获奖的课例，也算是千锤百炼了。上课的前一天，大会承办者安排笔者和学生沟通交流，由于太过自信，自己竟以要保持陌生感婉拒了。由于另外两位执教者是著名的特级教师钱梦龙先生和余映潮先生，自己可以在他们和千余位语文同人面前一展风采，就太想好好表现了，课前只是想着以前的成功，却没有静下心来预设可能出现的困难。上课时，当一个很简单的问题几位同学都回答不上来的时候，自己焦急万分，大汗淋漓，茫然无措，最后只能草草完成教学任务，一堂展示课却上成了一堂教训课。课后，两位语文教育的大家给予了我宝贵的指点，从此，自己就牢牢记住了钱梦龙先生"预设困难是公开课成功的关键"和余映潮先生"一切都可以更好"的教诲。

还有一种预设不足的情形也会令执教者陷入两难的境地。上展示课，一般都会安排师生见面，老师会针对教学内容和目标让学生做一些预习和准备，以保证课堂教学过程的流畅和教学任务的顺利完成。但有时候，老师要求得太具体了，学生准备得太充分了，当老师在课堂上提出问题时，一些同学就会十分准确地予以解答，有时还会声情并茂地朗读课前写好的答案，一些探究性的问题也早已确定好了答题的人选。这样，解决问题的过程就变得十分简单，所有该说的话都被学生说完了，课堂的生成功能难以体现，对学生的"精彩"回答，老师也很难做出中肯的评价。正所谓过犹不及，对课前预习的预设一定要引起我们的高度重视，要力求做到恰到好处，充分而不过头。

三、主客倒置

我们的课堂教学要求以学生为主体，以教师为主导，眼下的课堂教学又提倡"双主体"，主客倒置之说好像没有依托。这次展示课高中组的所有学生均来自马鞍山二中，执教者面对的都不是自己的学生，这样也就有了"主""客"之分。毋庸置疑，展示课的最大精彩应当是学生的精彩，是没有预设的精彩。因而，执教者要悉心引领，相机诱导，适时点拨，专注于教学，倾情于学生，既不可把一切都交给学生，任其发挥；也不能越俎代庖，一味展示自己既定的内容，以致主客倒置，让学生沦为观众。

《念奴娇·过洞庭》一课的教学所展示的东西似乎多了一些。丰富而精美的PPT课件就有二十张左右，几乎涵盖了全部的教学内容、拓展内容、学法指导以及相关资料，就是浏览一遍这些课件也会花去不少的时间，如果真正让学生做到感悟理解知识，领会掌握方法并切实提高古典诗歌的鉴赏能力的话，应该说并不容易。笔者以为，本堂展示课的最大亮点是引领学生对词作上下片的两个词眼"妙"和"笑"的品析，以及在此基础上所做的"紧扣诗眼，品悟探究诗歌"的学法指导。这一教学环节也是最能发挥学生主体地位的时段，可以让学生充分地读，细细地品，慢慢地说。正像一位点评专家所说的那样：诗歌教学要智慧地选择一条道路，让学生通过自己的喉唇，化作自己的声音，获得穿越时空的温暖和慰藉。遗憾的是，教师在这里设计的内容太多，学生还没来得及去品、去说，甚至都没有真切而深入地把这首词完整地读上两遍，教师就几次切换了PPT页面。什么是诗眼？诗眼的典型作用、精彩诗眼举例、品析诗眼练习等丰富多彩的内容——展开，但学生置身于热闹之中，只能跟着老师的引导向前走。这样一来，学生的主体地位彻底丧失，教师的主导作用也难以发挥，倒是作为教学辅助手段的课件唱起了主角。

这只是课堂教学主客倒置的一种现象，还有一些展示课的执教者，不能很好地处理展示自身学养与给学生树立榜样的关系，动辄一大段声情并茂的独白，或者是某大师的格言，在诸多教学环节都从理论上归结出某种方法。其实古典诗歌课堂教学最好的展示应该是教师的范读，这三堂课的执教者均没有去尝试对诗作进行完整的范读，实为本次论坛展示课美中不足的地方。要想解决展示课课堂教学主客倒置的问题，执教者应树立"学生的精彩才是最大的精彩，学生的成长才是最美的成长"的教育思想，把自己放在教练员的位置上，不要轻易地披挂上阵，真心诚意地做学生学习和成长的支持者、帮助者和指导者。

四、不重细节

细节的处理关乎课堂教学的成败。这三堂展示课在课堂教学的细节上都有些瑕疵，有些地方稍加注意即可得到有效处理，有些地方则是教师的认知习惯和教学理念所致，应当引起执教者和观课者的注意，通过对教学细节的正确处理，使我们的课堂教学渐次流畅、灵动、精致。

《蜀道难》一课的执教者洒脱飘逸，很有语文老师的"范"。这堂课遭遇的最大问题就是学生的诵读，要想让学生放松心情，披文入境，放声朗读诗作是比较困难的。面对一群不能按照老师的要求去读诗的学生，不论谁都会感到失望，尤其是在大型的展示课上，怎么办？这个时候只有一个办法，降低要求！诗歌诵读的要求是有层级的：读准字音，读出节奏，读懂内容，读出情感，读出形象，等等。我们必须承认，《蜀道难》一诗的诵读是有一定难度的，老师完全可以降低诵读的要求。起初，只要求学生读准字音，读出节奏，读懂内容，而不是要求学生要读出"姿态感"来。设想一下，如果是在教学的结课部分再带着学生去体会诵读"蜀道之难，难于上青天"时那仰首看天的姿态感，将会是一种怎样的效果呢？一开始，老师设计在读"噫吁嚱，蜀道之难，难于上青天"时要呈现出仰首看天的姿态感，本欲先声夺人，实则自设障碍。诵读古典诗词要有姿态感，对绝大多数学生来说或许是生平第一次，他们一时可能很难转过弯来，受此影响，后面学生的诵读情况一直不能令人满意。

《定风波·莫听穿林打叶声》一课的执教者在指导学生诵读方面做了细致的设计，试图通过"读诗解意""品诗通情""赏诗明理"三个教学环节实现教学目标，解读清晰独到，突出对比感悟，将对苏东坡价值的判断定位于引领学生的人格养成，但是一些细节的处理值得商榷。仅就教学语言来看，老师说了一些这样的话："下面给你一分钟的时间读课文！""下面采用最民主的形式，请大家推举学生发言！""你回答得很好，非常感谢！"将读书的时间具体限定到一分钟，语言似乎有些生硬，学生会有紧迫之感，也没有给自己的教学留有余地。最民主的形式是推举学生发言？没有得到证明也就难以令人信服。另外，学生回答问题好，可以充分表扬，热情鼓励，大可不必说"非常感谢"之言，因为回答问题本身就是学生自己的事情，老师一感谢，师生的课堂定位就出现了偏差。还有一个细节是，当学生读诗的速度较快时，老师要求读慢些，再读慢些，然后给学生起音要求齐读，但老师起音的语速却很快，与慢读的要求反差很大。一堂成功的展示课还要求执教者始终保持良好的情绪状态，不以学生表现出色而欣喜若狂，也不以学生表现不佳而黯然神伤。在该课教学的中后程，老师在教学情绪的控制这一重要细节上出现了问题，是值得认真反思的。

《念奴娇·过洞庭》的教学过程中有一个很有价值的问题，是问这首词的题目是《念奴娇·过洞庭》，为什么是"洞庭"，而非其他？执教者分析后得出结论——"洞庭情结"，笔者以为，如果将"情结"换作"情怀"会更妥帖些。情结，《现代汉语词典》解释为"心中的感情纠葛；深藏心底的感情"，心理学上所说的情结多指一些不良的感情倾向。情怀，《现代汉语词典》解释为"含有某种感情的心境"，有的工具书列举了"情怀"的一些义项，如"心情""情趣、兴致""犹胸怀""文学情致"等。若换作"洞庭情怀"，便很容易令我们想到洞庭湖上有先贤，洞庭湖上有诗篇，洞庭湖上有抱负，洞庭湖上有寄托，洞庭湖上有文化。

课堂之美在设计，在语言，在活动，在生成，在探究等等，但细节之美最能打动人。在课堂教学的细节上多下一番功夫，多做一些研究，就会让语文课堂更精彩，更动人。

五、头重脚轻和为蛇添足

一堂展示课不可能承载起太多的寄托，也很难解决较多的问题，展示更多的风采。如果寄托太多，或者试图通过一堂课解决较多问题，展示更多风采就容易导致头重脚轻和为蛇添足的问题在课堂教学时出现。

头重脚轻和为蛇添足的问题较为明显地表现在教师对教学时间的调控上，三堂展示课在时间控制上都出现了一些问题。本次论坛每堂展示课的时间为四十分钟，结果《蜀道难》用时四十三分钟，《定风波·莫听穿林打叶声》用时四十四分钟，《念奴娇·过洞庭》用时近五十分钟。

《蜀道难》的教学目标之一是"初步把握李白诗歌的特点，并尝试从不同的角度探究这首诗如何体现这种风格特点"，由于在"品读关键诗句，并通过朗读比较准确地把握诗歌的形象和情感"环节出现了学生不能积极主动参与的情形，致使老师着力过多，花去了不少时间，结果是品味语言有余，把握诗人情感不足，探究诗歌风格草草。学生对这首诗所体现的作者豪放不羁的个性气质，作品汪洋恣肆的抒情特点，即雄奇奔放的浪漫主义诗风的领略和把握就很难到位。加上课的导入部分，老师在营造教学氛围方面用时过多，致使课堂给人头重脚轻之感。

《定风波·莫听穿林打叶声》的教学目标一是"以寻常字眼为切入点，体察诗中的情感深度"，二是"品味诗歌语言，以读启品，以品促悟"。教学重难点是"涵泳诗歌，认识诗人，以期学生对苏轼诗作、人生有所体认"。教学方法有"诵读法""对话法""讨论法"。由此可见，老师对这堂展示课的寄托太多，尽管老师的教学思路十分清晰，层次感也很强，板书科学合理，教学课件设计精美，一如江南的水墨画清丽淡雅，发挥了极好的辅助作用，但是在短短的几十分钟时间里要顺利地完成诸多的教学目标是极其困难的。应该说，教学的第一个环节"朗读，品韵味"进行得还算顺利，但老师的指导在节奏上似乎不够明快，没有及时明了地提出诵读建议，当PPT呈现出"吐字宜平缓，整体节奏宜缓慢，基调可平和中见起伏"的总结性意见时，时间已经悄然流逝。正是在此时，老师也发现了问题，于是便想加快些节奏，但随之而来的是学生的不适应，加上老师在第二个教学环节"吟诵，通诗情"的设计上试图让学生归结出的东西太多，先是"不惊""不惧""坦然""释怀"，再是"冷静""安静""沉静""守静"，说实话，让学生在极短的时间里搞清以上四个"静"的区别来是不可能完成的事情，笔者以为，学生如果在吟诵诗作之后，可以认识到诗人"不惊""不惧""坦然""释怀"的情感历程，已经很完美了，接下来的四个"静"根本无须提及。由于该环节遇到了阻塞，直接导致第三个教学环节"涵泳，悟诗理"的仓促慌乱，最后的课堂总结也仅仅是保持教学过程的完整性而已，很难再收到余音绕梁、升华教学的效果。回望课堂，我们不难发现，老师对学情的把握不够准确，对学生的期望值过高，在实施教学的过程中不能及时调整教学目标和教学策略，特别是当教学愿景和教学实际相去甚远时，不敢大胆舍弃既定的教学任务是造成这堂课头重脚轻问题的症结所在。

《念奴娇·过洞庭》的教学如果能在第四十分钟时结束，堪称完美。此时，老师以洞庭湖为载体，已经把高洁忠贞、豪迈旷达的张孝祥，正直不屈、坚贞爱国的屈原，身陷困厄、胸怀家国的杜甫，困境求变、心思报国的孟浩然和心怀天下、宠辱偕忘的范仲淹紧紧连在了一起，并以对联"素月分辉表里俱澄澈，孤光自照肝胆皆冰雪"做了概括性总结，加之提示课堂结束的哨音已经响起，让学生齐读一遍词作结束教学是再好不过的选择了。但由于课前预设的不少精彩内容还没有展示，教学便又进入"妙词分享"环节，老师展示了张孝祥的另一首词《念奴娇·星沙初下》，主要是想通过词中的"大江东去，处处风波恶"让学生认识到张孝祥崇高的文学地位：上承苏轼，下启辛弃疾爱国词派的先河，是南宋豪放词坛的代表人物之一。接下来，老师投影出张孝祥的雕像，并以晚清名臣左宗棠结婚时新房门口的对联"身无半亩，心忧天下；读破万卷，神交古人"作为该教学环节的小结。

至此，本堂展示课已经出现了两副对联，尽管这样，若能在此时结束教学也算是选对了时机。可是，当所有的听者都以为老师要结课时，一个新的教学环节却才刚刚开始。屏幕上呈现出了南京大学中文系教授莫砺锋在本次论坛主题报告上所讲的内容："烈士"屈原、"隐士"陶渊明、"豪士"李白、"儒士"杜甫、"居士"苏东坡、"侠士"辛弃疾。老师接着投影王夫之《俟解》中的一段话："圣人以诗教荡涤其浊心，震其暮气，纳之于豪杰而后期之以圣贤，此救人道于乱世之大权也。"最后得出结论："阅读屈、陶、李、杜、苏、辛的作品，一定会使我们从浑浑噩噩的昏沉心境中蓦然醒悟，一定会使我们从紫陌红尘的庸俗环境中猛然挣脱，从而朝着诗意生存的方向大步迈进。而诗意生存正是人生的最高境界，是真正的幸福人生。"显而易见，这一教学环节是当天上午执教者听过莫砺锋教授的报告后临机增加的教学内容，看似神来之笔，随机灵动，实则画蛇添足，乱了先前精心设计的教学架构。

至此，这堂课已经延时六七分钟，要么以读结课，要么布置作业结课。孰料老师却说，听说自己要在本次语文教育论坛展示课上执教《念奴娇·过洞庭》，一位书法家连夜完成了一幅以这首词为内容的书法作品，请大家欣赏。作品展示完后，老师接着提出问题：这幅书法作品上有两个字和我们刚刚学过的这首词不一样，能发现吗？老师指出"扣舷独笑，不知今夕何夕"中的"独笑"在书法作品上写成了"独啸"。最后老师以投影来布置作业，第一题表述如下：《念奴娇·过洞庭》"扣舷独笑，不知今夕何夕"，还有一版本为"独啸"。运用本节课所学的知识，课后自己去考证思考，你更喜欢"笑"还是"啸"，请逐条陈述你的理由，写一篇随笔。这时，大家方知老师展示书法作品的主要目的是为了巧妙地布置作业。学习一首古典诗词后，如果有与之相应的书法作品可供展示欣赏，也算学习者的一件幸事，但在这堂展示课当时的具体情势下，这一课前巧妙安排的环节应该果断舍去。这一环节属典型的画蛇添足，也致使这堂展示课用时达五十分钟。

以上两个环节都是老师精心设计和巧妙安排的，但施教于课堂时却属多余，和预期的效果大相径庭。可见，教学的每一个环节的设计和安排都要服从于整堂课教学的总体构建，既要精心设计，力求精彩，更要智慧取舍，彰显精华。

以上赘述的几个问题，也是笔者从教二十八年来执教多个层次的课堂屡屡出现的，也正是得益于一些专家、同人的赐教，才使自己能够正视问题，努力做到闻过则喜，饮誉不惊，不断地吸取教训，从而在解决问题的过程中实现专业成长，尽情享受语文带来的温暖和幸福。

在本次论坛的说课和点评阶段，江苏南京市程桥高级中学的武健老师说课时，特别提到自己设计教学时的三个控制：一是控制教学目标，从学生的认知出发，将目标定位于读懂诗歌；二是控制自己的表达欲望，多引领学生活动；三是控制课堂的热闹，让学生通过读诗而喜欢诗。点评专家和众多的与会者对此激赏不已，课堂教学时能够实现这三个控制的老师无疑是睿智的老师，能够实现这三个控制的课堂必定是生长的课堂，睿智的老师驾驭着生长的课堂，带给我们的一定是没有预约的精彩。

由作文立意谈经济发达地区高中生价值观的培育

日前，笔者所在学校的高三全体学生，参加了"天一大联考"2017—2018学年高中毕业班阶段性联考。在批改作文时，老师们大为惊诧，三分之一左右的同学在作文立意时出现了极其严重的问题，立意完全不符合高考作文思想健康的立意要求，由此可见，这些同学的社会价值观出现了较为严重的问题。

一、作文题分析

阅读下面的材料，根据要求写作。

2017年10月8日凌晨，杭州市余杭区发生一起盗窃案。三名嫌疑人在盗窃得手后，见一名醉酒女子落水，遂将其救起，被警方表扬。10月10日凌晨，三人因盗窃罪被之前见过他们的警察抓获。从见义勇为的好人陡然变成了盗窃分子，让人五味杂陈。事件被报道后，各种议论也纷至沓来。

对于这件事，你有什么看法？请写一篇文章阐述你的观点和理由。

要求：选好角度，明确文体，自拟标题；不要套作，不得抄袭；不少于八百字。

这是一道典型的任务驱动型作文，旨在考查学生的阅读能力、写作能力，特别是思维能力。要求学生读懂材料，在读懂的基础上按照任务指令作文。

有人指出，任务驱动型作文的特征有三：一个情境，一对矛盾，一场辩论。这则材料为考生提供了一个颇为真实的写作情境，考生在材料里可以找出法理和情理这样一对矛盾，立意和写作的过程就是去进行一场辩论，发表自己的观点并阐述理由。

我们不难看出，材料的重点是对三人的行为进行评价，盗窃犯罪与见义勇为，两种行为看似风马牛不相及，却都发生在这三人身上。一面是法律，一面是道德和人性，当两者都发生时，应该怎样理性判断，是本次作文命题的初衷。依据材料内容和写作要求，可做如下立意：①法律神圣不可侵犯；②法治社会，人人共建；③见义勇为精神可嘉，但"将功折罪"有伤法理；④敬畏法律，坚守本心；⑤人人都要对自己的行为负责；⑥良善之心存，回头即为岸。

应该说，这道作文题的立意难度不大，即便不能保证作文具有鲜明的思辨性以及思想的深度和广度，但是明确提出"法律神圣不可侵犯""将功折罪不可取""要有敬畏法律之心""犯罪必须受到惩处"等观点并加以合理论证并非难事。

二、错误立意所暴露的问题

阅卷时发现，竟然有不少同学的作文不符合高考作文在基础等级的内容部分"符合题意，中心突出，内容充实，思想健康，感情真挚"的要求，偏离了教育部提出的高考要体现"一点四面"的基本原则。"一点"就是要在高考当中体现立德树人，"四面"是指要在高考当中体现核心价值、传统文化、依法治国、创新精神四个方向。

这道作文题，体现"一点四面"的落脚点有三个：一是立德树人，二是核心价值在社会层面上的平等、公正、法制，三是依法治国。不少考生没能把握高考作文立意的基本要求，不能够体现"一点四面"的基本原则，反映了经济发达地区高中生正确的价值观培育的缺失。

学生的错误观点主要有以下几方面：

（1）人之初，性本善，三人尽管偶尔行窃，但能够救起落水的醉酒女子，可见他们本质上是好人，不应受到惩处；

（2）三人盗窃的危害小，救人的功劳大，功大于过，应该大力宣传，予以表彰；

（3）将功折罪，古已有之，如果惩处这三人，社会上还会有谁去见义勇为；

（4）人要有宽容之心，进步的社会对公民的行为应该包容，要给犯错者改正的机会；

（5）这三人之所以去盗窃是因生活所迫，如果他们衣食无忧，就不可能去盗窃，不能因一次犯错就断定他们是坏人；

（6）出现盗窃，是社会保障不力所致，政府部门要反思自己的行为，不要只是等人盗窃了去惩处，要从根本上解决民生问题；

（7）这三人真是倒霉，如果不遇上认识他们的警察，他们将一直是见义勇为的英雄；

（8）盗亦有道，盗窃者也有自己的做人原则和道德底线；

（9）要辩证地看问题，盗窃的不一定是坏人，警察也不一定是好人；

（10）在当下，物价上涨、贫富悬殊等社会问题较为突出，连心地善良的好人也会盗窃，前路堪忧。

以上几种观点概而言之可分为四类：一是认为三人虽有盗窃行为，但本性良善，可以宽容；二是认为三人功大于过，可以将功折罪，无须惩处；三是认为三人行窃是生活所迫，系社会保障不力所致，应解决民生问题；四是认为盗亦有道，或打着辩证看问题的旗号，脱离材料，胡乱吐槽。

对第一类观点，尚可以理解为学生对问题的本质认识不够；第二类观点则明显暴露出学生的是非判断能力低下、法律意识淡薄等问题；最令人不安的是第三、第四类观点，盗窃在中华民族传统价值观里是颇为人不齿的事情，在法律上也是不容置辩的违法犯罪行为，不管有何种原因都应接受法律的制裁。简单地将盗窃缘由归于生活所迫、社会保障不力是学生习惯性想当然地看问题的表现，是其正确的社会价值观念缺失的体现。至于讲三人倒霉，盗亦有道，盗窃的不一定是坏人、警察也不一定是好人，前路堪忧的学生，很值得教育工作者及其家长高度关注，一定要多方引导，着力培育他们正确的社会价值观。

三、社会价值观培育面临的现状

笔者所在的学校是一所具有一百一十多年历史的国家级示范高中，地处广州市中心区域，学校以"坚忍、奉公、力学、爱国"为校训，长期致力于"文雅"教育，很重视学生道德品质和思维能力的培养，办学成就斐然。但这次作文所暴露出来的问题却是严重的，应该让大家警醒，并做深刻之思考，觅求学生价值观培育之良方。

毋庸置疑，经济的发展为教育提供了极大的助力，我们可以尽享硬件之利和科技之惠，但是，在繁华优越的物质环境下学生社会价值观的培育更不能忽视或放松。

在平日的工作和生活中观察，不难发现以下现象：

（1）对自由要求得多，对规则敬畏得少。一些同学自由散漫，迟到、缺课、上课或自习时间吃东西、喝饮料。学习没有激情，不会合理支配时间，不按时完成作业，上课常常打瞌睡。学习习惯较差，学习效率不高，成绩不好，能力不强，科学文化素养没有明显提升。这样，正确的社会价值观的培育就存在极大的难度。

（2）对别人要求得多，对自身剖析得少。一些同学总是要求别人应该如何如何，而不太喜欢内省，不懂得剖析自己的思想和灵魂。要求家长老师对自己和蔼亲切、关爱有加，而自己对师长则缺乏应有的敬重和感恩之心。难以做到"躬自厚而薄责于人"。这样，正确的社会价值观的培育就处于较为被动的位置。

（3）对现实关注得多，对责任考虑得少。一些同学更多地关注现实，他们的家庭经济状况一般很好，因此对他们和家庭来说，读书升学并非唯一出路，只是一种选择，再说广东的本科录取分数线也只有300多分，绝大多数的同学想读一个本科也算容易。这样，一些同学对学习成绩的要求便不会太高，投入多而见效慢的语文学科常常沦为鸡肋，学习成了较为简单的事情，思想的磨砺、丰富和正确的社会价值观的培育就成了极为困难的事情。

请辞清华大学副校长的施一公教授说过："一个人要么靠兴趣做事情，要么靠责任和义务做事情。"在这里，不少同学做事一不是靠兴趣，二不是靠责任和义务，只是在家长和老师的要求下去被动地学习和生活，对未来的期望值很高，但不知道如何去做才能够赢得幸福的明天。在这样的背景下，对学生正确的社会价值观的培育必然会大打折扣。

（4）对新鲜事物接受得多，对传统文化吸纳得少。一些同学对新鲜事物很感兴趣，接受得也快，在经济发达地区，学生可谓"见多识广"，满口粗陋的流行语言，对年过半百的老教师呼为"某哥"。在这里，我们也很容易发现，不少的学生在十几年的读书生涯中对传统文化的吸纳和积累不够，尤其是对儒家文化的经典知之不多，更不用说深刻的熏陶和丰厚的积淀。不少同学到了高三还要把大量的时间花在背诵六十四篇高考必须识记的古诗文上。在一些学生眼里，除了北上广，都是小地方，除了北上广深，都是穷地方。这就给传统文化教育和正确的社会价值观的培育带来了不小的困难。

（5）对学校和社会的热点事件吐槽多，对发展和健康的元素欣赏少。一些同学对学校以及社会上的一些热点事件动辄吐槽，只关心其对自己带来的不利影响，只看到一些负面的东西，而不善于理性地辩证分析，对那些发展的、健康的元素视而不见，完全缺少欣赏的眼光。

比如，12月6日至8日，广州市成功举办了2017年财富全球论坛。不少学生纷纷吐槽，大谈本届财富全球论坛给广大市民生活带来的交通拥堵等诸多不便，而对其"开放与创新：构建经济新格局"的主题不以为意，对其在世界上的影响力和对广州以及中国经济发展带来的便利却丝毫不见。12月10日，广州成功举办了2017年广州马拉松赛，共有来自四十八个国家和地区的约三万名选手参赛。此次赛事，向世界展示了广州的美丽、热情和赛事组织的专业，不少学生不去关注本届马拉松赛"名城、和谐、健康"的办赛理念和"改革开放"的主题，却抱怨说搞马拉松是摆花架子，对城市发展毫无帮助。

12月16日，广州市高三第一次模拟考试的作文题有两个画面正好是表现中国经济的发展和中国体育与世界的交流，当时笔者便想，几天前的"财富全球论坛"和"广马"不正是写作的素材吗？这两大时事我们在课堂上都进行了讨论，这下可好了，学生的作文一定错不了。笔者阅卷批改作文时，竟没有发现有几个人写到这两大时事，便知不妙。等到答题卷发下来，才知道自己任教的两个班级中仅有三位同学在作文里提到了这两件事。

其实，不关心对城市、对国家、对社会、对世界有重大影响的时事，不仅反映了学生的视野之窄，也折射出了学生的格局之小，其正确的社会价值观的培育便会因此受到极大的限制。

四、语文须担负社会价值观培育之责

身为一名语文教师，一名传统文化的继承者和传播者，对学生进行正确的社会价值观的培育责无旁贷、义不容辞。除了在平时的课堂教学和日常的活动开展中着力渗透和强化正确的社会价值观培育，更要坚守住写作这块思想和道德教育的前沿阵地，坚持高考"一点四面"的原则，积极落实思想健康、格调高昂、弘扬社会主义正能量的高考作文要求，引领学生做有责任心的思考，正视社会发展中出现的问题。

（1）选择这样一个经典的例子来培育学生的规则意识。

1764年的一天深夜，一场大火烧毁了哈佛的图书馆，很多珍贵的图书毁于一旦，让人痛心疾首。突发的火灾把一名普通学生推到了一个特殊的位置，他在经过痛苦的思想斗争后，终于做出一个勇敢的选择。原来在这之前，他违反图书馆纪律，悄悄把哈佛牧师捐赠的一本书带出馆外，准备阅读完后再归还。突然之间，这本书成为稀世珍本。该学生怀着不安的心敲开了校长办公室的门，说明理由后郑重地将书还给了学校。校长先是表示感激，并对学生的勇气和诚实予以褒奖，然后就把他开除出校。赏罚分明，一点也不拖泥带水。对此，很多人表示不解，但是校长不做解释，他只是亮出哈佛的理念：让校规看守哈佛，比用其他东西看守更安全有效。在规则面前，他们遵循的是人人平等，要公平就必须敬畏规则。

（2）选择这样一道作文题教育学生在"道德两难"的情境下，正确做出合理的判断和选择。

意大利某城市有个名叫海因茨的人，他的妻子得了癌症，生命危在旦夕。该市有个药剂师，研制了一种治癌特效药，配制这种药的成本只有200美元，但他要价极高，每剂要价2000美元。为了买到这剂药，海因茨变卖家产，并且到处借钱，但最终只凑够1000美元。海因茨恳求药剂师说，他的妻子快要死了，能否将药便宜点卖给他，或者允许他赊账。药剂师拒绝了他，并且还说："我研制的这种药，正是为了赚钱。"海因茨没别的办法，于是在一个晚上，潜入药剂师的仓库把药偷走了，结果被警察发现，把他抓进警察局。

这则材料其实是美国著名心理学家柯尔伯格讲的"道德两难故事"。材料的最核心的部分应该是"海因茨偷药"，而"药剂师不卖药"和"警察抓海因茨"都是由"海因茨偷药"这个部分引申出来的。那么应该探讨的核心问题就是"海因茨应不应该偷药"，对这个问题的回答和原因分析自然就是最核心的立意。药剂师和警察的角度也是合理的，只要没有脱离"海因茨偷药"这个整体语境，其立意的角度与选择的侧面都是多样的。

从海因茨的角度看，可以从以下几个方面思考：规则和道德的冲突；生命价值与规则价值的冲突；生命价值是第一位的，生命高于一切；人应当自觉遵循社会规范；偷，却充满道德光辉。

选择药剂师作为角度，立意可以是：商人不能唯利是图；赚钱，也应尊重生命；打击垄断，还消费者公平；自由自愿，市场交易；商人不是慈善家等。

选择警察作为角度，立意有：法规高于一切；触犯法律，必受惩罚等。

这则材料的最大特点就是"两难选择困境"，学生从单一角度立意是可以的，但如果能对道德、生命、规则、法律、价值等关系范畴进行一些辩证性思考，则可为上乘之作。

（3）引领学生去试着回答那个看起来极其残忍的问题。

有一群孩子在铁路上玩耍，其中一个选择了已经废弃的轨道，还有九个在正常使用中的铁路上玩，假如正好开来了一辆火车，火车已经来不及刹车了，唯一能做的就是变道，但如果变道的话就会撞上在废弃的轨道上玩耍的孩子，如果不变就会撞上更多的孩子。如果你就是扳道工，你该怎么办？

回答这一问题看似残忍，是因为我们把它看成了伦理问题，其实这是一道规则问题。显而易见，有两条铁路，一条是废弃的，一条是正在使用的，一个孩子选择了在废弃的轨道上玩，他的选择是正确的，而另外九个孩子选择了在正常使用的那一条上玩，他们的选择必然是错误的，作为扳道工的你，会因为九条生命比一条更为可贵而把铁轨扳向废道，使火车撞向那个选择正确的孩子吗？其实这道题是要告诉我们数量的众与寡，不应是我们衡量是非的标准，规则面前人人平等，犯了错误就要为所犯的错误付出相应的代价。

敬畏规则，恪守原则可能是我们对学生进行正确的社会价值观培育的最基本而至为重要的内容。

（4）要和同学们达成一种共识。

作文时，当我们提出了一个观点并证明其具有正确性和合理性之后，行文还不能够结束，而是要联系社会现实，尽量让文章所提出的观点具有普遍意义，最好能够对解决现实生活中的实际问题有所帮助或者有所鉴戒。你可以设想，你就是参加两会的人大代表或者政协委员，你的使命就是建言献策，你要独具只眼，你要发现新问题，提出新观点，找出新方法。你的文章就如同一个提案，要与众不同，要体现价值，要引起关注，要富有建设性。如此，你的文章就摆脱了就事论事的俗套，就上了新台阶，有了大气象，思想必然深广，自然可以充分体现正确的社会价值观。

培育学生正确的社会价值观，是《普通高中语文课程标准》和《高考大纲》的要求，是语文学科的责任和义务。语文教师要直面现实，加强研究，冲破限制，积极践行"立德树人"的教育观、育人观，坚定不移地将"四面"原则落实到教育教学工作实践之中去，为国家和社会培养出更多的"有理想、有本领、有担当"的时代青年。

纵使色貌如花　难消肝肠如火

——为海珠区语文教研活动评课

听陈继强老师执教"肝肠如火，色貌如花——辛弃疾专题学习"一课，可用刚才陈老师提到的梅尧臣所言的好词标准来做一总评：新颖，有意境；典雅，格调高。

一节好课要做到"三有"：一有谱，二有法，三有效。李镇西老师说得更简单：好课=有趣+有效。以上的几个"有"在这节课无疑都得到了较为充分的体现，所以，陈老师和高二（11）班的同学们为我们展示的是一节好课。

不难看出，为了给大家呈现一节以辛弃疾代表词作为内容的专题学习课，陈老师做了大量的工作，进行了许多有益的探索，其精神令人敬佩。这节课对教材内容有独到的理解，这样的教学设计只属于施教者本人。这节课通过充分、深入、真切的互动，有效达成了教学目标，而且生成了新的成果，超越了既定目标，可谓意外之喜。

听完陈老师的课，有这样的感觉，陈老师的课豪则豪情万丈，柔则柔情万种，真正做到了刚柔相济，恰到好处。赏读《破阵子》，但见雄浑豪壮，沉郁悲凉；品味《摸鱼儿》，尽显缠绵哀怨，委婉含蓄。

还有让观课者称道的就是，陈老师紧紧抓住词作语言本身对学生所做的鉴赏引领和情感培育，最后以"温婉含蓄细腻，悲慨深沉执着"作为专题学习的总结，可谓水到渠成，极尽其妙。当时我就想到了一句话——我们已然看到了一颗孤独高冷的心灵。

观陈老师的课，笔者想起了几年前自己执教《水龙吟·登建康赏心亭》时的情形，在赏析"倩何人唤取，红巾翠袖，揾英雄泪"时，自己突发一问："纵使有一位美貌无双的女子手执一方香帕来替稼轩拭去英雄之泪，他内心的恢复之志、无涯悲苦可以排遣吗？"一堂公开课，如果有一两个能够触碰到学生灵魂的主问题出现在教学过程之中，一定会有更加奇妙的效果。

为使以后的教学更完美，有两个小的建议送给陈老师。

第一，可否借助辛弃疾其他作品的代表词句来扩大教学的容量，如赏析到"却将万字平戎策，换得东家种树书"时，便可以关联"醉里挑灯看剑，梦回吹角连营"和"把吴钩看了，栏杆拍遍，无人会，登临意"。

第二，"肝肠如火，色貌如花"是对辛弃疾婉约词的评价，这节课我们突出的还是辛弃疾的家国情怀，可否这样说："纵使色貌如花，难消肝肠如火？"

不揣冒昧，求教方家！

提高教学效率的三个阶段

——北大影响力教师论坛讲稿

提高教学效率要关注三个阶段：课前、课上和课后。

（1）课前关注的是学生的积累与沉淀。教师要据此确定课堂教学的起点，确立好课堂教学和活动的方向，在方向指导下制定教学目标。教学目标制定的核心任务则是课堂主问题的设计。譬如登临泰山，不能每一次都从岱庙出发，也可以选择一天门、二天门，如果只看玉皇顶，完全可以从南天门或者天街出发。课前环节的关键词是起点、方向和目标。

（2）课上又可以分成起始、课中和收束三个阶段，时间分布大致为五至十分钟、二十五分钟和十分钟。

课的起始阶段重在激发学生的学习兴趣，让学生认识到学习的必要性，尽可能地使学生的需要契合教学目标。因为兴趣所在，才会乐而不疲；需要所在，才会力量无限。也就是说，要让学生的兴趣、需要和教学目标三者最大限度地关联起来，让学生认为，这堂课要做的事情都是值得做的。因为有一个著名的"不值得理论"，是说当一个人认为他做的事情是不值得的时候，就不会认真、专注地去做，其效率一定是低下的。所以，起始阶段的关键词是兴趣、需要和值得。

课中阶段是课堂教学的主体部分，师生要共同解决课前设计的主问题和课堂生成的新问题，高效达成教学目标。

课中部分最关键的一点就是教师的科学定位。打造高效课堂，教师就不能再是传统意义上的春蚕、蜡炬和园丁，也不能是一把火炬、一桶水、一条小溪等，而应该是打火机、助推器，去引爆学生的学习激情。这就要求我们少讲、精讲，讲到点子上，讲到关键时，讲到紧要处，要将更多的时间交给学生，要对学生满怀期待，要引领学生展示更多的精彩。

所以，呼吁老师们：放手吧！我们的课堂不能再和学生争时间，因为这样的"争"不对等，我们控制了课堂，学生便没有了话语权。老师按照事先准备的东西去讲述，课堂效率之低尽人皆知。放手吧！孩子们可以做很多我们无法替代的事情，高效课堂是灵动的课堂，学生要释放其生命的活力。我们要明白：谁讲得多，谁累得很，谁的课堂效率低，谁的学生成绩差。事实已经证明，学习和考试是孩子自己的事情，我们要做的是引领，而不是牵扯。

这一关键点突破之后，高效课堂还必须做好六个控制：

① 控制教师讲述的时间，体现点拨性、必要性；

② 控制问题设计的难度，注意层次性、相对性；

③ 控制教学流程的节奏，力求清晰、连贯、紧凑；

④ 控制学生活动的频率，适度就好，过犹不及；

⑤ 控制课堂气氛的程度，灵动，热烈，但不是热闹；

⑥ 控制小组探究的方向，不脱离教学目标的范围。

可以采取一些较为有效的教学模式，如"导、学、思、练、评"模式。高中语文教学也可以根据文本的体裁运用针对性较强的教学模式。

课的收束阶段主要是落实课堂教学效果的测量，实现课堂教学的反馈与提升。结课最忌虎头蛇尾，草草收兵，好的结课应该是课堂教学的强化、深化、总结与升华，做到课已尽而思无穷，有余音绕梁的效果。

还必须提到一点，适度适量地利用多媒体教学手段有助于提高课堂教学效率。

（3）课后要做的便是评价与反思。回顾教学过程，弄清楚得在哪里，失在何处，搞明白因何而得，因何而失。反思是提高课堂教学效率的常规武器，也是最有效的利器。反思是一名教师最经济、最具智慧的学习和研究行为，是教师实现专业成长的不二法门。

不能回避的是，课后还有一个重要的事情要去做，那就是指导学生科学刷题，科学刷题，彼岸花开。

审题、做题、讲题是一种朴素的研究

偶见某语文微信群贴出一道试题。不知怎么就产生出"老师平日审题、做题、讲题是在做一种朴素的研究"这样的一个想法，应该是为了区别常说的那些有专门学问、有理论支撑、有推广意义的研究，以突出老师日常教学行为的实践性吧！百度"朴素的研究"，居然无果，没有失望，倒有些兴奋。"研究"之义不必去说，只看"朴素"，360百科的解释最适合放在"研究"之前：朴素，朴为专一，素为纯粹；朴素即专一纯粹。于是，笔者便试着从"专一""纯粹"等方面粗浅地谈谈"审题、做题、讲题"这一朴素的研究。

且看材料：

阅读下面这首唐诗，完成题目。

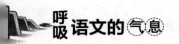

竹

李 贺

入水文光动，抽空绿影喜。

露华生笋径，苔色拂霜根。

织可承香汗，裁堪钓锦鳞。

三梁曾入用，一节奉王孙。

有人评价这首诗以一"喜"字贯穿全诗，你同意吗？请结合内容做简要分析。

发帖者为何会有些突兀地抛出这则材料呢？肯定不是单纯考大家，但一定又是在"考"大家。见无人发现端倪，发帖者便揭开谜底："这个'喜'字应该是'春'字。""字形错误。律诗第二、四、六、八句必须押韵。用'喜'，不押韵，居然一点感觉没有，还针对'喜'字出了一道鉴赏题。"

发帖老师是诗人，可以一眼发现"喜""春"之误。"居然一点感觉没有"，这可能仅仅是对命题者的批评，但更可以视作对一线老师的警示。一道错误极为严重的训练题怎么就出现在了模拟卷中？这才是应该关注和思考的问题。

说起高三复习，地不分南北，校不分高下，都讲求个轮次，三轮居多，也有四轮之说。虽说复习不等于做题，但复习绝对少不了做题。最令老师头疼的往往不是训练本身，而是在海量资料中精准选用适合学情考情的典题精题。每日完成怎样的题目关乎高考成败，学校档次、老师层次、高考名次在"练什么"的环节上最见水平。

但是，有时候我们不太明白"题海无边，善游者方可抵达彼岸"的道理，常常抱有"凡练必有收获""讲不会练会，练不会考会"的侥幸心理，于是老师成了各种练习的"投放者"，一些质量不高，甚至粗糙、错误的训练题统治了学生，也绑架了自己。

怎么办？并不难！只需在平日审题、做题、讲题时，专注思考，积极省察，善于提炼，这便是在做一种朴素的研究。

一、朴素的研究最专一

这体现在对高考题的选用上。

"最好的训练题是高考真题。"因为高考题的命制团队精英多,水平高,力量强,几乎每道题都能切实从课程标准出发,紧扣考纲,精选考点,研究精微深入,表达严谨规范。请师生试做后还要反复推敲打磨,其难度、信度、效度、区分度经过了科学分析和论证,一般的模拟卷很难与之匹敌。高考真题断然不会出现"喜""春"之误,更不会误上添误,再依据"误字"炮制出一道题目去折磨考生。

高三一年,可以说近几年的高考真题时时装在老师心中,不时出现在考生手中。

"时时在心中",是说去解答一道高考真题仅仅做到了"眼中有此题";还要通过解读题干去领会命题意图,达到"眼中有类题";还要纠错反思,研究比照,先"举三反一",后"举一反三",继而"胸中有丘壑",渐臻"不贰错"的解题境界。虽然,很多学校和老师选择了"五三"作为高三复习的蓝本,对"五"的高度重视体现出了一种备考智慧,其回报也是丰厚的。但是,高考真题的练习与研究不可能一劳永逸,对高考真题,坚持训练是保证,积极研究是关键,反思建模是路径,绝不贰错是追求。

"不时在手中",是说对高考真题的练习和研究要贯穿于高三备考的全过程,不时出现在日常训练和测试之中。高考真题极具训练与研究价值,但毕竟有一个"量"的限制,加之一些学校的消化功能极其强大,"五年高考"一个月、两个月便已经突破了,"六年""七年"尚可以再延伸一下,"八年""九年""十年"的确有点"老",那就反复练习、研究"五年"吧!又觉得没劲。于是便又一头扎进"题海"中遨游起来,从容走起了"见题就做"的路子。对高考真题,花一两个月做上一两遍便弃之不顾绝非明智之举,这和选用高考真题作为备考资料的初衷是相悖的。高考真题的训练和研究是一项综合性工程,需要我们全年凝聚力量、凝聚智慧才能圆满完成。当然,这不是说要让我们简单地、重复性地去练习高考真题,而是要加强变式训练,在训练中发现新问题,发展新思维,寻求新突破,真正丰富学生的必备知识,提升其解决问题的关键能力和学科素养。

选用高考真题还要重视对"参考答案"的认识、分析、思考和领悟。高考主观题的参考答案表达简洁、清晰、准确，得分点分明，关键词明朗，既充分考量了考生的答题可能，又给阅卷者留有较大的细化空间。因此，高考语文备考，尤其是实用类、文学类和古诗文阅读主观题的备考，要在高考真题"参考答案"上下足功夫，这样会全面提高考生针对性答题、准确性答题、合理性答题和规范性答题的能力。

前述材料中，将"春"误为"喜"，居然堂而皇之地弄出了一道诗歌鉴赏题。那么，该题的"答案"会是一副怎样的面目呢？试想，此题训练完后，又当如何赋分？用这样的答案去引领学生备考，何其荒谬！试想，高考真题的"参考答案"会出现这样的情形吗？

当然，高考真题和"参考答案"也不可能完美无瑕，如2003年高考全国统一卷第4题的C项"感到'自惭形秽'"和D项"如数家珍"便引发了争议。

如果我们真正做到了让高考真题"时时在心中，不时在手中"，必是在做着一种朴素的研究，这一研究用情极为专一，可谓一以贯之，终不相负。

二、朴素的研究最纯粹

这体现在把好"一审""二做"两道关上。

因材施教在高三阶段最重要的表现形式多是"因材施考"。"材"就是学生的学情、考情，没有对"材"的准确体认，便很难高效"施考"。在"识材"和"施考"之间的关键一环便是训练题的选用，只有选得精准，才能练得高效。

"一审"，是要严把训练题的质量关。

（1）要在整体上审试题来源和试卷层次。多数试卷从整体上就可以立判高下，一些所谓的"名校卷""名师卷""宝典卷""押题卷""最后一卷"等，不过是虚张声势。试卷东拼西凑，错漏频出。一般说来，那些教育强省的省会城市和重要城市的官方模拟考试，参考和训练价值较大。一些传统型的区域性联考，如某省"江南十校联考"已积淀二十多年，参加这类联考，除了命题质量有保证，更重要的是可以极大地发挥模拟考试的评价功能，让学校和每一位考生找到自己在某一区域甚至全省的大致位置，为后期备考提供较为真实的参数。

（2）要在细节上审图文编排和语言表述。如果一份试卷在图文编排上粗糙不堪，毫无美感，甚至有模糊叠印之处，就可以先打个问号。高水平试题一般会有试做环节，题干的语言表述应该是经过命题者、审题者仔细斟酌过的，如果试题语言表述不准确，不严密，有漏字、多字、标点错误现象，甚至句子欠通顺，有歧义的，那就把先前的问号放大，果断地将此题、此卷扔进故纸堆里。

"喜"占"春"位，看上去只是在格律诗常识上出现了错误，但如果没有较为丰富的审题经验和一定的审题能力，也很难一眼发现。这除了要求我们不断积累经验，尽力提升审题能力外，还要养成动笔做题的良好习惯。

"二做"，是要坚持试做每一道训练题。

题目好不好，动手便知道；老师拿起笔，备考无难事。我们常说学生解题时"眼高手低""词不达意""会而不对，对而不全"。设若一位老师不爱动笔，不善解题，岂不是连学生也不如？一些老师不愿意动手做题，多是怕自己的解答与"参考答案"不一致，有出入，甚至有差错。其实，大可不必背此包袱，且不说出现差错在所难免，单单是能明白一个简单的道理，就应该养成"让学生做的题，老师必先做"的专业习惯，这个简单的道理就是"老师不做题，学生瞧不起"。在不少知名学校，有这样的说法：高三老师加在一起都考不过一个第十名！偏偏高三老师们自己也认同此说。要说解题速度，有些老师比学生慢些或许是事实，但为什么会考不过学生呢？一言以蔽之，眼睛和脚的距离远了。心下知道言不胜行，日常却是"述而不作"。

皖北某所省示范高中在"师生同考"上有较为成熟的实施策略。同考时，将老师随机分散到各个考场，师生使用统一准考号，同一标准阅卷，前80%左右的老师分数张榜公布，并评出一、二、三等奖，在考试总结表彰大会上和学生同台领奖。诚然，此举有待商榷，但其效甚为卓著。教育教学成绩的回馈可能只是这一举措的副产品，重要的是该校年轻教师迅速成长起来，教育潜能得以充分激发，教师素养实现切实提升，学校软实力明显增强，教师福利待遇也连年提高。如此看来，老师动笔做题，善莫大焉！一可捍卫尊严，二可提升自己，三可成就学校，四可改变生活。

坚持拿起笔，用心去做题是实现教师专业成长的不二法门。长期做题的老师会慢慢练就一双火眼金睛，训练题中的错漏谬误自是无处遁形，即便有一点瑕疵也难逃法眼。如此，前述材料中的问题即便逃过了审题关，也断难逃过老师做题这道关，因为你压根就做不出来一个可以说服自己的答案，那么，此类荒唐的训练题就不太可能出现在考生笔下了。

千万不要瞧不起自己日常的"审题""做题"，其实，我们在做着一种朴素的研究，这一研究两眼盯着题目，脑子跟着思路，可谓纯粹简约。

三、朴素的研究最有趣

这体现在对"参考答案"的使用上。

有些学校和老师是怎样选用训练题的呢？第一看出身，是否系出名门；第二看答案，没有参考答案直接打入冷宫；第三看答案有无详解，没有详解的权且做个备胎吧！

"如果没有答案，你可以上试卷讲评课吗？"设若拿这样一个问题去问一些高三教师，也包括某些多年、常年在高三把关的老师，你能想象出大家如何作答吗？笔者曾经在若干会议上问起过，大家多是以会心的微笑让人去联想"你懂的"那几个可以无限解读的字眼，于是，便深知这大概率是一个有些敏感的问题，并不好回答。

前述材料将"春"误为"喜"，居然弄出了一道诗歌鉴赏题，那么，此题训练完后，一定会有一个具有讽刺性的赋分，但最羞愧难堪的恐怕是照着答案去讲评试卷的那些老师吧！似曾相识的故事还在流传，唯愿我们不是故事里的主角。

老师做题既能保证没有低劣的训练题去困扰考生，又能实现自己的专业成长。但教师做题的基本原则应是独立解答，在解题的过程中不去翻阅参考答案，解答完成后再与答案做对照，或解读，或分析，或修正，进而总结归纳，提炼探究。倘能如此，教师便会不时发现"参考答案"的一些不妥、不足、不对之处，让"参考"真正具有了"参考"的意义，而自己做出的答案渐趋精确、合理、规范，偶可胜"参考答案"一筹。这时，即便没有答案，我们也可以自信从容地去上好一堂试卷讲评课。

如果抛下训练题的"参考答案"，也可以洒脱地上好每一堂试卷讲评课，那么，我们一定是长期在做着一种朴素的研究，这一研究彰显思想，收获成长，可谓趣味良多，终生得益。

四、朴素的研究最动人

这体现在反思与提炼上。

高三一线教师，最直接的研究对象除了学生、考纲，就是试题。对待试题要深入剖析，综合考量，溯本求源，刨根问底。如果一道存在问题的训练题能被你"起死回生"，岂不是造化！也许在修正之后，其训练价值会更高。

最能体现教师选题水平的莫过于对经典题目的果断舍弃，舍弃错题、偏题、怪题是自然之理，而舍弃公认的好题则更能彰显教师的备考智慧。所有的训练，积累、强化、梳理、归纳、纠错、总结、迁移、发散，皆是正道，但针对考生的薄弱点，各个击破才是王道。北京大学教育学院蒋丞教授谈过这样一个观点：语文的二十二道题就是考生的二十二个敌人，强化训练要消灭敌人，而不是杀伤敌人；敌人要越来越少，高考前全部消灭；一定不能只把敌人打趴下，高考时二十二个全到齐了。所以，训练题选用务必要充分体现针对性、实战性，要能帮助考生打赢歼灭战，坚决不打消耗战。

（1）敢于质疑，不盲从多数，认识考试的导向功能。选用训练题时，教师要有强烈的"命题意识"，尝试寻求和发现命题的依据和意图，遇到问题要敢于质疑，盲从多数就会失去自我，放过问题就是放弃成长。

一次市级联考，辨析"呼之欲出"和"无独有偶"哪个使用正确？笔者判断为C项"呼之欲出"，竟遭到所有同事反对。面对1∶14的情势，笔者没有盲从，而是艰难求证，引领大家研究命题依据。经过几番论证，终于达成共识。阅卷显示，该题正答率仅为7.527%。命题者为什么不惜冒遭批挨骂之险，也要出这样一道题呢？笔者撰文分析，认为命题者意在发挥大型考试的导向功能，引领一线老师接受新信息，学习新知识，领会新精神，让语文教学富有生机和活力[1]。

（2）精读文本，不畏惧苦索，濡养教师的探求精神。阅读题的文本多是精品，选用时，除了有条不紊地走完审读题干、确定层级、试做题目、推敲答案、讲评试卷的流程，教师还要轻轻咂摸文字，细细品味语言，领会作品情旨，探寻解题思路。

有一则材料，引用"最难耐的是寂寞，最难抛的是荣华。从来学问欺富贵，真文章在孤灯下"来评说、激赏苏东坡愈挫愈奋、以苦为乐的傲岸精神和豁达襟抱。但其中的"欺"字作何解释呢？笔者在精读苦索之后认为"欺"字当释作"压倒""胜过"[2]。

文本精读，要细致到每一个重点字词的推敲，常常是冥思苦索的过程，但也多伴有柳暗花明的欣喜。文本精读濡养着一种积极的探求精神，而记录探求的文字也终将成为一个个动人的符号。

（3）坚守自我，不迷信权威，享受教育的真正快乐。在选用训练题时，讲评环节最容易暴露问题，出现意外，也最见老师功力。

一次高三作文讲评课上，笔者总结出了两三个上佳的立意。课后，一个叫徐博的男孩子带着几位同学找到笔者，出示了一张落款"某某市教研室"的资料，上面的一条立意和笔者讲的完全相反。尽管有些意外，还是再一次审视了材料，而后，笔者告诉徐博他们，"某某教研室"的立意一定错了，我们不可迷信教研室之类的权威，要坚信自己的判断，敢于发表自己的见解。在毕业后的一次聚餐时，徐博告诉笔者，当时那份资料是杜撰的，本想"征服"老师，没想到被老师征服了。

坚守自我者相信自己的专业判断，不迷信权威者会形成自己的教育思想。这样的老师方能从容驾驭课堂，赢得孩子们发自心底的信赖和敬重，这当是一位教师真正的快乐。

如果不想让材料中误"喜"为"春"之类的训练题出现在自己的课堂，以致学生受害、老师尴尬，最佳的出口便是让审题、做题、讲题成为一种专一、纯粹的朴素研究。这样，一线教师将作别手忙脚乱、思想懒惰的日子，定会在反思中进步，在提炼中成长，在研究中发展，更会在一行行真切明净的文字里找到这一研究的注脚。这种立足工作、贴紧生活的研究虽不高端大气，但却滚烫有生气，那样专一，那样纯粹，那样有趣，那样动人！

"人是一根会思想的苇草"，在帕斯卡尔看来，"人全部的尊严就在于思想"。我们应该外察世界，问一问"因何而做"；内省己心，想一想"在做什么"。那么，最琐碎的日常便不再是简单的重复，就会起变化，生新意，有发现，思想的伟力会让人变得厚重、和悦，有尊严地活着。作为语文人，你要做的便是醉心于课堂，和一群如鲜花般的少男少女一起尽情呼吸语文的气息，为他们也为自己留存无限浪漫香甜的记忆，收获无比温煦动人的故事。

参考文献

［1］陈清华.由一道成语考查题看考试的导向功能［J］.语文教学与研究，2013（3）.

［2］陈清华."从来学问欺富贵"的"欺"作何解释［J］.学语文，2016（4）.

第二篇 教学案例

——丰盈课堂

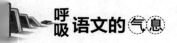

《登高》教学案例

【教学目标】

（1）了解诗歌情景交融的艺术特点。

（2）感受诗人忧黎元、悲天下的情操，理解杜甫诗中圣哲的形象。

（3）培养学生良好的思维习惯，提升其思维能力。

【教学设想】

（1）突出思维训练，通过"绘诗景""品诗情""颂诗圣"三个环节的转换和渐次提升，实现学生思维的发展。

（2）加强诵读指导与训练，将教学目标的完成与诵读相结合。

（3）重视学生的阅读体验，引导学生深刻理解诗人形象。

（4）拟用一课时。

【教学流程】

一、入课

今天，我们一起学习杜甫的一首七言律诗《登高》。板书：登高。

二、绘诗景

背景点示：这首诗写于767年的秋天。此时，五十五岁的诗人已经到了生命的晚秋，老病孤愁，穷困潦倒，但他却依然热爱生命，与命运进行着最后的抗争。这一年的重阳节，旅居夔州的诗人独自登高，面对万里江天，耳闻哀猿长啸，阵阵悲凉袭上心头，不禁吟道："风急天高猿啸哀，渚清沙白鸟飞回。无边落木萧萧下，不尽长江滚滚来。万里悲秋常作客，百年多病独登台。艰难苦

恨繁霜鬓，潦倒新停浊酒杯。"（师吟诵全诗）

1. 诵读感知

师：请大家轻声朗读这首诗。

师：诵读是欣赏诗歌的出发点。读诗有三个层次：读懂内容，读出感情，读出形象。我想听听大家读得怎么样。

请两位同学朗读全诗。

2. 描绘晚秋之景

请同学们放声朗读首、颔两联，展开想象，用自己的语言再现诗人眼中的晚秋之景。要注意诗中景物的特点以及给人的感受。

可参考句式：

诗人独自登高，

看到＿＿＿＿＿＿＿＿＿＿＿＿，听到＿＿＿＿＿＿＿＿＿＿＿＿，

想到＿＿＿＿＿＿＿＿＿＿＿。诗中景物给了我＿＿＿＿＿＿的感觉。

板书：绘诗景。

3. 学生自由发言，在交流评价的过程中，突出以下内容

（1）首联着重刻画眼前的具体景物，好比画家的工笔。夔州位于长江之滨，瞿塘峡口，以风大闻名，人登高更感风大，所以说"急"；深秋九月，长天高远，所以说"高"；"渚清"中的"清"是写气氛，可以理解为"清冷""凄清"；风霜高洁，水落沙出，所以说沙滩"白"。

（2）夔州多猿，这里写"猿啸哀"，大有"空谷传响，哀转久绝"（《水经注·江水》）的意味，使这首诗一开始就有了悲凉的气氛。大家熟悉的诗句"巴东三峡巫峡长，猿鸣三声泪沾裳"也是写猿啸之哀。

清秋九月，在急风中飞舞盘旋的鸟儿，简直就是诗人自身的写照。这里的飞鸟是群鸟也好，是只鸟也罢，但绝不是"两个黄鹂鸣翠柳，一行白鹭上青天"中的黄鹂和白鹭，而是悲苦之鸟。

（3）首联出现的六个意象："急风""高天""哀猿""清渚""白沙""飞鸟"，之所以能给人悲凉（凄凉、萧条、清冷）的感觉，是因为这些意象融入了诗人复杂而深沉的主观感情，正所谓"登山则情满于山，观海则意溢于海"。也就是说：一切景语皆情语。

（4）颔联着重渲染整个秋天的气氛，好比画家的写意。由"落木"和"长

江",诗人会想到什么呢?诗人会想到自己已到了生命的晚秋,自己何尝不是一片飘零的落叶呢?而生命有限,宇宙无穷,韶光易逝,壮志难酬,尽管无奈,也必须理性地接受"滚滚长江东逝水,浪花淘尽英雄"的现实。此联前后句之间,构成一种对比关系:人生短暂而时间永恒!我们很容易想到苏轼《赤壁赋》中的句子:"哀吾生之须臾,羡长江之无穷。"

(5)如学生讲出"滚滚长江"给人雄浑开阔的感觉,老师一定要充分肯定,引导学生感受杜甫热爱自然、热爱生命的豁达阔大的胸襟和与命运抗争到底的坚忍自持的精神。(诗人没有选择逃避)如不然,则用"放眼滚滚长江,你只有悲凉之感吗?"引发思考。

(6)诗的前两联写景,动静相映,声色并茂,既给人悲凉肃杀之感,又透出雄浑阔大之气。特别是颔联,被前人誉为"古今独步"的"句中化境",成为千古传诵的名句。

4. 诵读

怎样诵读这两联诗呢?要读出节奏,首联出句高亢激昂,对句回环婉转。颔联要读得开阔,有包容宇宙之意。"无边落木""不尽长江"二语要一气读出,"木""江"二字要适当延长,有余韵。"萧萧""滚滚"要拉长声音,再现落叶和江水的形象,表现诗人绵绵无尽的愁绪哀思。

请同学试读,指名读,齐读。

三、品诗情

师:诗的前两联写景,后两联自然要抒情,请大家读诗,品味诗中所抒发的感情。

1. 抓诗眼,定基调

文有文眼,诗有诗眼,你认为颈联中的哪个词最能体现诗意?

全诗的感情基调当为悲慨或悲愤。

2. 激发思考

诗人在垂暮之年,在晚秋的时节,独自登高,纵目山河,俯仰宇宙,忧国伤时,慷慨悲歌。此时,悲情的诗人心中交织着哪些悲呢?

板书:品诗情。

在交流评价的过程中,明确以下内容。

(1)颈联从时、空两方面表现诗人深广的忧思,其中"万里""百年"分别对应额联的"无边""不尽"。

（2）结合宋代罗大经《鹤林玉露》中的有关评语，理解诗人的悲情。

万里，地之远也；秋，时之凄惨也；作客，羁旅也；常作客，久旅也；百年，迟暮也；多病，衰疾也；台，高迥处也；独登台，无亲朋也。十四字之间含八意，而对偶又精确。

①"十四字之间含八意"，是说此联写出了诗人的八层悲：万里之外，清秋时节，客居他乡，长年漂泊，人至暮年，疾病缠身，登高远之台，无亲朋相伴。还可以看出此联的九层之悲：功业无成，壮志难酬，乃诗人最大的悲苦。

②指出本诗四联皆对，对仗工整的特点。

③"作客"与"做客"的不同。

④产生怎样的情绪感慨，与登高和时令并没有必然联系，主要取决于人物的遭际、命运。二十四岁的杜甫登临泰山，顿生"会当凌绝顶，一览众山小"的豪情。

（3）如果学生能谈出诗人忧国忧民的情怀，予以表扬。如不然，则以"作者的悲仅仅是一己之悲吗？"引领学生扣住"艰难"一词做分析。师强调：时世艰难是诗人悲苦潦倒的根源，"艰难苦恨繁霜鬓"一句将国运和自身命运联系在一起，为全诗主旨句（主旨句多在后两句）。这里既有对自身命运的悲叹，更有对国家命运的忧伤，表现了诗人忧国忧民的博大情怀和无论穷达都要兼济天下的阔大胸襟。

（4）重点字词：苦恨、新停、浊酒。

苦恨：极其遗憾。苦，极，副词。"苦恨"与"繁霜鬓"之间为动宾关系。由"新停"与"浊酒杯"间为动宾关系可知。

浊酒：相对于"清酒"而言，酒以清者为上品，越浊，自然质量越差。古诗中常见到"浊酒"一词，如"浊酒一杯家万里""莫笑农家腊酒浑"等。

新停浊酒杯：课本注为戒酒。还可以这样理解：诗人独自登台，独饮浊酒，无亲朋相伴，慢慢举起消忧解愁的酒杯，停在嘴边——不喝也罢！

小结：重阳节古人有饮酒的习俗，但是诗人却不能喝酒了。老人的漂泊苦、身世悲、家国恨该怎样排遣呢？只能郁结在心头，真是悲上添悲，"无限悲凉之意，溢于言外"。

三年后的冬天，五十八岁的诗人病逝于漂泊在湘江的一条小船上。

3. 诵读

颈联为全诗高潮，要读得悲愤。重读"悲""常"，描绘漂泊之苦，重读"病""独"，刻画老病孤愁。尾联应读得更加缓慢、沉重，末句要读出欲罢不能的无限悲凉之情。

请同学试读，指名读。

4. 师生共读全诗，注意品味悲慨之情，体会情景交融的特点

板书：情景交融。

5. 延伸

（1）悲己忧国是杜甫晚期作品的一个重要内容，我们来看一首诗人作于768年的五言律诗《登岳阳楼》。

（2）投影，请同学重点诵读诗的后两联。

（3）简评：颈联写身世之悲，尾联写国家之忧。悲苦不堪，感时忧国的诗人形象仿佛就在眼前。难怪有人评说：李白是狂放不羁的骏马，杜甫则是忍苦载重的老牛。

四、颂诗圣

（1）师：成都杜甫草堂里有郭沫若先生题写的一副对联：世上疮痍诗中圣哲，民间疾苦笔底波澜。此联对杜甫作出了高度评价。（投影杜甫肖像和郭沫若评杜甫联）读了这首诗，请你结合以前对杜甫及其作品的了解，选择一个角度，说一段评价杜甫的话。

方法指导：可以结合《登高》谈，可以结合杜甫的其他作品谈，也可以与自己熟悉的历史人物（如陶渊明、李白）比较着谈，力求观点鲜明，材料具体。

板书：颂诗圣。

（2）学生发表自己的见解，老师做点评。

（3）探究：通过一首诗、一堂课来了解、评价杜甫是远远不够的。课后请你就"坎坷人生""忧国情怀""阔大胸襟""悲情诗人"等方面选择一个感兴趣的话题，搜集相关资料，做进一步探究，写一篇不少于六百字的学习论文。这篇论文就是你的研究成果。

（4）小结。杜甫早年有"致君尧舜上，再使风俗淳"的政治抱负，一生忧国忧民，上下求索，无论穷达，都想实现"兼济天下"的理想。但报国无门，壮志难酬，而且长年漂泊，老病孤愁。尽管如此，他仍然"穷年忧黎元，叹息肠内热"，胸怀天下苍生，关心人民疾苦，胸襟之阔大，灵魂之崇高，为世人所景仰。杜甫正是用他伟大的人格力量和杰出的艺术天赋为我们树立了一座不朽的文化丰碑。

板书：文化丰碑。

五、结课

最后，让我们怀着无限景仰之情一起背诵这首诗。背诵时要突出悲慨之情，突出诗人形象，你可以心中默念，我就是悲情的诗圣。

让我们一起来！

【板书设计】

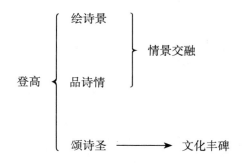

【教学反思】

执教《登高》一课，参加"第七届全国中学语文课堂教学艺术观摩大赛"，在余映潮先生的倾心指教下，我采用板块教学法设计课堂活动与思维流程，以"绘诗景""品诗情""颂诗圣"三个板块结构教学，完成教学目标，通过三个环节的推进实现了学生的思维发展与提升，教学效果基本令人满意。观课的千余位专家和老师均给予了较高的评价，最后，该课获得一等奖。

【名师点评】（余映潮，全国著名特级教师）

本教学设计的特点之一是"得体"。什么是得体？就是得其体裁而教之。得体的文言诗歌的教学过程，首先表现出来的就是吟诵；得体的文言诗歌的教学过程，其次就是要进行内容赏析；得体的文言诗歌的教学过程，最后还要非常注意体味作者的情感与内心世界。此三点，已经在教案中表现得非常充分了。

　　本教学设计的特点之二是"得法"。什么是得法？就是在每一个教学步骤中都注意选择恰当的、与教学内容相得益彰的教学方法。本设计中的"绘诗景"，主要运用诵读与说读的方法；"品诗情"，主要运用赏析与诵读的方法，还顺势引入新的教学内容，以求教学内容的丰厚饱满；"颂诗圣"，主要运用了评析与对话的方法。不同的教学步骤中运用不同的教学方法，教学过程就灵动可爱，就摇曳生姿。

　　纵观整个教学设计，教学思路清晰，学习材料丰富，学生活动安排充分，能够让我们感受到教师对教学内容的细心把玩和对教学细节的精心锤炼。

（第七届全国中学语文课堂教学艺术观摩大赛一等奖课例，被收入《中学语文课堂教学案例选评》）

议论文的立意

——全省首届中学语文优质课评选决赛课例

【课堂实录】

课前三分钟，宿城一中高一（6）班六十九名同学统一着蓝色西装，整齐端坐，表情严肃。教师环视教室，满面春风而略带神秘地说："同学们美观大方的校服表示的是欢迎，透出的是热情。但是，我今天更想看到的是69朵玫瑰的激情和笑容。"略顿，学生鼓掌，微笑，气氛顿然轻松。

师：我来自砀山，砀山没有山，但有……

生：大酥梨。（砀山以盛产酥梨而驰名中外）

师：我想送给大家一件小小的礼物，欢迎不欢迎？

生：欢迎！

师：只有语言欢迎？

生鼓掌。（学生情绪开始高涨）

师：知道我送什么吗？

生：大酥梨。

师：我偏要送小苹果。（从包里取出用纸包着的苹果）

师：我想请一位同学把苹果一分为二，一半送给男同学，一半送给女同学。不过，咱们今天只饱眼福，不饱口福。

一生上台，将苹果从蒂部切开，动作较慢。

师：这位同学心太软。（师生共笑）

师：能换种切法吗？（随手取出另一只苹果）

学生小声议论。一学生上台，将苹果转动几圈，而后从腰部横切开来。

师：仔细观察一下，你发现了什么？（将两块苹果切面对着学生，走下讲台）

生：有一个五角星！（学生个个面带惊喜）

师：今天，咱们这堂课就换个方法切苹果。同学们回答问题不要举手，可以下座位，想到啥说啥，啥时想起啥时说，"该出手时就出手"，也请允许我和大家有不同的见解。总之，同学们是这堂课的主角，老师将努力地去跟大家配合。

老师转身在黑板上画了一个半圆，问："我画的是什么？"

学生七嘴八舌作答："半个烧饼""头盔""翻过来的铁锅""半个月亮""旭日东升""夕阳西下""量角器"……（教室里似乎有点乱，但热烈有序）

师：为什么会有这么多不同的理解呢？

学生讨论后，有人答："思维角度不同。"

师：春天来了，有人高歌"春色满园关不住"，有人却低吟"流水落花春去也"。秋天到了，有人但见"秋天万里净，山暮澄江空"的明丽，有人却见"寂寞梧桐，深院锁清秋"的凄婉。同样的春花秋景，为何会有不同的感受呢？

生：思维的角度不同。

师：刚才我进教室时，有同学在小声议论："这位老师够健康的！"（老师身高177cm，体重86kg）我一听，心里美极了。但转念一想，同学们可能想提醒我："老师，今后可要少吃点！"（学生、评委、听课老师均开心地大笑）面对"健康"一词，我怎么会有两种截然不同的理解呢！

生：也是因为思维的角度不同。

师：可见，思维角度不同，结论也不同。

老师板书：思维角度。

师：这堂课，我们就一起学习讨论如何从不同的思维角度出发，确立自己的观点，也就是要解决写议论文时立意的问题。

老师板书：议论文的立意。

师：对于议论文，立意即确立观点。有人说，观点是议论文的灵魂。立意是议论文写作的第一步，也是最重要的一步。

师：同学们还记得议论文立意的基本要求吗？（屏幕显示：议论文立意的基本要求。学生七嘴八舌地作答后，屏幕显示：正确，鲜明，集中，深刻）

师：人云亦云、千人一腔的观点不可能打动人。要想让人眼睛一亮，心头一热，议论文的观点还必须新颖，独特。

老师板书：新颖，独特。

师：要提炼出新颖、独特的观点，我们必须要进行创新思维。

老师板书：创新。创新是一个民族进步的灵魂，是国家兴旺发达的不竭动力。创新，对我们来说，既是一种要求，更是一种需要。目前，我们推行的素质教育，说到底就是民族的创新工程。创新的土壤是什么呢？

停顿，学生议论，是个性。

老师板书：个性。

师：这堂课，我期待同学们充分展示个性风采，不断迸发创新火花。

师：上学期，我们学习《廉颇蔺相如列传》之后，写没写读后感？

生：没写。

师：如果以"读《廉颇蔺相如列传》有感"为题，请你写一篇议论文，可提炼出怎样的观点呢？（老师操作多媒体，屏幕显示：读《廉颇蔺相如列传》有感）

生：团结就是力量。

生：个人利益要服从国家利益。

生：我们要顾全大局。

生：我们要有知错必改的精神。

生：容忍也是一种美德，我们要有阔大的胸襟。

生：蔺相如不该一让再让。

师：请谈谈理由。（点头表示赞许，语带鼓励）

生：蔺相如应该和廉颇推心置腹地谈一谈，话不说不明嘛！同学之间有了矛盾，也应该尽早和解，避让不是最好的办法。

师：好！言之成理。（带头鼓掌）

生：我认为，蔺相如的成功靠的是客观条件。

师：观点很新颖，相信你还有话说。

生：秦国要统一中国，采取的是各个击破的战略。在完璧归赵和渑池之会

99

的时候，秦国的主要力量正对付楚国，赵国并非秦国进攻的重点，是客观上的有利条件使蔺相如取得了外交胜利。（全体鼓掌）

师：这位同学的历史学得真不错，我为我们班有这样优秀的同学感到高兴。他的观点新颖而独特。还有同学要发表高见吗？

学生窃窃私语，无人作答。

师：我在教这篇课文时，让学生写读后感，一个同学居然提出这样一个观点："将相和"是历史的悲剧。我很愕然，千百年来，人们都在尽情讴歌"将相和"，悲从何来呢？我们这位同学振振有词："将相和使赵国力量强大，从而延缓了秦统一天下的时间，从历史发展的高度来看，这不是悲剧吗？"最后，这个同学的作文得了59分。（学生很兴奋，相互议论）

师：大家比较一下，独特的观点有什么特征？

学生发表见解，老师归纳总结。

老师板书：言人所未言，发人所未发。

师强调：这是创新思维的方法之一。

师：咱们很多同学都读过《三国演义》，知道曹操"割发权代首"的故事吗？

学生小声议论，大部分同学表示知道。

师：哪位同学能把这个故事讲给大家听听？

几位同学同时站起，老师请一女同学上台。

女同学讲得很完整，很生动，博得了师生掌声。

师：请问，你这是第几次上台讲故事？

生：第一次。

师：第一次就这么出色，只要你愿意，做刘兰芳一样的评书演员可能也是区区小事。

学生很有礼貌地道谢。

师：听了故事，你有何感想？请发表自己的观点。（屏幕显示：《割发权代首》的思考）

两分钟后，学生纷纷作答。

生：曹操军纪严明，官兵平等。

生：正人先正己。

生：身教重于言教。

生：曹操不愧为一代奸雄，非常狡诈，但为了图谋大业，以发代首也是可以理解的，何况古人嗜发如命呢？

生：割发岂可代首？试问，如果违犯军令的是普通士兵呢？

生：现实生活中，"割发代首"的例子屡见不鲜，我们要警惕身边的曹操。

……

师：一千八百多年了，还有那么多人在赞美颂扬"割发代首"，曹操一定会为自己的"杰作"感到骄傲得意。当然，也有不少同学提出了批判的观点，两种对立的观点，哪一种更符合创新的要求？

生：肯定是后一种观点。

师：咱们一起来看看曹操的军令。（屏幕显示：凡践踏麦田者当斩）再作思考，能否发现新大陆？

一生兴奋地站起来，答道：因为是马践踏了麦田，杀马比割发更好。（全场大笑）

师：这样说来，肇事司机都无须处罚，只要把车砸烂就行了。（笑着示意生坐下）

师：曹操的军令是否严密？

生：不严密。

师：怎样修改可以使之严密？

生讨论。

一生答：在"践踏"前加上"故意"。

师：这样一改，曹操还要割发代首吗？我们还能提炼出怎样的观点？

学生热烈讨论。

生：制定政策要严密。

生：我们的班级、学校在制定规章制度时要充分听取大家的意见，尽可能严密。

（大家鼓掌，评委、听课老师笑着交谈，气氛极其轻松）

师：同学们知道，我国每年都要对许多法律条文进行修订，其目的何在？

生：使我国的法律更严密，以便更有效地实施。

师：很好！我们不难得出这样的观点：我们的法制要不断完善。老师认为，比较起来，这一观点更符合创新的要求。这样的观点怎样才能得出来呢？我想告诉大家一个办法，不妨一用。当我们提炼观点时，不经思考就冒出来的一般不用，简单思考便想到的最好不用，因为其他人可能也想到了，要在深入思考、权衡比较之后再确立自己的观点。人常说，三思而后行，我们不妨说，三思而后定。当然，灵感来了，一下子就捕捉到新颖、独特观点的情形也是有的。

老师板书：三思而后定。

师：我们做老师的，时常谈论起这样的一个话题，认为现在的师生情感比较淡薄，不如以前那样亲密真挚，媒体也有讨论，同学们可能也有所思考。请大胆发表你的见解，既可以分析原因，也可以探索改进的办法，观点要力求新颖、独特。（屏幕显示：师生情感淡化之我见）

老师要求学生将自己的观点和认识现场写在课前发的纸上，并写上姓名。几分钟后，学生纷纷把自己的"作品"交给老师，老师挑选几份当堂展示。

李远虎：老师为了提高学生的成绩，就大量地进行课余辅导，布置繁重的作业，对待学生过于严格，甚至苛刻，学生与老师没有共同语言，所以师生之间显得不亲密。

王帅：情感是建立在相互理解的基础上的。平时，老师只是以成绩为重，往往忽略了学生的个人情感和兴趣爱好，学生不敢亲近老师，师生之间缺乏接触，更谈不上相互理解。

韩颖：面对各种考试，尤其是高考，同学们承担了太多的压力，只顾埋头学习，没有重视和老师的沟通。其实，我们的老师也很不容易，我们理解老师的良苦用心。

武艳玲：老师可能也想和学生交朋友，但时常会显出批评的口吻，端起训人的架子，他们可能不会留意，但学生的心很细，会把这些都放在心上。

张雷：我认为师生情感并没有淡化。距离产生感情，老师调走时，同学生病时，大家的表现不是很感人吗？

张海潮：师生情感淡化，主要是由于现在生活条件好了，学生多为独生子女，自我意识太强，什么事都以自己为中心。在一部分同学看来，我上学缴费，你上班拿工资，师生关系并不是太重要。

安广东：师生情感淡化，是因为学生对一些负担有反感，而老师又不得不强加这些，其实老师和学生都被套上了同一顶紧箍咒。

师生共同评价以上观点，师充分肯定。

师：大家还记得清朝诗人沈德潜关于写作要创新的几句话吗？尽管这不是完全针对文章立意来说的，但我们仍可借鉴。

学生略做讨论，纷纷作答。

老师板书：平字见奇，常字见险，陈字见新，朴字见色。

师：我们要学会从普普通通、平平常常的材料中提炼出奇特、峭拔、新颖、有个性的观点。但我们不能为了创新，就挖空心思地走极端。（老师操作多媒体，屏幕显示：平字见奇不求刁，常字见险不求诞，陈字见新不求怪，朴字见色不求媚。）

老师强调"刁""诞""怪""媚"乃"刁钻""荒诞""古怪""艳丽"之意。学生齐读屏幕上的四句话。

师：创新思维是人类最美的思维，是高境界的思维，但不能挖空心思地走极端，在议论文立意时，不要刻意追求"刁""诞""怪""媚"。

师：我发现，短短的几十分钟，同学们创新的火花已经迸发，个性也得到较为充分的展示，大家不愧为全市最优秀的同学，我很佩服同学们！大家敢不敢请我们听课的专家老师出个题目，再来一显身手？

生：敢！敢！（一些同学已经兴奋地站立起来）

一男同学很有礼貌地请评委出题，评委中的一位女专家欣然应允，她站起身，大声说道："好！那就请同学们谈谈你对这堂课的感受。"（学生鼓掌表示感谢）

老师对这个题目颇感意外，但很沉稳自信。

师：谢谢专家给我们提供了这次心与心交流的机会，请同学们畅所欲言，力求谈出自己独特的感受。

生：新老师，新内容，新教法，教的是创新，我们有了新感受，今后我们一定要创新。（学生与听课老师一起长时间鼓掌）

生：我们喜欢这堂课，我们更喜欢带给我们新感觉的老师。

生：这堂课使我茅塞顿开。谢谢您，老师！我会永远记住这堂教我们创新的作文课。

师：谢谢同学们对我的鼓励。提醒大家注意，不要只谈老师，可以选择不同的思维角度，我想听到同学们更新颖、更独到的见解。

生：从高考的角度看，这堂课对我们的帮助也许不算太大。但对我们的学习、生活、成长将会有很大的影响。

师：高考作文要不要创新？

生：一定要啊！

师：高考越来越要求我们创新和思辨，不仅要考查知识和能力，还要考查综合素养。能否这样说：应试也必须创新。请大家继续发表自己的见解。

生：上了这堂课，我想起了一句话——一千个读者就有一千个哈姆雷特。（鼓掌）

生：遗憾的是这样的课太少了！

师：会多起来的。

生：如果我们的作文课都这么上，我们一定能够学会创新，不断创新。（鼓掌）

师：当然，创新经常会遇到挫折。我们正处在即使失败了也不算太坏的年龄，让我们学会创新，走出一条属于自己的学习和发展之路。

师：我们再来回顾一下这堂课，我们共同讨论的问题是：

（1）思维的角度不同，结论也不同；

（2）创新是我们的需要；

（3）创新的土壤是个性；

（4）创新思维的方法：言人所未言，发人所未发；三思而后定；平字见奇，常字见险，陈字见新，朴字见色。

师：在轻松欢快的气氛中，我们就要说再见了。同学们的出色表现就像一瓣瓣洁白晶莹的梨花轻轻地飘至我的心里，给我留下了无限美好的印象。我会永远记住这堂课，永远记住我的六十九位新朋友！（学生鼓掌）

最后，我想用现代著名教育家陶行知《创造宣告》里的几句话与大家共勉："处处是创造之地，天天是创造之时，人人是创造之人。"我衷心地期盼我们的每堂语文课都能成为大家创新的舞台，我们每天都有所创新，我们每个人都能成为新世纪的创造之才！（学生长时间鼓掌）

【名师点评】（唐超伟，特级教师，语文教研员）

这是运用"大语文激发式教学法"极为成功的一个课例，全面体现了"激发兴趣、激动情感、激起气氛、激活思维、激励创造"的教学原则。

这堂课的教学内容是作文专项训练，旨在培养学生的创新能力，主要方法是激活学生的发散、求异等创新思维。教师从让学生观察生活现象切入，由表及里，由浅入深，由低级向高级，把学生的思维活动逐步推向高阶，使学生的创新思维火花不时迸发闪耀。学生的思维活动的确被激活了，创造的熊熊之火被教师点燃，而且在不断地激励与引导下，越烧越旺。

"激发兴趣"是这堂课的另一着力点。课前师生的交流尽管只有三言两语，但不仅创造了轻松融洽的氛围，而且深深地打动了学生的心，使他们产生亲切感、新鲜感，磁石般地吸引了他们的注意力。新鲜的材料、新鲜的思维角度、新鲜的观点，加上教师不时流露的教学机智与幽默，把学生鼓动得兴趣盎然，激情澎湃，他们的表现欲、竞争欲、创造欲简直有点按捺不住。

最后，教师让听课专家出题来检测当堂训练效果，这不仅充分展示了教师的教学胆识与技艺，也充分体现出教师对学生的无限信任与期盼。这一暗示教育立竿见影，学生回答得何其好也："新老师，新内容，新教法，教的是创新，我们有了新感觉，今后我们一定要创新。"这是对这堂课再恰当不过的评价。

（全省首届中学语文优质课评选一等奖课例，被收入《大语文激发式教学》一书）

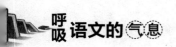

《伶官传序》教学案例

——大语文"激发—攀缘"教学实验课例

【教学目标】

（1）领悟本文"盛衰由人"的观点。

（2）赏析本文"善用扬抑"的笔法。

（3）进一步提高学生文言文的阅读和鉴赏能力。

【教学设想】

（1）采用"大语文激发—攀缘教学法"。

（2）拟用一课时。

【教学流程】

一、明确本文教学内容

（1）常识了解。

（2）语言积累。

（3）结构理路。

（4）思想领悟。

（5）写法赏析。

（6）个性展示。

二、蓄势准备——自读

学生自读课文，重点解决教学内容的前课：常识了解，语言积累。求得一种无师自通的效果。

（一）常识了解

学生简介作者、序、写作背景等常识，老师强调。

（1）欧阳修：文学家、史学家，北宋文坛领袖，上承韩柳，下启三苏、曾巩、王安石。

（2）序：相当于"前言""编者按"，不同于一般的诗序、书序、赠序，更像一篇史记。

（3）《新五代史》：仅次于"前四史"，称其"新"是为了区别薛居正的《五代史》。

（二）朗读课文

要求读准字音，分清句读，从学习语言的角度出发，理解文意。

（三）语言积累

学生提出尚未解决的问题，交流小结。

老师提出如下问题：

（1）第一段中有一个字，引出下文的叙事和议论，是哪一个字？"原"是什么意思？这个字管到哪里为止？第三段末尾处还有一个字与这个字用法完全相同，请指出。

（2）"意气之盛"中的"意气"作何解释？和现代汉语中的"意气用事"中的"意气"有何不同？

（3）"矢志不渝"中的"矢"与"与尔三矢"中的"矢"意思一样吗？（同"誓"）

（4）"抑本其成败之迹"中的"抑"译为"还是"是否更顺畅？

（四）默写下列语句

（1）盛衰之理，虽曰天命，岂非人事哉！

（2）满招损，谦得益。

（3）忧劳可以兴国，逸豫可以亡身。

（4）祸患常积于忽微，智勇多困于所溺。

三、全力攀登——研读

（1）朗读课文，注意不同句式的语气。

师：本文的中心论点是什么？

——文章是以盛衰由人的观点提挈全文的。

（2）比较句子的不同表达。（投影）

盛衰之理，虽曰天命，岂非人事哉！

盛衰之理，并非天命，实乃人事也。

盛衰之理，虽曰天命，然亦乃人事也。

师：文中还有哪些反问句？有何表达效果？

明确：①得之难而失之易欤？抑本其成败之迹，而皆自与人欤？

②夫祸患常积于忽微，而智勇多困于所溺，岂独伶人也哉？

——使说理委婉而发人深思，语意表达比陈述句更确定、更有力。

师：请找出文中的感叹句，并体会其表达效果。

① 呜呼——为全文奠定了叹惋的基调。

② 可谓壮哉——对庄宗之盛表示赞叹。

③ 何其衰也——对庄宗之衰表示悲叹。

（3）当然，本文的对称句更是俯拾即是，特别是关键的地方，采用语言凝练、对仗工整的格言式的骈句，造成鲜明的对比感和节奏感。总之，本文反问句、感叹句与陈述句，骈句与散句，长句与短句错综有致，读起来抑扬顿挫，感情饱满，气势旺盛。

历来多有评论：（投影）

① 抑扬顿挫，得《史记》神髓，《五代史》中第一篇文字。

——清·沈德潜

② 起手一提，已括全篇之意。次一段叙事，中后只是两扬两抑，低昂反复，感慨淋漓，直可与史迁相对颉颃。

——《古文观止》

清人沈德潜、《古文观止》评价《伶官传序》都认为关键是"善用扬抑"之法，你能看出文中是怎样使用这种笔法的吗？

明确：文中采用了欲扬先抑的手法。第二段的叙事语势比较平缓，没有任何议论，但寓论点于叙事之中，以叙事论证了论点。与第一段的"盛"和"得天下"相照应。全段多用动词，叙事欲抑先扬，为下文写"抑"张本。第三、第四段的议论都是欲抑先扬，先论其"壮"和"盛"，然后评其"衰"，对比突出，揭示了盛衰由人的道理，得出了"忧劳可以兴国，逸豫可以亡身"的结论。

（4）文章到第三段，对中心论点已做了很好的阐释，"原"字已经落实了，已"推究"完了，那么，为什么还要写第四段呢？

明确：题目要与内容相联系。强调使人逸豫亡身的不仅限于伶人，得出了具有普通意义的结论，含蓄地讽谏北宋统治者勿忘历史教训，使事理更具有现实的针对性。

（5）找出本文主要的反义词。其中最重要的是哪一对呢？（投影）

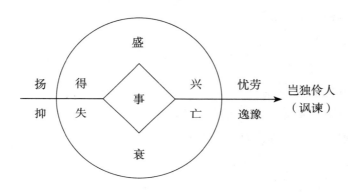

（6）朗读课文，要求读出抑扬顿挫的感觉，体会语言特点。

四、快乐登顶——赏读

爱因斯坦说："提出问题往往比解决一个问题更重要。"请同学们进一步赏读课文，分组探究，可以小处着眼，也可以大处立意，我相信同学们一定能够谈出新颖、独特、深刻的见解，充分展示自己的个性。

小组交流。

五、众山一览——诵读

（一）指导诵读

（1）读出重音，体现出着重强调的意义。

（2）读出节奏，体现出文气的急切舒缓。

（3）读出对比，体现出文章的抑扬变化。

（4）读出语气，体现出作者的感情倾向。

（二）精彩回放

1. 解释加点的字

（1）原庄宗之所以得天下。

（2）尔其无忘乃父之志。

（3）函梁君臣之首。

（4）而告以成功。

（5）逸豫可以亡身。

（6）智勇多困于所溺。

2. 指出下列各句属于何种文言句式

（1）梁，吾仇也。

（2）而身死国灭，为天下笑。

（3）还矢先王。

（4）盛以锦囊。

3. 翻译下列句子

（1）至于誓天断发，泣下沾襟，何其衰也！

（2）抑本其成败之迹，而皆自于人欤？

六、作业

（1）一句话点评。

（2）写一篇读书札记。

附：

大语文"激发—攀缘"教学实验

"激发—攀缘"教学实验，是由安徽省教科研重点课题——"大语文激发式教学"实验研究课题组主要成员陈清华老师，在安徽省砀山中学主持的一项高中语文课题研究。

该实验遵循"大语文激发式教学"的激发原则，将阅读教学活动比作一个"攀缘"的过程，一般包括蓄势准备、全力攀登、快乐登顶和众山一览四个环节，重点完成六个方面的内容：常识了解、语言积累、结构理路、思想领悟、写法赏析和个性展示。教学目标分步实施。该实验以"攀"为形，以"激"为魂，符合由浅入深的认知规律，可操作性强。

该实验既有科学理念的指导，又有传统教学精髓的体现，在学生良好习惯的养成和综合素质的提高等方面效果显著。

该实验操作简图如下：

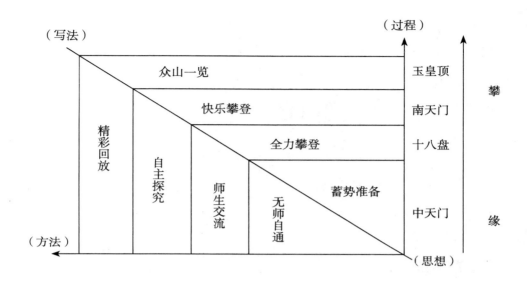

在砀山中学承办的"苏鲁豫皖接壤地区重点中学教学观摩活动"中，陈清华老师采用大语文"激发—攀缘"教学法执教高中语文《伶官传序》一课，收到了良好效果，听者给予了高度评价。

（该课例被评为全市课题实验教学成果一等奖）

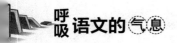

《鸿门宴》教学案例

—— 全市骨干教师评选课例

【教学目标】

（1）掌握《史记》及作者司马迁的相关资料，了解相关背景。

（2）整体阅读感知课文，在读懂内容的基础上，积累语言。

（3）赏析人物形象，学习本文在激烈的矛盾冲突中，通过人物语言、行动展示人物性格的写法。

（4）个性化阅读，引领学生通过本文领悟"用人"文化。

【教学设想】

（1）指导学生借助工具书和文下注释扫清阅读障碍，读懂内容。

（2）探讨一种文言文阅读的方法。以"读"为主要手段，分三个层次：一是感性阅读，主要是指导学生读懂内容，积累语言；二是理性阅读，主要是分析情节及人物形象，鉴赏人物刻画的方法，并在此基础上引领学生分析古代历史人物成败与"用人"的关系，领悟"用人"文化；三是读书滋味长，即个性化阅读，品析项羽的性格特点，强调创造性阅读。

（3）拟用两课时。

【教学流程】

一、导入新课，板书课题

《史记》中有这样的记载，项羽和刘邦曾看到秦始皇出巡的壮大场面。项羽说："彼可取而代之也。"刘邦说："嗟乎,大丈夫当如此也!"俩人觊觎帝位之心同,但其语言一个率真无忌,一个含而不露。二人性格差异,由此可见一斑。《鸿门宴》一课会让我们对刘项二人有更深刻的认识。

二、司马迁及《史记》

学生介绍,老师做强调:

(1)司马迁(约公元前145—公元前90)。西汉著名史学家、文学家、思想家。

(2)《史记》是我国第一部纪传体通史,鲁迅评之:"史家之绝唱,无韵之离骚。"

三、感性阅读

师:请同学们快速阅读课文,在课前预习的基础上做三件事:一是正音释义,读懂课文内容;二是讲述鸿门宴的经过,给每个情节拟一个小标题;三是积累本文的语言。

(1)正音释义。

飨(xiǎng)犒劳　鲰(zōu)短小,浅陋　卮(zhī)酒器　哙(kuài)
戟(jǐ)长柄兵器　眦(zì)上下眼角结合处　跽(jì)双膝着地,上身挺直
彘(zhì)猪　　俎(zǔ)砧板　　芷(zhǐ)多年生草本植物

(2)读译课文,老师点拨(完成对课前预习的检查)。

(3)结合课后练习一,请学生讲述鸿门宴的经过,并拟写小标题。旨在让学生整体把握课文内容,并学习用精练的语言概括文本内容。

学生作答,老师予以点拨。让学生按故事的开端、发展、高潮、结局的顺序进行讲述,也可以按照宴会前、宴会上、宴会后的顺序作答。小标题可以自由发挥,大体概括情节内容即可。

参考小标题:无伤告密、范增说羽、项伯夜访、张良献计、项王留饮、范增举玦、项庄舞剑、樊哙闯帐、沛公出逃、张良入谢、项王受璧、亚父破斗、沛公锄奸。

(4)完成课后练习三。

(5)指导学生积累本文的语言。

方法:分组完成,课内展示。

① 通假字。

距——拒　距关，毋内诸侯，秦地可尽王也

内——纳　距关，毋内诸侯，秦地可尽王也

要——邀　张良出，要项伯

倍——背　愿伯具言臣之不敢倍德也

郤——隙　令将军与臣有郤

蚤——早　旦日不可不蚤自来谢项王

坐——座　项王则受璧，置之坐上

② 古今异义词。

山东　古义：崤山以东地区。今义：指山东省。

非常　古义：意外的变故。今义：副词，很不一般。

河北　古义：黄河以北地区。今义：河北省。

河南　古义：黄河以南地区。今义：河南省。

婚姻　古义：结成亲家。今义：常指结婚的事，或因结婚而产生的夫妻关系。

所以　古义：……的原因。今义：常作表因果关系的连词。

③ 一词多义。（可以让学生找例句，也可以给出例句，让学生解释。）

例：谢、辞、且、幸、胜、之、于、因、为

④ 词类活用。（让学生找出例句）

a. 名词作动词

例：沛公军霸上　　　　　　　驻军

沛公欲王关中　　　　　　　称王

吾得兄事之　　　　　　　　侍奉

籍吏民　　　　　　　　　　登记

范增数目项王　　　　　　　使眼色

刑人如恐不胜　　　　　　　施加肉刑

道芷阳　　　　　　　　　　取道

b. 形容词用作动词

素善留侯张良　　　　　　　与……交好

c. 使动用法

先破秦入咸阳者王之   使……称王

项伯杀人，臣活之   使……活

沛公旦日从百余骑来见项王   使……跟从

d. 名词作状语

项伯乃夜驰之沛公军   在夜间，连夜

君为我呼入，吾得兄事之   用对待兄长的礼节

项伯亦拔剑起舞，常亦以身翼蔽沛公   像鸟用翅膀

头发上指   向上

⑤ 文言句式

a. 宾语前置

客何为者？   为何

大王来何操？   操何

沛公安在？   在安

b. 判断句

楚左尹项伯者，项羽季父也。

沛公之参乘樊哙者也。

如今人方为刀俎，我为鱼肉，何辞为？

亚父者，范增也。

夺项王天下者必沛公也。

c. 省略句

沛公军（于）霸上。

为（我）击破沛公军。

毋从（之）俱死也。

奉卮酒为（之）寿。

旦日（沛公）不可不蚤自来谢项王。

将军战（于）河北，臣战（于）河南。

加彘肩（于其）上。

卫士仆（于）地。

d. 被动句

若属皆且为所虏！

吾属今为之虏矣！

e. 语言积累

项庄舞剑，意在沛公

人为刀俎，我为鱼肉

大行不顾细谨，大礼不辞小让

秋毫无犯

劳苦功高

竖子不足与谋

四、理性阅读

师：宴会上的斗争是故事的高潮，请品读该部分内容，画出描写人物语言、动作的语句，分析人物性格特点。

1. 分析人物性格特点

学生讨论，总结：

项羽：政治上无知，自大轻敌，刚愎自用，不善用人，又直率可爱。有一股悲慨之气。

刘邦：善于用人，能言善辩，善于应变。有几丝奸诈之风。

樊哙：粗犷而机智。

范增：老练而凶狠。

张良：圆滑而多智。

2. 学习本文人物刻画的方法

交流归纳：

（1）善于把人物放在尖锐的矛盾冲突中，通过个性化语言、动作表现人物性格。

（2）善于运用对比手法，使人物性格鲜明突出。（刘邦—项羽，张良—范增，樊哙—项伯）

（3）语言精练生动，寥寥数语就能突出地刻画人物个性。

3. 领悟文化

师：要想走得快，一个人走；要想走得远，和大家一起走。项羽的悲剧是性格的悲剧，刘、项二人的成败主要是由哪一个因素造成的？

讨论，归纳：是否善于用人。

引领学生讨论，领悟"用人"文化。

引导学生再举若干事例，如唐太宗与魏征、齐王与邹忌等。

刘邦："项羽有一范增而不能用，此其所以为我擒也。"

刘邦认为张良、萧何、韩信"此三人者，皆人杰也，吾能用之，此吾所以取天下也"，也说明了善于用人方可成功的道理。

小结：凡事必须依靠多数人，和衷共济，步调整齐才能成功。当今社会，要注重选拔人才，充分发挥人的主观能动作用。

五、个性化阅读

师：公元前202年12月，乌江岸边，项羽仰天长叹："天亡我，非用兵之罪也！"然后用寒光闪闪的利刃割破了自己的喉咙，曾经叱咤风云的西楚霸王那高大魁伟的身躯轰然倒地。从此，人们对项羽的评价褒贬不一。请你从下列题目中任选一个，写一篇300字左右的小论文，先在组内交流，然后展示，也可另拟题目。

（1）项羽是"妇人之仁"，还是"君子之度"？

（2）如何看待杜牧"江东子弟多才俊，卷土重来未可知"和王安石"江东弟子今犹在，肯为君王卷土来"的评价？

（3）司马迁为什么以"本纪"的体例来写项羽？

【板书设计】

```
                  ┌ 作家作品背景
  （1）感性阅读  ┤ 读懂内容
                  └ 积累语言

                  ┌ 人物形象特点
  （2）理性阅读  ┤ 人物刻画方法
                  └ 领悟文化（用人）

  （3）读书滋味长（个性化阅读）
```

（发表于《学语文》2011年第6期）

为作文增一抹亮色

【教学目标】

（1）掌握一些为作文增添亮色的方法。

（2）提高任务驱动型作文写作的思辨能力。

【教学设想】

尝试讲座式材料呈现、要点化条目指导和针对性立意训练相结合的学习方式，突出学生的思维和表达活动。

【教学流程】

（1）课前"呼吸语文的气息"实践活动。

（2）由2017年高考全国（1）卷作文题关键词的选择入课。

（3）了解高考对作文的要求。

高考要求：能写论述类、实用类和文学类文章。

能力层级：表达应用（E）。

作文考试的要求分为基础等级和发展等级。

（4）认识任务驱动型作文。

任务驱动型作文写作是2015年高考新出现的题型。旨在着重考查学生的阅读能力、写作能力，特别是思维能力。要求学生读懂材料，在读懂的基础上按照任务指令作文，所以对审题时的阅读能力和领悟能力要求较高。

与以往传统作文不同的是，任务驱动型作文写作具有一定的封闭性。写作目的、要求更加明确、单一。考生在真实的情境中辨析关键概念，在多维度的比较中说理论证。从而有效地规避套作和宿构，实现写作能力在应用层面的考查。

任务驱动型材料作文更贴近社会生活；注重材料的启发和引导作用，更能体现学生分析问题、解决问题的能力；任务驱动型材料作文在角度、立意、文体和标题等方面，给考生留出更大的自主选择空间。

任务驱动型作文的四个"一"：一个情境，一对矛盾，一场辩论，一次砺洗。

传统作文是让学生做证明题，任务驱动型作文则是要求学生做应用题。

（5）归纳作文增亮之法。

2016年全国新课标卷Ⅱ作文

语文学习关系到一个人的终身发展，社会整体的语文素养关系到国家的软实力和文化自信。对于我们中学生来说，语文素养的提升主要有三条途径：课堂有效教学、课外大量阅读、社会生活实践。

请根据材料，从自己语文学习的体会出发，比较上述三条途径，阐述你的看法和理由。

要求：选好角度，确定立意，明确文体，自拟标题；不要套作，不得抄袭，不得泄露个人信息。

形式：材料作文（任务驱动型）。

主题：语文学习与素养提升，学习方式的传承与变革。

材料分析：材料分两段，第一段阐述语文学习的重要意义，第二段描述语文学习的形式。上述内容缺一不可。

立意角度及素材：

① 汉语是我们的母语，语文学习是终身的，语文素养的培养不仅仅包括语文知识（语言学和文学）的学习，更包括道德的学习和价值观的培养。

② 提升语文素养，仅仅依靠课内学习是不够的，仅仅学习语言学和文学的知识也是不够的。要在课内学习的基础上，通过课外阅读和社会实践，感知语言文字的魅力，培养正确的价值观。只有每个人的语文素养都提升了，才能实现社会层面的文化传承和实力提升。

备注：立意要求：1+2（缺一不可）。

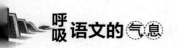

2016年全国新课标卷Ⅱ作文赏析

行路漫漫，阅世茫茫

重庆一考生

课堂阅读固然能遴选精华之作，但在寻章摘句的任务之下，美文难逃臂断肢残之祸，更何谈素质之养？

课外阅读诚然允我天地广博，但走马观花地翻阅之后，吾辈难辨野鹜鸿鹄，又遑论素养之升！

故在我看来，社会实践当是提高语文素养之不二法门。古谚云："读万卷书不如行万里路，行万里路不如阅人无数。"不论是放逐于林泉幽壑之间，抑或是机辩于处世判事之际，我们都能藉此让语文素养再上层楼。

"行万里路"——忘情于万里迢遥，于袅袅木叶间舞我生命蹁跹。

"文章是案头之山水，山水乃地上之文章。"在张潮眼中，山川风物竟都是造物者的墨沈淋漓。纵使天资聪颖、博通经史，但张潮并未让自己的书卷素养就此桎梏于半尺书案之上。"名走四海"岂不可成素之宏大境界？负箧曳屣远泊天涯岂不可寻语文之宽阔天地？

塞北戈壁辽夐，自有江南所缺的狂狷豪迈之气；滇黔偏僻荒徼，更添士族不晓得悲民悯农之意。如此踏遍山河万里，方能于满腔缣素文气之外更添挥洒文脉的潇洒一重。

如若张潮仅安身于半亩方塘之中，《幽梦影》断然不会成为清言小品的又一高阶；若非亲身涉足穷乡僻壤之间，其字里行间的郁郁不平之气，何以冲出山水烟霞的薰烟？

可以说，没有亲身实践，不去千里求索，"张潮"其名，永远都只能是腐儒的一张呆滞面具，哪里晕得开半点"清初坊刻三大家"的高远心气？其语文之素养高界，哪里还能容他玩阅"一览众山小"！

然而，再奇崛的风光都有朝一日云销雨霁，"行到水穷处"之后便免不了"深林人不知"的萧索。而殊不知人有万变，红男绿女的悲欢亦不逊于一场磅礴的史诗级大戏。其中深奥，足够玩味一生。

"阅人无数"——游走于世情尘嚣，于知人论世时现我人情练达。

"经验补读书之不足。"培根一言，着实点透语文修养之奥义。对渊博之人，诚如读百科全书，三言两语中，便可窥得大千世界之一隅；对风雅之人，恰似览名人诗文，推杯换盏间，便可沐文气一缕；对谨饬之人，如若捧圣贤经传，举手投足间，即可感规矩方圆；对滑稽之人，则更像阅传奇小说，觥筹交错中，即可扫荫翳烟云。

"人生的前四十年是学教科书，后四十年是为它写下注解。"世间之人多矣，世间之事多矣，倘阅得无数人事，岂不若身临其境，更可用一辈子的岁月尝到九世代的酸辛？

而甘苦备尝之后，曾绞尽脑汁也解不了的诗谜、强作愁态也悟不出的境界，岂不会豁然开朗？

眼界既宽，境界既高，我语文的素质修养，岂不也至"守得云开见月明"的更高之层？

"少年读书，如隙中窥月；中年读书，如庭上望月；老年读书，如台上玩月。"阅历之深浅，遂成语文素养之深浅。吾心所愿，唯有投身于社会实践，行遍万水千山，察得世事洞明，以登临语文素养的最高层。

不惟书，崇笃行。仰之弥坚，素养弥高。

赏析

2016年全国新课标卷Ⅱ作文题，要求考生比较"课堂有效教学""课外大量阅读""社会生活实践"三种培养语文素养的途径，并阐述看法和理由，体现了试题的稳定性，立意的综合性及思辨性。命题形式上继续采用任务驱动新材料作文，材料十分贴近学生的语文生活，要求考生完成特定语境下的思考并尝试解决问题。内容上明确针对《高中语文课程标准》提出的"素养""有效学习""阅读""实践"等概念，而且在导语中强调语文素养关系到个人终身发展，还关系到国家软实力和文化自信，从而将其提升到国家战略层面，这是前所未有的表述，旨在引导学生关注自身、关注生活体验、关注社会现实，从而提高语文素养，提升民族自信心，继承发展国家文化软实力。

《行路漫漫，阅世茫茫》是一篇在内容、表达和特征三个方面均获满分的考场作文。作者文字积累之丰富，文学功底之深厚，语文素养之高超令人惊叹赞赏，文章个性十足而切中题旨，流露出浓浓的书香味、厚重的人文关怀以及对自我和世界深邃而宽广的理性思考。

真正的好文，应当能够打动人心，引起人们的共鸣，这需要作者保持一颗敏感的心，触摸生活，感悟生活，然后将其化作文字。选文的作者正是做到了这些，才能在考场上写就辞采斐然、盈满哲理情思，可以照亮我们不断提升语文素养之路的美文佳作。

选文立意准确，说理透彻。文章紧扣材料要求，开篇通过分析比较提高语文素养三种途径的利弊，亮明自己的观点，指出社会实践当是提高语文素养之不二法门，并从"行万里路"和"阅人无数"两个方面展开，正所谓漫漫之路在于"行"，茫茫之世贵于"阅"，思维深刻缜密，说理透彻，思辨性极强。

选文文笔优美，表达精确。作者综合运用多种手法，或者引用中外名言诗词增加文化内涵；或者调动比喻、对偶、排比等修辞手法，生动形象，妙语连珠；或者使用文言笔法，表达精练，令人称道。

选文思路缜密，素养毕现。文章标题严整，统摄全篇，叠字入题，气度不凡。文章把社会生活实践分解为忘情于万里遥迢的"行万里路"和游走于世情尘嚣的"阅人无数"，把语文素养界定为人情练达、世事洞明，在此基础上，举例论证信手拈来，娓娓道来又令人折服。

不过，小作者将"读万卷书不如行万里路，行万里路不如阅人无数"说成"古谚"是值得商榷的。

阅卷场上，在六个方面出现亮点都可以大幅提高作文分数，这六个点分别是思想的深度、思想的广度、思辨性、材料与观点的契合度、语言通顺流利有文采、结构清晰，一般认为越靠前的亮点越有价值。事实上，任何一篇作文，最先留给评阅者印象的一定是文字表达。是不是文从字顺，言语有没有个性化的面目，这才是真正的第一印象，因此，表达能力便成为考场作文的排头兵。《行路漫漫，阅世茫茫》一文恰恰在表达能力上令人眼前大亮，读之欣然，全文用词精当贴切，文笔洗练优美，语言凝练明净且极富表现力，旁征博引而又不蔓不枝。

作文是对考生语文综合素养的考查，阅卷场上任何一条标准规则都不能与此悖离，决定考生作文分数高低的永远是写作能力本身。作文中的语文素养集中体现于表达、思维和思想这三个层面。选文不仅长于表达，而且思维敏捷，文路缜密，思辨性极强。选文紧扣材料中的"比较"二字，在引用、分析材料的基础上突出自己的观点，所选论据既有张潮之例，也有培根之言，尤以张潮言行为主要论据，将之置于全文的主体部分，这就保证了论证思路的集中性、论证结构的严谨性，还能够和作者妙手偶得的其他材料相得益彰，交相辉映，本文用作论据的材料与观点可谓完美契合。全文最具价值的当属作者自己对"语文素养"这一概念准确而又全面的理解和阐述，如果说概念是虚的，那么这篇选文就是作者自身语文素养生动而具体的呈现。

在表达、思维之上，思想的深度与广度决定一篇文章是优秀之作还是堪称典范的最后维度。"吾心所愿，唯有投身于社会实践，行遍万水千山，察得世事洞明，以登临语文素养的最高层"，寥寥几语笔端一现，便见其思想的深度与广度，顿然令全文观点具有了更广阔的社会背景和更丰富的社会内涵。作者没有声嘶力竭地传播宏论，讲起话来也并非掷地有声，说理的文字倒是给人许多柔美的感觉，但是，作者有她自己的套路，那就是心思细密，百转千回，她的观点，她的思想，她所说的一切，最后都叫你不得不信服。

（发表于《语文教学及研究》2016年12月）

（6）提出作文增亮的八个维度：文题统摄、观点准确、结构清晰、材料典型、表达精确、思辨有力、思想深广、特征明显。

文题统摄

判断文章标题高下的四个层面：

① 显示一个对象；

② 摆出一种关系；

③ 提出一个问题；

④ 呈现一种观点。

思辨有力

思辨：做一件我们生命中最神圣的事——有责任心的思考。

作文题注重考查学生思辨能力，重视思维品质，注重论证层次，突出材料与观点间的逻辑关系，这是近年高考作文题大趋势。

胡适先生曾说过，标示一个人是大学生的标志，就是"独立思考、客观判断、有系统地推理，和根据证据来相信某一件事的习惯"。高考作文应该承担起那样的引导功能，让学生从高中甚至更早开始，就不再读死书、死读书，而是学会思辨学会判断，去更早涉猎那些人类思想史上的经典之作，成为"更好的公民""更有智识的报纸读者""对国家大事和国际大事更为胜任的评论者"，而不是"无意识的两脚机器"。

高考作文突出思辨性是十分正确的方向。它透露出一条最有价值的讯息：

从现在开始，同学们要想写好高考作文，就应该多读几本名著，多关注身边的时事，多独立思考一些问题，多参与公共话题的讨论。

北京大学中文系教授温儒敏谈高考语文：

近几年来，高考语文命题所依赖的材料范围大大拓展，开始更加注重逻辑思辨能力的考查，甚至有意识地考察读书的情况，包括课外阅读、经典阅读、阅读面与阅读品位。阅读面宽了，思维自然更加开阔，从而达到提高素养的目的，反过来也有利于语文考试拿到好成绩。

语文是综合性的学科，有着非常强的社会性，大家都比较关心，而且都能发表意见，但是不能以网络的导向作为作文导向的依据，高考语文不能跟着网络走。在我看来，高考作文应该拥有更多思辨性，而不是堆砌名人名言、用典，尤其是近年来作文的"文艺腔"偏重，也得适当纠偏。

为什么作文要有思辨性？

① 由事物或现象本身特点决定；（任何事物都有两面性）

② 由人类认识事物的规律决定；

③ 由高考作文的命题意图决定；

高考作文的思辨性是反映考生思维能力的重要尺度，也是区分作文等级的重要元素。

如何增强文章的思辨色彩？

① 由此及彼想开去。读完材料，不妨想一想，现实生活中有哪些事例与材料提到的事实有相似之处，若能快速准确地举出两三个典型事例，第一步就做好了。

② 透过表面看实质。有些学生在文章中列举很多材料，但只下一个结论，这是不够的，还必须有分析。这里的分析是指要注意事物之间的因果关系，即探求事物内部原因与结果之间的关系。判断一篇文章的思辨性，往往是看作者的因果分析是否能使人折服，分析是否揭示了问题产生的根源，并对事物的发展趋势有一定的预测性。

③ 多问一个为什么。写作时，当得出某个结论时，不妨再想一下，产生这个结论的原因，那么问题分析也就向前推进了一步，当然文章也就可以写得更加深刻透彻。

怎样提高思辨能力？

思辨能力直接反映一个人的认识水平，是合格中学生必备的素质。我们在写作实践中，要着力培养以下十种辨证分析能力：

① 现象与本质分析　　② 内容与形式分析

③ 片面与全面分析　　④ 量变与质变分析

⑤ 原因和结果分析　　⑥ 内因与外因分析

⑦ 纵向与横向分析　　⑧ 可能性与现实性分析

⑨ 必然性与偶然性分析　⑩ 普遍性与特殊性分析

化解矛盾，中庸（不偏不倚）之道，和而不同。

体现作文思辨性的八个角度：

① 理智与情感

② 自由与规则

③ 现象与本质

④ 乐观与悲观

⑤ 创新与传统

⑥ 过程与结果

⑦ 个体与群体

⑧ 人与自然

思想深广

作文如同写提案（2017年3月22日日志）

作文指导课上，谈到联系社会现实、提升作品层次时，告知学生这样可以使作品具有更广阔的社会背景和更丰富的社会内涵。

突然想到了刚刚闭幕的两会，于是就有了这样的指导：写作文时，你可以设想，你就是参加两会的人大代表或者政协委员，你的使命就是建言献策，你的文章就如同一个提案，要与众不同，要体现价值，要引起关注，要富有建设性。如此，你的文章就摆脱了就事论事的俗套，就上了新台阶，有了大气象，思想必然会深广。

发展与污染（2017年3月23日日志）

昨晚，闻知砀山3月12日发生了一起暴力抗拒环保执法案件，此案件还惊动了环保部部长陈吉宁，省市县各级党委政府对此也高度重视，目前此案已经进入追责处理阶段。

有人说：发展与污染是一对不可调和的矛盾。在国家治污治霾的坚强决心之下，这类事情或许还会有很多，发展与污染这对矛盾当如何解决还真的令人深思。对砀山来说，这未必是坏事，我们是该动动脑筋，换换思想了。

奉法者强则国强。

依法治国"新十六字方针"：科学立法，严格执法，公正司法，全民守法。

《韩非子·有度》："国无常强，无常弱。奉法者强则国强，奉法者弱则国弱。"

关注"一点四面"。

教育部提出，高考要体现一点四面的基本原则。一点就是要在高考当中体现立德树人，四面是指要在高考当中体现核心价值、传统文化、依法治国、创新精神四个方向。具体来说，北京的试题在体现一点四面的落脚点有三个：一是传统文化，二是民族自信，三是红色经典。"社会主义核心价值观"有三个层面，十二个关键词，二十四个字。第一个是国家层面上的价值取向，倡导富强、民主、文明、和谐。第二个是社会层面上的价值取向，倡导自由、平等、公正、法治。第三个是公民个人层面上的价值取向，倡导爱国、敬业、诚信、友善。这三个层面，十二个关键词就是在教育教学中以及各学科考试中体现社会主义核心价值观，不只是在语文、政治、历史学科上。

（7）高考链接：2016年高考上海卷作文。

随着社会的发展，人们的生活更容易进入大众视野，评价他人生活变得越来越常见，这些评价对个人和社会的影响也越来越大。人们对"评价他人的生活"这种现象的看法不尽相同，请写一篇文章，谈谈你对这种现象的思考。

要求：①自拟题目；②不少于800字。

立意阐释：

① 评价他人时要真实客观，不虚构，不道听途说，以免损害他人名誉；

② 评价他人前要了解整个事实，不能断章取义，不顾前因后果，肆意猜测；

③ 评价他人言行要出于善意，要有度有节，不可"善之欲其生，恶之欲其死"；

④ 评价他人要遵循"己所不欲，勿施于人"的原则。

思辨角度：自由与规则。

内涵："自由"具体表现的形式有很多，可以是"空白""空间""权利""自主"等与想象、浪漫、创造相关的词;"规则"则可以表现为"法律""法规""规律""道德""程序""制度""界限"等与限制、约束、规整等相关的词。规则带来的是稳定、有序、安全感,自由带来的则是活力、创新、不稳定感。它们相互对立,又相辅相成。它们又互相联系,不可分割。"自由"与"规则"孰重孰轻,难有定论。

正因如此,这种见仁见智的"哲学命题""人生智慧""社会认知""多元评价"等闪烁着思辨色彩的主题成为高考作文的"常客",也就不足为奇了。

立意拓展:

① 支持"自由重于规则"。

a. 自由是人的天性,人在"自由"的状态中比在"规则"状态下更容易享受到愉悦。

b. 自由能打破规则的限制,能更好地激发个人或团体的创造力,使之更有活力。

c. 自由能打破僵化的思维与制度,是社会发展的动力。

② 支持"规则重于自由"。

a. 规则能让社会秩序井然,是保证社会稳定的重要条件。

b. 合理的规则是群体生活中保证大多数人"自由"不受侵犯的有力措施。

③ 辩证对"自由与规则"进行综合分析。

a. 自由与规则相辅相成,不可分割。

b. 只有自由与规则处于一个相对平衡的状态时,人生才能和谐,事业才能平衡,社会才能进步。

典型材料:

动车上该不该让座惹争议。

让校规看守哈佛。

无知者是不自由的,因为和他对立的是一个陌生的世界。

——黑格尔

我从来就认为人的自由并不在于可以做他想做的事,而在于可以不做他不想做的事。

——卢梭

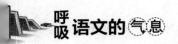

自由的最大魅力就在于有所限制。

——陈清华

考场模拟+立意训练（一）

考场模拟：

阅读下面的材料，根据要求写一篇不少于800字的文章。

南开中学百年来要求学生"头容正，肩容平，胸容宽，背容直"；北京大学等高校把宿舍作为促成学生自我教育、自我管理、自我服务的载体，喊出了"大家筑小舍，小舍出大家"的口号。

上面的材料引发了你对"养成教育"怎样的联想和思考？请自选角度，自拟题目，自定文体，写一篇文章。

题目给出了明确的任务，就是要求根据材料中的内容谈"你"对"养成教育"的理解。只有把握住"养成教育"的特点，才可能旗帜鲜明地赞同或反对，或运用辩证思维来评判。

立意训练：

① 养成教育是从生活开始的；

② 养成教育是从细节开始养成风骨的；

③ 养成教育是需要像"春风化雨"般推行的；

④ 不抓养成的教育是不完整的教育；

⑤ 养成教育关乎人的综合素养和未来发展；

⑥ 养成教育是一种人格塑造（价值引领）。

（8）高考链接：2016高考全国丙卷作文

阅读下面的材料，根据要求写一篇不少于800字的文章。

历经几年试验，小羽在传统工艺的基础上推陈出新，研发出一种新式花茶并获得专利。可是批量生产不久，大量假冒伪劣产品就充斥市场。小羽意识到，与其眼看着刚兴起的产业这么快就走向衰败，不如带领大家一起先把市场做规范。于是，她将工艺流程公之于众，还牵头拟定了地方标准，由当地政府部门发布推行。这些努力逐渐见效，新式花茶产业规模越来越大，小羽则集中精力率领团队不断创新，最终成为众望所归的致富带头人。

要求：综合材料内容及含义，选好角度，确定立意，明确文体，自拟标题；不要套做，不得抄袭。

立意阐释：

① 个体与群体要协同发展；

② 学会分享，合作共赢；

③ 创新是成功的不竭动力；

④ 规则意识不可少；

⑤ 有一种责任（情怀）叫工匠精神；

⑥ 树立正确的义利观（弘扬传统文化）。

个体只有投入到群体中，才会有无穷的力量；反之，个体一旦离开群体，即使有再大的力量，也会枯竭。群体的力量是由一点点个体的力量积蓄而成的，任何一个群体的存在和发展，都是所有个体努力的结果。

思辨角度：

个体与群体。

内涵：个体与群体处于不可分割的相互依存、相互联系中。每个人都以个体而存在，同时又以群体中的成员而存在。二者是矛盾的对立统一的关系。

个体与群体的联系和差异，还表现在个体意识与群体意识的关系上。个体意识不是孤立的，它必然受到社会的影响，受到集体的制约，尤其是受到阶级意识的制约。

立意拓展：

① 个人成长需要融入集体；

② 社会的发展掩盖不了个人所做的贡献，独立的个人是社会的本源与基础；

③ 集体依赖于个体存在，个体具有相对独立性，对集体有影响作用；

④ 不要随波逐流，要适当地特立独行；

⑤ 集体在特定的时候是可以服从个体的；

⑥ 强调个人价值不代表赞同绝对的个人主义；

⑦ 个体与集体要相辅相成，协同发展；

⑧ 个体与集体的利益在根本上要保持一致。

典型材料：

西安、南京城墙之争。

亚里士多德、爱因斯坦就读柏拉图学院。

一个人要帮助弱者，应当自己成为强者，而不是和他们一样变成弱者。

——罗曼·罗兰

吾所以为此者，以先国家之急而后私仇也。

——《廉颇蔺相如列传》

一个人最大的幸福莫过于让给了你生命的父母和所有关爱过你的人因你的存在而活得更有尊严。

——陈清华

考场模拟+立意训练（二）

考场模拟：

阅读下面的材料，根据要求写一篇不少于800的文章。

世界是自己的，与他人无关。

——杨绛

无穷的远方，无数的人们，都和我有关。

——鲁迅

要求：①自选角度，确立立意，自拟标题；②不得脱离材料内容及含义的范围；③明确文体，但不得写成诗歌；④不要套做，不得抄袭。

立意训练：

由第一句话，可以立意："创造属于自己的世界""我的世界我独享"等。

由第二句话，可以立意："一枝一叶总关情""世界是我的背景"等。

综合这两句话，可以立意："爱自己，也爱世界""历练自己，改变世界"等。

写作时，最好把两句话综合起来展开论述。但也可以以某一句话为重点，深入挖掘，用多角度、多层次的发散性思维，旁征博引，活用论据，联系生活实际，提炼出有创意的观点。

（9）任务驱动型作文写法交流与指导。

作文四步法。

①审材料（细心研读抓关键）。

a.定，确定评述的事件或现象。

b.辨，联想辨析其本质。

c.明，明确自己的态度。

d. 析，分析观点成立的理由。

② 列提纲（整体部署5分钟）。

a. 标题

b. 引论（提出观点）——起

c. 本论（辩证剖析）——承、转、联

d. 结论（解决问题）——合

凤头豹尾三行内，慎写题记和后记。

典型材料列若干，结构清晰忌残篇。

③ 写文章（文从字顺有思辨）

a. 亮观点，忌入题太慢。

b. 引材料，忌另起炉灶。

c. 析本质，忌隔靴搔痒。

d. 承为先，正面阐述。

e. 转勿少，反面论证。

f. 联现实，解决问题。

g. 出新意，思想深广。

h. 结全文，素养毕现。

"析""承""转""联"等部分最忌罗列别人的故事，而无自己的分析。每一层论述都要保证观点句、阐释句、支撑句、结论句完整。

④ 做修改（规避硬伤很必要）。

a. 先看标题（不错不漏）。

b. 订正错别字和错误标点。

c. 修改不通顺的语句。

d. 做必要的增删。

e. 确保字数达标。

（10）训练与展示。

① 由听课专家或老师当堂命题，学生现场立意并展示。

② 结课。

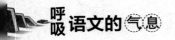

【教学反思】

本课的设计意在让学生掌握一些为文增亮的方法，提高学生任务驱动型作文写作的思辨能力。课堂容量很大，几番思量，不忍有太多舍弃，便有了一个大胆的设想，何不砸碎枷锁，冲出樊篱，另辟蹊径呢？于是拟在四十分钟里尝试以讲座式材料呈现、要点化条目指导和针对性立意训练相结合的学习方式，着力突出学生的思维和表达活动。

第一次执教此课在2017年4月7日。观课者是来自苏鲁豫皖接壤地区数十所中学的七八十位骨干教师，市教科所语文教研员井冠华老师主持活动。整节课干净流畅，完全实现了教学目标。文科7班孩子们的表现堪称完美，课前的"呼吸语文的气息"活动、黑板板书、小组互助、个性发言、饱满热烈的情绪都给听课老师留下了深刻而美好的印象。

最精彩处在课的收束部分，我们请宿城一中的张老师即席命题，由孩子们限时写作，并请听课老师随机点名展示。张老师的即席命题很是精彩，他说：四月的砀山梨花盛开，景色大美，令人流连。而同学们为了高考却要坚守在学校，放弃了走出校园去领略大自然美好风光的机会。请你就坚守和放弃谈谈自己的认识和思考。魏佳惠、闫谈、杜涛三位同学流畅的表达、明晰的构思、富有思辨性的论述博得了阵阵掌声。评课时，老师们对这一环节赞不绝口，认为这是老师对学生的莫大信任，是教育自信的充分体现。

这节课是在传递一种学习语文的快乐。老师要和孩子一起感受语文，思考语文，悦纳语文，热爱语文，做幸福的行者。时隔十余年，自己再次执教此类观摩课，就想和7班这帮可爱的孩子们玩一回，让他们释放一下，历练一次。无须证明什么，也无意展示什么，只求做到发先声，唱新曲，为远道而来的语文同人提供一些思考的元素，也算自己尽了一份责任，做了一点贡献。

井冠华老师说我不是在用技巧上课，而是在用思想上课，我想这实为一种谬赞。一句"老陈好"会让自己温暖余生，真的不想听"老陈再见"，尽管六十天后孩子们还会说起。我在想，这是否是自己在砀山中学的美好回忆？

第二次执教此课在2017年9月26日。这节思维教学展示课，目标明确，流程清晰，学生参与度高，收到了良好的效果。来自华南师范大学文学院和广州市教科院的专家以及听课教师均对该课给予了高度评价。

　　本堂课材料丰富，信息量极大，极为恰当地运用了多媒体教学辅助手段，一节课呈现出了众多的材料却不显烦冗，可见课堂设计的精深。本节课有两个亮点：一是课前的"呼吸语文的气息"实践活动，按照广东省教科院王士荣老师的话说是在进行教学资源的开发和运用；二是由正高级教师罗日明当堂命题，学生现场立意并展示的环节。

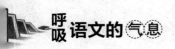

深思慎取　明理笃行

——《游褒禅山记》教学手记

【课前慎思】

应邀到广东省梅州市丰顺中学执教高中语文思维教学示范课，教学内容由丰顺中学罗校长和语文组老师在上课前两天指定。

代表广州市到四百余公里外的县城一中上一堂课文被指定、学情全不知、老师很期待的文言文阅读思维教学展示课是有着一定挑战性的。慎思之后，我确立了四个教学目标：1.读懂内容，积累语言；2.理清结构，赏析写法；3.参透哲理，不易远志；4.深思慎取，明理笃行。

科学明确的目标可以保证教学"有谱"，除了"有谱"，一堂示范课还必须"有趣"，让学生尽享语文之美。慎思之后，我在激发学习热情、评价语言选择和引领学生思维等方面，对困难做了充分的预设，力求语文课堂有温度、有情趣。

"有得"，是衡量优质课堂的重要维度，评价教学效果的重要参数就是学生的学习变化。慎思之后，我认为这堂课应该让学生在"语言积累""写法借鉴"和"明理笃行"三个层面上"有得"。在思维引领方面，我设计了"古人之得""荆公之得"和"少年之得"三个层次，由文而人，由古及今，由人到己，这样，学生的思维发展与提升便可以渐入佳境。

一篇经典文章的教学离不开精要独到的归纳概括，慎思之后，我拟以"五个一"归结文本：一次半途而废的游历（悔）；一个发人深省的教训（思）；一条真切而深刻的哲理（得）；一颗孤独而勇敢的心灵（志）；一位政治家兼善天下的理想和事不避难的情怀（行）。

尽管只是一次送课，作为一名心怀热爱的语文老师，在结课时，也要送上发乎本心的期盼之言。

【教学目标】

（1）读懂内容——积累语言。

（2）理清结构——赏析写法。

（3）参透哲理——不易远志。

（4）深思慎取——明理笃行。

【课堂实录】

一、情境导入，明确目标

师：今天我们学习哪一课？

生：《游褒禅山记》。

师：老师特别想提请大家注意，我们今天学习的是一篇游记。

师：王安石是哪里人呀？

生：江西临川人。

师：褒禅山在哪里啊？

生：安徽含山。

师：安徽含山。老师家在安徽，也去过褒禅山，今天咱们学校给了我这篇课文，自己突然感觉到广东、安徽、江西被一篇游记给连在了一起。大家认为这堂课咱们该干哪几件事啊？

（学生短暂沉默）

师：请同学们大声说，我都能听得到，放松，放松。

生：（学生稀疏而小声地回答）了解作者。

师：了解作者？没问题，肯定的，我们之前不都是这样做的吗？

生：背景。

师：是不是想到了知人论世？

生：字音。

师：大家说，我都听着呢。

生：注释。

师：好，这些我们都做过了吗？

生：做过了。

师：我是说现在这堂课，我们最应该做什么？

（学生沉默）

师：好吧，我不难为大家了。这堂课我们重点做四件事（PPT展示学习目标），请同学们大声地读出来。（学生放声读教学目标）

二、读懂内容，积累语言

师：读懂内容，大家现在读懂了吗？

（学生稀疏回应）

师：好！现在我给大家提两个要求：这堂课无论是我讲课还是我们同学回答问题，希望大家不管你在什么位置，你的身体都转一转，对准那个讲话的人，好不好？还有，我们每个人都需要鼓励，包括我，同学回答问题的时候，我们所有同学应该给他鼓励，鼓励的方式肯定是根据情况来的对吧？现在大家按照你自己喜欢的方式，把这篇课文快速地读一遍。读完之后，我要请你做两件事：第一，说说这篇课文的结构；第二，谈谈对文章内容的理解。现在开始！

（学生自由读，老师巡视并提醒应当放声朗读。学生提高音量朗读课文时，老师热情鼓励。）

师：好！我刚才看到我们班绝大多数同学在课前做了充分的预习，做了标记，我为同学们能这样学习语文，感到很欣慰，很高兴。那我们先看一下课后练习第四题：理解下列各组中加点词的含义，并分析这些词在各句中的作用。

第一个是"其"。"既其出，则或咎其欲出者，而予亦悔其随之，而不得极夫游之乐也"，这句里面有三个"其"字，这三个"其"分别有什么含义？谁来回答？不用举手，站起来机会就是你的！

（学生纹丝不动）

师：哪位同学是这堂课的第一个勇敢者呢？

（学生仍不动）

师：语文科代表在哪？你是咱们班语文学习的带头人？你应该是我们语文课最美的代表，请你来说。

（科代表回答，老师肯定，并强调"而予亦悔其随之"中"其"字的意义。）

师：我再问第二个问题："唐浮图慧褒始舍于其址"中的"舍"字怎么理解？

（无学生主动起来回答问题）

师：还让我点名吗？不好点啊，不可能有十个八个科代表。（目光巡视后）好！这位同学，你的微笑告诉我，你要回答问题。

生：（站起来回答）筑舍定居。

师：人教版的解释是"在那里建房子"，你们认为可以吗？

（学生稀疏回答）

师：现在建房子都是住的，不是炒的，何况一千多年前的房子，肯定不是用来炒的对吧？所以两个都可以。我们继续看问题：第二段里有"与四人拥火以入"的内容，为什么不交代清楚哪四个人呢？

生：（大声回答）在后面交代了。

师：为什么在后面交代，知道吗？

（学生沉默）

师：这是古人写游记的体例。

师：我还有一个问题，请看第三段："古人之观于天地、山川……"这一句话前面的"之"怎么理解？大声说，你们肯定能够讲出来的！

（学生大声回答，老师肯定）

师：好！我们班表现很不错。还有一个问题：第五段"长乐王回深父"中的"父"字可以用哪个字替代？

（学生齐答）

师：最后一个问题：读一读最后一段那一句。

（学生齐读）

师：我发给大家的资料告诉你们，作者是几月份游的褒禅山？

（学生回答）

师：他是四月游的，七月记的，中间相隔了三个月左右，好，请先记住这个信息。

三、理清结构，赏析写法

师：这篇文章分几部分？

生：三部分。

师：第一部分写什么？

生：写游褒禅山。

师：写游褒禅山，是记游。那第二、第三段是第二部分，主要运用什么样的表达方式？

生：议论。

师：议论什么？

生：写出了自己的心得体会。

师：好，剩下的两段是第三部分，按游记的体例写同游者和作记时间。

（PPT展示结构思路）

（1）（1、2）记叙——游山经过。

（2）（3、4）议论——游山心得。

（3）（5、6）补叙同游者，注明时间作者。

师：文章的中心句找出来了吗？

（学生回答错误）

师：中心句要到文章的议论部分去找，请在第三段和第四段各找一句。

（学生看书）

师：那么第三段的中心句是哪一句？它也是全文的中心句。

（学生继续看书）

生：古人之观于山川、草地……

师：很好，这是古人之得。

板书：古人之得。

师：但这句话不是作者的观点，那作者之得是哪一句啊？

生：尽吾志也，而不能至者，可以无悔矣。

师：没错，就是这句话，这是作者之得，也可以叫荆公之得。

板书：荆公之得。

师：那第四段的中心句是哪一句？

生：此所以学者不可以不深思而慎取之也！

师：很好，异口同声啊！

师：现在，我们回过头来看一下第一段。

（PPT展示内容）

这一段依次记述（每格一字）：山之_____，山之_____，山之_____，山之_____。

师：四个方面，每一个横线处添一个字。

生：名，寺，洞，碑。

师：课上到这里，我想起了一个成语：渐入佳境。我希望接下来大家有更精彩的表现。在课堂上你应该更大胆地展示自己的才华，自己有收获应该自信地讲出来，因为跟大家分享是一件非常幸福、快乐的事情。

师：这一段特别提到仆碑上的文字，可不可以把它去掉呢？

生：不可以。

师：为什么呢？

生：因为这一段是后面发出议论的根据。

师：同学们讲得真好。因为后面还有议论，没有这个作基础，后面第四段就无法议论了。这个问题简单不简单？

生：简单！

师：你们会问老师，为什么会提这么简单的问题啊？其实不是问题简单，而是你们学得投入了。那第二段也一样简单。作者写游洞经过，用了哪些对比？请找出来。

（学生看书找答案）

师：你们说吧，我喜欢大家七嘴八舌地说。

生：前洞——后洞。

师：好！接着说！

师：前洞记游者甚众——后洞记游者甚少。

师：这地方的"记游"是什么意思？看注释。

生：题字留念。

师：今天还可以题字留念吗？今天不允许了。现在叫涂鸦，是不可以的。我们游山玩水，有人想涂个鸦、留个名，看来古已有之，但是古人不是乱涂的，而是写下一些诗词、流传下来许多书法作品，那是文化瑰宝。你想让你的那些涂鸦升格为艺术品吗？把语文学好，当你成为顶尖的学者、诗人的时候，请你写你还不一定写呢！

师：我们继续看对比。（PPT展示对比项）

师：这次游山，作者尽兴了吗？

生：没有。

师：那能不能用一个成语来概括？

生：（大声齐答）半途而废。

师：很好！我们可以说王安石的这次游山，就是一次半途而废的游历。他出洞后又很后悔，所以我们可以概括为"悔"。

板书：一次半途而废的游历（悔）。

师：作者略写前洞，详写后洞并作对比的作用是什么？

生：为下面的议论做铺垫。

师：那古人为何往往有得呢？用原句回答。

生：求思之深而无不在也。

师：一个是深，"无不在"是广，刚才我让大家看了，作者是四月份游的山，七月份写的记，由此可见，作者求思不仅在深在广，而且时间跨度也很大。

（学生表示赞同）

师：在现实中，"夷以近"与"险以远"两种情形的结果如何？

（学生齐答）

师：好，正所谓"无限风光在险峰"！那么，要想见到"奇伟、瑰怪、非常之观"，需要哪些条件？

生：有志、有力、有物。

师：在作者看来，哪个更重要？

生：志。

师：力与物也重要，但有时难以强求，只有"尽吾志"才能"无悔""无可讥"。作者在此得出了这样的结论，说明他吸取了教训，我们可否用"一条发人深省的教训"来概括呢？请同学们替老师找一个词来总结他的教训。

生：感。

生：悟。

师：大胆说，大声说，大家可以到课文里面找。

生：思。

板书：一条发人深省的教训（思）。

师：思考过后作者得到了一句哲理。

板书：一句真切而深刻的哲理（得）。

师：接下来我们赏析第四段，此段文字哪些地方体现了与第一段的照应？此段借仆碑抒发了作者什么样的感慨？

（学生争相回答）

师：最后一段发出了这样的感慨：治学必须采取"深思而慎取"的态度，这算哲理吗？

生：算。

师：是算，但是和这句（一个发人深省的教训）相比，它便处在次要的位置上。这两天我都在思考，到底是要一句还是两句来概括呢？最后我想还是一句吧！为什么？我认为这一句话是方向性的问题（板书：方向），而"深思而慎取"是方法的问题。今天，我告诉大家，在我们的学习、人生的前进过程中，方向应该是第一位的！只要有了正确的方向，你肯定会找寻到比较适合的、恰当的方法来帮助你抵达梦想之巅。今天的语文课上，我要告诉大家"方向第一"这一原则，方法在方向面前，常常处在一个次要的位置。我的见解不一定正确，我们还可以再探讨。

师：至此，请大家归纳一下这篇游记的写作特点。

（学生纷纷抢答，师颔首微笑）

（PPT展示）

（1）因事说理，以小见大，叙议结合。

（2）重点突出，详略得当，前后照应。

四、参透哲理，不易远志

师：本文由"不得极夫游之乐"生发出"尽吾志"的观点，又由"仆碑"生发出"深思慎取"的观点，这两个观点彼此有联系吗？给同学们几分钟时间讨论一下。独学而无友，则孤陋而寡闻。要想走得快，一个人走；要想走得远，和大家一起走。来，交流一下，然后回答问题。

（PPT展示问题，学生分组讨论，老师巡视）

深思有得：

（1）本文由"不得极夫游之乐"生发出"尽吾志"的观点，又由"仆碑"生发出"深思慎取"的观点，这两个观点彼此有联系吗？

（2）"尽吾志也，而不能至者，可以无悔矣，其孰能讥之乎？此予之所得也"，这是王安石在游山时的深刻感触。谈谈你的理解。

师：这位同学，你来回答。你的笑容好灿烂！

（学生答略）

师：今天，我们班的男孩子们还没回答问题呢！我绝对不会遗忘你们的。（问一男同学）你说谁来？

生：我来！

师：男孩子就应该有责任担当意识啊！

（学生答略）

师：（拍拍男同学肩膀）你这句话应该说给中国足球队！——他们最应该尽吾志！

（学生笑）

师：刚才两个同学的答案互相补充，配合得很默契！我们看黑板，刚才说了一个是古人之得，一个是荆公之得，那还少了谁人之得？

生：后人。

师：谁是后人？

生：我。

生：老师。

师：老师！你们呢？你们更是后人！来，拿起笔来，写一段话，谈谈你的收获，一百字以上，要有观点句、支撑句、结论句。比如说：我很喜欢我们这个班同学，这是我的观点。为什么喜欢呢？一是因为你们年轻，跟你们这群鲜花般的少男少女在一起，我的心将永远年轻；二是因为语文课上你们激情洋溢，积极参与，表现惊艳，让我领略到了语文的无穷魅力。结论是我期待还能有机会跟大家一起呼吸语文的气息。明白这个结构吗？

生：明白。

师：好，开始动笔，要尽量多写。一个语文老师最大的智慧就是让学生在课堂上拿起笔来。会学习的孩子就应该积极动口、动脑、动笔。

（老师板书）

（1）古人之得。

（2）荆公之得。

（3）少年之得。

教师巡视，及时鼓励：这位同学思维敏捷，都写了那么多字了。

师：请同学们展示自己的心得和感悟。

学生回答，老师微笑鼓励，肯定。

师：看来，同学们已经参透了本文的哲理，有了"尽吾志"的热情和勇气，希望大家在遇到坎坷和打击时，不要拿"可以无悔"为借口，在前行和登攀的过程中要做到坚守本心，不易远志。

五、深思慎取，明理笃行

师：有思维发展与提升的语文课可以让我们既赢得分数，又拥有诗和远方。那我们继续阅读思考，这篇课文和一般的游记有什么不一样呢？如柳宗元《小石潭记》、欧阳修《醉翁亭记》。（出示PPT）

王安石（1021—1086），北宋政治家、思想家和文学家。字介甫，号半山。江西临川（今江西抚州）人，世称临川先生。（《普通高中课程标准试验教科书语文必修5》）

柳宗元（773—819），唐代河东人。文学家，唐宋八大家之一。（《普通高中课程标准试验教科书语文必修5》）

欧阳修（1007—1072），北宋文学家、史学家。字永叔，号醉翁、六一居士，吉州吉水（今属江西）人。（《欧阳修全集》）

学生争相回答，老师充分肯定。

师：这是王安石、柳宗元、欧阳修的简介，我们应该从中有所发现，大家看，相比之下对于王安石的介绍多了什么内容？

生：政治家。

师：王安石首先是政治家，其次才是文学家。列宁对他有高度的评价，称他为"中国十一世纪的改革家"。他一生力图济苍生，救社稷，经学济世，因而本文也是政治家借游记抒发的"别样情怀"，而不仅仅是"叹人生"。那么，我让大家看一下他写这篇游记前后某段时间的简谱，看他这段时间在做些什么事情？

（学生浏览）

师：他写《游褒禅山记》的时候，只有三十三岁，几年后他领导了变法，而变法也以失败告终。王安石在政治上可谓是毁誉参半，但是在文学上，对他的评价多是褒扬。

（PPT展示：关于三不足："天变不足畏，祖宗不足法，人言不足恤"）

师：大家知道"三不足"吗？

生：不知道。

师：有人认为这三句话是王安石说的，老师看了很多资料，王安石就没说过这话，也有人说这是司马光强加给王安石的一个罪名。所以我把两个都列出来了。

我们看这是人们对王安石的评价（PPT展示），有赞美的，也有唾骂的，连苏轼都称王安石为妖人。特别是在南宋，甚至说北宋亡国就跟他的改革有关，他背负了很多的骂名。但中华人民共和国成立之后，对王安石的评价几乎都是正面的。

那我们可以得出什么结论啊？

生：批判思维，深思慎取，客观公正评价古人。

师：（出示PPT）两句古诗，一句是"莫畏浮云遮望眼"，一句是"风物长宜放眼量"。前一句与王之涣诗"欲穷千里目，更上一层楼"相似，与苏轼"不识庐山真面目，只缘身在此山中"一脉相承，表现技法极为相似。

（展示《望岳》）

师：我来问大家，杜甫写这首诗的时候，他应该在泰山的哪个位置？

生：山顶。

师：在山顶还"会当凌绝顶"啊？会当，就是应当、须当的意思。

（PPT展示作业：背诵文章第三段；阅读梁启超著《王安石传》。）

师：最后，我们概括一下这节课的要点。

（PPT展示，齐读）

一次半途而废的游历（悔）

一个发人深省的教训（思）

一条真切而深刻的哲理（得）

一颗孤独而勇敢的心灵（志）

一位政治家兼善天下的理想和事不避难的情怀（行）

师：此时此刻，我想起了叔本华的一句话：人生要么平庸，要么孤独。

师：板书的这些话是我自己写出来的。今天凌晨两点，我突然想起了"一颗孤独而勇敢的心灵"这句话；今天早上六点，我又想起了"一位政治家兼善天下的理想和事不避难的情怀"这句话。到了明天，老师可能还会有新的思考，因为我也在深思而慎取。王安石有一颗孤独而勇敢的心灵，他义不逃责，积极变法，深思慎取，敢于践行，他那政治家兼善天下的理想和事不避难的情怀令人景仰。

六、朗读寄语，心怀热望

PPT展示寄语：读书，内省，表达，人一辈子的道路取决于语文。我们志在星辰大海，也要走好荒漠高原。唯愿语文在我们心魂深处辟一方领地，那里天朗气清，山幽水静，桂馥兰香，鸟鸣风吟，澄澈空灵，堪诗堪画。

师：这是老师的寄语，大家读一读好吗？

（学生激情朗读。）

师：咱们读最后一遍，尽量读得美一些，陶醉一些。期待同学们从今天开始，更加热爱语文，尽情享受语文带来的无限快乐，做一个眼里有泪水，脸上有阳光，心中有敬畏，脚下有力量的人！

（学生齐读）

师：下课，谢谢大家！

【课后反思】

作为一名特级教师，异地送课，很想带给观课的数十位专家、同人一点新的气息，以激发思考，激起碰撞。设计教学目标、架构教学流程和实施课堂教学时，自己力求以积累语言为基础，以了解课文结构、鉴赏写作手法为抓手，将重点落在"参透哲理，不易远志"上，旨在引领学生深思慎取，明理笃行，可以"尽志"而"无悔"。在教学过程之中，同学们思维积极，渐入佳境，悟到了课文之理，享受了语文之乐。课后，观课的几十位老师自发留下交流探讨，竟然持续了两个多小时，大家对教学研究的渴望和真挚的教育情怀令人敬佩。可见每一节示范课、观摩课都务必要精心打磨、倾心施教。

一堂课，应该给听者留下一些美好的记忆。"四月游览，七月写文""三得""五个一""王安石首先是一位政治家""人生要么平庸，要么孤独""参透哲理，不易远志""深思慎取，明理笃行"等，皆是一颗颗的珠子，给课堂平添了光亮。

　　这堂课，让我进一步认识到大语文教育观的重要性，"教课文"和"用课文教"是完全不同的教学行为，没有对文本的深入阅读、深刻思考与独到理解，没有醉心语文、热爱生活和拥抱生命的情怀，一个语文老师就很难享受到文字流淌出来的哲思和韵致之美。

（本文发表于《语文教学与研究》2019年5月）

春来枝上花凝香

——初中散文阅读鉴赏

【教学目标】

（1）了解散文这一文学样式的基本特点，学习散文阅读鉴赏的方法。

（2）以《一只羊其实怎样》为例，引领学生掌握散文阅读考查的解题步骤和基本技法。

（3）归纳总结散文阅读鉴赏的一般路径。

【教学设想】

（1）以"春来枝上花凝香"将散文的"写作情境"（春）、"线索"（枝）、"形"（花）、"神"（香）、"艺术手法"（叶、蜂舞蝶闹）等串联起来。

（2）将对散文情感主旨的把握作为教学的重点。

（3）拟用一课时。

【教学流程】

一、情境导入

（1）请一两位同学依据"春来枝上花凝香"一句话在黑板上现场作画。

（2）了解散文的基本知识。

好的散文就是一首诗。

散文的特点有二。形散神聚："形散"既指题材广泛、写法多样，又指结构自由、不拘一格；"神聚"既指中心集中，又指有贯穿全文的线索。意境深邃：注重表现作者的生活感受，抒情性强，情感真挚；语言优美凝练，富于文采。

二、初中《课程标准》和考点解读

考点十五、文学作品阅读。

分析：考查学生对于文学作品（课外）的理解与分析能力，此部分难度较大，为考试中学生最难拿分的部分。近年来，广州中考文学作品多以主观题形式考查以下考点：①内容概括与结构把握；②词句理解与词句作用；③人物形象分析、表现手法分析；④作品内涵探究、写作意图探究、观点态度评价、想象推断探究等。

三、广州市2018年中考真题《一只羊其实怎样》例析

（1）本文主要写了大绵羊的哪几件事？请简要概括。（4分）

答题思路：根据分值确定有几点→在原文中定位概括范围→对每件事情按照"人（陈述对象）+事+结果"的结构进行概括→精简组织语言。此外，要注意审题。此题干中要求写"大绵羊"的事，所以从大绵羊的角度（主语是大绵羊），故在答题时，不能主客颠倒，还要注意用词的准确。

锦囊：分条表述，要点前置，宁多勿少。

（2）根据文本，"不曾亲自与羊一起生活过的人"对羊有哪些认识？请分点概括。（4分）

答题思路：考生要先在原文中找出相关的句段，然后根据分值确定是有四点"对羊的认识"，然后把原文中的相关句子拆分归纳成四个要点，再结合文中羊的独特性进行反面的对照补充。答题中注意文中的关键词，如"善良""逆来顺受"可以直接作为答案要点，不要用近义词替换。还要注意结合后文稍加解释补充。

锦囊：答案文中"找"，找准区域，找对关键词，找到答题依据。（答案源自文本）

（3）结合上下文，从描写的角度分析下列句子中加点词语的表达效果。（4分）

答题思路：首先根据加点词确定描写方法，结合文章上下文语境，按照"手法+内容+作用+情感"的答题样式进行答案整合。

锦囊：掌握人物描写的五种手法，立足词句，瞻前顾后寻答案。

（4）本文的标题是亮点，请结合全文分析标题的好处。（5分）

答题思路：本文考查的是标题的作用。标题的作用包括：①点明中心；②设置悬念；③引发思考；④线索；⑤点明对象；⑥概括主要内容；⑦象征等。标题首先是提问的形式，新颖而又引人注意，所以必然有"设置悬念，吸引读者"的作用；本文全文都在讲这只羊是怎样的，所以交代了写作对象"一只羊"，概括了全文的主要内容；而随着我们阅读的深入，展开对主旨的思考和探究时，忍不住会随着作者的思绪去思考一只羊到底是什么形象，所以这里是"引发读者对主旨的思考"。

锦囊：掌握术语，对号入座，紧扣文本词句进行分析。

（5）本文的结尾谈到了羊的"宿命"，请问羊的"宿命"是什么？结合全文，谈谈作者为什么要塑造一个"不同凡响"却又逃不出"宿命"的羊的形象。（5分）

答题思路：本题有两个小问，第一问可以从文章结尾段找到答案，进行概括；第二问需要学生对文本有较深的理解。学生可从设问所给的提示入手，联系这只羊的形象，得出这只羊的一生"不同凡响"却有着悲剧性的结局，形成对比，突出这只羊的独特；从文章的主旨入手，这只羊的一生和命运表达了"张"对生命的理解和尊重，警示人们打破成见，放下傲慢的态度；从文章写法分析，借羊喻人，希望人们能做一个率真、智慧的人。

备考建议：主旨类的题目是所有类型中的难点，考查学生的文本分析能力和文学意识，没有固定的答题思路。建议同学们平时可以多归纳不同类型的主题，进行深度阅读的拓展等。

锦囊：①高度关注标题、开头、结尾、起始句、概括句和收束句；②重点品析抒情、议论性文字；③学会从形象塑造、情感主旨、表现手法、写作意图等角度入手，分条分层作答；④答题要点尽量包含文本中的关键词句，并要有合理适度的分析。

四、归纳散文阅读鉴赏一般路径

（一）阅读散文要识得"文眼"

（1）鉴赏散文时，要全力找出能揭示全篇旨趣和有画龙点睛妙用的"文眼"，以便领会作者为文的缘由与目的。

（2）"文眼"的设置因文而异，可以是一个字、一句话、一个细节、一缕情丝，乃至一景一物。

（3）并非每篇散文都有必要的"文眼"。

（二）阅读散文要理清线索

线索是作者将材料串联起来的"红线"或"寄托物"。

（1）人物线索　　　　（2）事物线索

（3）景物线索　　　　（4）时间线索

（5）行踪线索　　　　（6）情感线索〔意脉〕

有的文章线索单一；有的文章线索双重，或虚实结合，或纵横交叉，或一主一次，或平行发展。线索在文中多出现在标题、开头、结尾和过渡段的段首、段尾等处；而把握文章的气势、整体脉络和倾向，则是把握线索的关键。

（三）阅读散文要掌握表现手法

广义的表现手法是指写文章的一切手法，诸如表达方式、修辞手法、想象、联想、象征、开门见山、托物言志、设置悬念、借景抒情、抑扬结合、正反对比、侧面烘托、虚实结合、以小见大、运用第二人称抒情、卒章显志、巧设悬念、首尾呼应、铺垫映衬、一线串珠、明线暗线等。

（四）阅读散文要分清人称的作用

（1）第一人称：能给人亲切、真实的感受，便于直抒胸臆。作者所见所闻的事情能够真实地表现出来。叙述较为亲切自然，便于直接、自由地表达思想感情，给读者以真实感。

（2）第二人称：在表情达意方面，运用第二人称往往便于直抒胸臆，有明确的倾诉对象。可用拟人手法，便于直接对话，利于交流思想情感，增强亲切感，同时使抒情更加强烈感人。

（3）第三人称：优点在于不受空间和时间的限制，能从更多的方面自由地叙述，便于客观描述，但缺少真实感。比较直接客观地展现丰富多彩的生活，不受时空限制，具有全知全能的特点，反映现实较为灵活自如。

（五）阅读散文要掌握技法

（1）整体入手，理清文章脉络。

（2）了解背景，透视创作历程。

（3）借助想象，体察作者情感。

（4）辨识手法，提高答题效率。

（5）瞻前顾后，分析句段关系。

（六）阅读散文还需注意文体特点

叙事散文讲求以小见大，形与神的关系是重点；写景散文注意情景交融，情与景的契合是关键；咏物散文托物言志，尽可能体味象征手法。但有一点更重要，那就是，阅读鉴赏散文要用自己的"心"去发现"散文的心"，用自己的人生体验和智慧去解读"作者心灵弹奏的歌声"。

（七）阅读散文要理解词句

（1）抓关键词

（2）识多重义（字面义、内涵义、双关义、比喻义、象征义、文化义等）

（3）过语境关

（八）阅读散文要领会情感主旨

（1）握住胸膛左侧

（2）理清情感脉络

（3）认识表达方式

（4）掌握情感类型

人之七情：

儒家：喜怒哀惧爱恶欲（品性）

医家：喜怒忧思悲恐惊（病理）

情感主旨类型：

（1）怀恋感恩　　　　（2）宽容仁爱

（3）悲天悯人　　　　（4）家国情怀

（5）责任担当　　　　（6）谦卑敬畏

（7）良善正直　　　　（8）乐观豁达

（9）忠诚坦荡　　　　（10）高雅情趣

（11）向往美好　　　　（12）勇于自省

（13）生命思考　　　　（14）不畏困难

（15）执着事业　　　　（16）拥抱时代

（17）文化理解　　　　（18）和合共生

（19）积极进取　　　　（20）造福人类

五、寄语

（1）一个人的花容月貌，会被岁月带走；绚烂的青春，也会随着时间流逝。腹有诗书气自华，一生都不褪色的，唯有那永不凋谢的芬芳气质。

（2）你的气质来源于：你读过的书，走过的路，爱过的人。

（3）读书为的就是不遇到自己不想遇到的人。

（4）读书可以拓宽灵魂的广度和宽度，能让人在跌宕起伏的生活中拥有处变不惊的内心。

（5）读书，是为了成为一个有温度、有情趣、有教养、会思考、懂得美、创造美的人。

（2019年广州市名教师工作室主持人初中送课课例）

【观课评价】

最美人间四月天　正是少年读书时

4月19日上午，广州市名教师工作室主持人、语文特级教师——陈清华老师到南武实验学校送教，指导中考语文备考。

"特级教师要来给我们上课啦！"上课的前一天，初三（5）同学早已充满期待。上课铃响后，陈老师没有讲课，而是请班上两位绘画能力强的同学，在黑板上为"春来枝上花凝香"这一诗意的句子配图。在大家疑惑好奇之时，陈老师引入散文知识介绍——好的散文就是一首诗。几分钟后，一幅灵动而美妙的图画出现在大家面前，或者说，一个春天呈现在众人眼前了，枝上花开，红绿相衬。画很美，但这跟散文阅读有什么关系呢？原来画中的"枝""花""香"分别对应散文的"线索""形""神"。一张图，就将散文阅读最核心的内容清晰呈现，这就是陈老师的匠心所在。

接着，陈老师就中考散文阅读，为同学们送出五个"锦囊"。有了名师指点，大家豁然开朗。陈老师分享自己写下的文字，让同学们真切感受散文"以情而生"的特点。生活处处皆语文，陈老师强调了读书对一个人成长的重要性。

陈老师的课幽默生动，金句频出，欢笑与思考并行；深入浅出，饱含智慧，技巧与情怀同在。课后，陈老师还和老师们分享了自己在诗歌鉴赏方面的研究成果。

《米洛斯的维纳斯》教学案例

——广州市名教师工作室观摩课

【教学目标】

（1）知识点：理解承载作者观点的语句，认识文章所表达的思想。

（2）能力点：培育"小组互助、思辨探究"的阅读素养。

（3）美育点：领会"以无胜有、以少胜多"的艺术原则。

【教学设想】

（1）通过小组学习、课堂展示的方式理解承载作者观点的语句，认识文章所表达的思想。

（2）鼓励有创见的表达，培育"小组互助、思辨探究"的阅读素养。

（3）引领学生探求"外在美与内在美""完美与缺憾美""残缺美和美的残缺""艺术美和生活美"的关系，激发学生懂得美、发现美、欣赏美、珍惜美、创造美的情感。

（4）拟用一课时。

【教学流程】

一、情境导入

（1）解题。

（2）认识清冈卓行。

（3）明确教学目标。

二、小组学习成果展示

板书要点内容，选派代表发言，老师做点评，每组时间二至三分钟。

三、重点知识强调

1. 断臂的维纳斯美在哪里

① 黄金分割

② 上下半身线条之比

③ "S" 形的造型

2. 作者的观点是用哪一句话表述出来的？作者是怎样阐释这一观点的

观点："她为了如此的秀丽迷人，必须失去双臂。"

阐释："这是一次从特殊向普遍的毫不矫揉造作的飞跃。""这是一次借舍弃部分来获取完整的偶然追求。""那失去了的双臂正浓浓地散发着一种难以准确描绘的神秘气氛。""暗示着可能存在的无数双秀美的玉臂。""出乎意料地获得了一种不可思议的抽象的艺术效果。""然而这却是向着无比神妙的整体美的奋然一跃呀！"

四、拓展延伸

1. 古诗中的无尽想象

月　夜

杜　甫

今夜鄜州月，闺中只独看。

遥怜小儿女，未解忆长安。

香雾云鬟湿，清辉玉臂寒。

何时倚虚幌，双照泪痕干。

注：①鄜州：现陕西省富县。②云鬟：妇女的鬟发。③清辉：指月光。④虚幌：薄而透明的帷帐。⑤双照：月光照着诗人和妻子。

2. 虚实相生

艺术表现上的虚实相生：艺术创作要留出一定的空间给读者欣赏，让他们在欣赏的过程中通过自己的想象，按照自己的审美去完善它，充实它，使它成为符合审美者自己意愿的作品。

从一定意义上讲，正是艺术品的缺失使艺术品本身的艺术效果更加完整

（完美）。

3. 仿写

如果心被美攫住，你将拥有感动。

4. 有意而为之的残缺美

许多篆刻者在成章后，会用刀将四周石边敲去少许，盖出的印就不再是规则的几何体，而变得残缺不全。这也是追求美的一种方式。太整齐完好反而显得呆板，稍有残缺反而使人觉得自然、生动，给这传统古朴之物增添了生机。有别于维纳斯残缺的是：一个是无意而为的，一个是有意而为的，但同样有神奇的艺术效果。

5. 卢浮宫的世界"三宝"

爱神"维纳斯"雕像

"胜利女神"雕像

《蒙娜丽莎》油画

6. 发现美，欣赏美，创造美

模特走秀与劳动者劳动的画面

外在美与内在美

完美与缺憾美

残缺美和美的残缺

艺术美和生活美

内在美的可贵在于可以创造，它是真正意义上的永恒的美。

7. 罗丹《巴尔扎克像》

罗丹创作这尊《巴尔扎克像》雕像花费了七年时间。巴尔扎克身披睡袍，昂首仰视前方。罗丹将这位文学大师睿智、深邃而又富于激情的气质表现得淋漓尽致。但是这尊雕像却没有手，这是为何？原来，他的一位弟子看完雕像后对其赞不绝口，并将目光停留在雕像的手上，大声地喝彩说："先生，这是我看到过的最精美的一双手啊！"不料罗丹听了这话，脸上的笑容立刻消失了。他再次审视作品时，仿佛看出了问题的所在。他又叫来几位弟子，他们同样对雕像的双手感兴趣，罗丹变得异常不安，他决然地抄起斧头砍去了巴尔扎克雕像的手。原来，罗丹以为，巴尔扎克是个有着丰富思想的伟大作家，要通过他硕大的头颅和伟岸的身躯来表现。而雕像的手太突出，它有了自己的生命，已不属于这座雕像的整体，反而破坏了这尊雕塑的完整性，所以必须砍掉它。被卸去双手的巴尔扎克雕像却因此而更具艺术感染力，成为罗丹雕塑作品的传世之作。

8. 最好人生是小满，花未全开月未圆

小满是2019年5月21日，星期二，己亥年农历四月十七。

《月令七十二候集解》："四月中，小满者，物致于此小得盈满。"

小满，二十四节气之一，夏季的第二个节气。

小满小满，麦粒渐满。既意指北方麦粒的饱满，又关乎南方雨水的丰盈。

《菜根谭》云：花看半开，酒饮微醉。此中大有佳趣。

人若自满，便难有进步，若不满，则欲壑难填。

水满则溢，月盈则亏，这是自然之道，亦是人生至理。

五、寄语

（1）你眼里心中的断臂美神和清冈卓行的理解和认识应该不一样。

（2）残缺美不能作为生活中不追求完美的一种借口。

（3）我们可以正视残缺，但不能接受太多的美的残缺。

（4）残缺可以是一种美，但我们不必刻意追求残缺美。一些残缺美的代价实在太过高昂。

（5）内在美的可贵在于可以创造，它是真正意义上永恒的美。

（6）我们要懂得美、发现美、欣赏美，更要珍惜美、创造美。

六、结课

残缺也可以是一种美，它是在不破坏整体的条件下，给人们留下审美想象空间的，但并不是所有的残缺都是美。当我们用宽容的眼光来看待我们现实的世界时，我们会发现美无处不在，她包容着你、烘托着你，当你以一种接受的心态去对待她时，你本身也就成为了一种美，因为世上并不缺少美，而是缺少发现美的眼睛。既然这样，那就用我们的眼睛发现美，用我们的心灵感悟美，用我们的双手创造美吧。英国作家布莱克《天真的预示》一诗说得好："一颗沙里一个世界，一朵野花一座天堂，把无限放到你掌上，让永恒在刹那间收藏。"

【名师点评】（罗日明，正高级教师）

5月23日上午第三节课，南武中学微格一室坐满了来自全市的观课老师，还有一群自发组织前来助阵的嘉宾——高一家委会成员。

陈清华老师执教的课文是粤教版必修四的《米洛斯的维纳斯》，这堂课教学目标定位精要准确。特级教师的课不仅特在新奇完美的设计上，还特在清晰流畅的过程中，更特在内省语文、思辨探究的理念上。"语文课堂即学生生命的舞台"是陈老师的教学追求，于是我们看见七组学生代表依次登台板书，发表见解，老师只作精当点评。令人叹服的是，在十几位同学精彩展示时，但有一字写错、一字误读、一词不当都会被老师及时发现并指导订正。在目标达成的过程中，老师引领有方，驾轻就熟，鼓励学生大胆质疑，突出了对学生思辨能力的培养。为了发展和提升学生的批判性思维，老师为学生提供了与课文观点不同的阅读材料，通过比较阅读将课堂教学引向高阶。

这堂课拓展丰富，罗浮宫三宝、命运三女神、杜甫诗作、朱耷名画、黛玉别语、篆刻作残、罗丹雕塑等，一如彩线串珠，让学生既可以认识艺术表现上的虚实相生，领会"以无胜有、以少胜多"的艺术原则，又可以理解正是艺术品的缺失使艺术品本身的艺术效果有可能更加完整的道理。课堂上，师生们还一起探讨了外在美与内在美、完美与缺憾美、残缺美和美的残缺、艺术美和生活美的关系。

结课时，陈老师照例送给同学们可以砥砺精神、淘洗心灵、濡养情怀的寄语。

一堂课结束了，但它带来的撞击不会结束，它所引发的思考才刚刚开始。

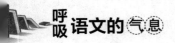

问题驱动思维　促进深度学习

——杜诗《登高》《登岳阳楼》《蜀相》阅读

【教学目标】

（1）解读诗歌情景交融的艺术特点。

（2）感受诗人忧黎元、悲天下的情操，理解杜甫诗中圣哲的形象。

（3）以问题驱动思维促进深度学习，培养学生良好的思维习惯，提升其思维能力。

【教学设想】

（1）拟以"穷年忧黎元，叹息肠内热"为教学主题，以《登高》为阅读鉴赏范例，突出思维训练，通过"绘诗景""品诗情""探诗心""颂诗圣"四个环节的转换和渐次提升，促进学生思维发展。

（2）加强诵读指导与训练，将教学目标的完成与诵读相结合。

（3）重视学生的阅读体验，引导学生深刻理解诗人形象。

（4）古诗阅读鉴赏须把握四个维度，即读懂内容，读出情感，读准形象，读美手法。这四个维度对应着高考诗歌鉴赏的四个考查内容：语言、形象、情感和手法。这样，教学内容的取舍与教学目标的确立就和高考考点的分布与考查题型的设置有了极大的关联。

（5）比较阅读是古诗鉴赏必备知识、关键能力和学科素养形成突破的上佳选择，本堂课拟将《登高》与《蜀相》《登岳阳楼》做比较阅读，以诗歌体裁、所咏对象、题材内容、诗眼、主旨句、情景关系、形象特点等为支架，引领学生思维探究，深度诵读鉴赏古诗，当可收到良好效果。

【思维导图】

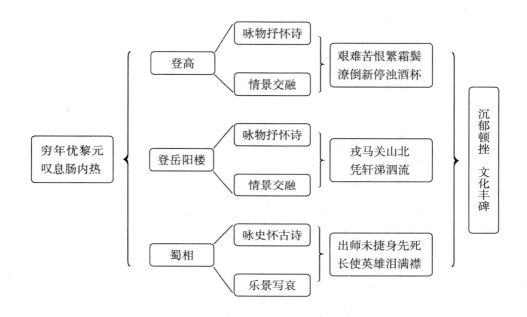

【教学流程】

一、入课

今天，我们一起学习杜甫的三首律诗：《登高》《登岳阳楼》《蜀相》，去仰望一座巍峨雄奇、睥睨千古的诗歌高峰，去领略一种博大精深、沉郁顿挫的艺术风格，去触摸一颗忧国伤时、坚忍悲苦的伟大心灵。

屏显：高山仰止。

杜甫（712—770），字子美，原籍湖北襄阳，生于河南巩县。远祖杜预是西晋名将，祖父杜审言（与李峤、崔融、苏味道并称"文章四友"，成就最高）是武则天时代的著名诗人，父亲杜闲做过兖州司马和奉天县令等官。自号少陵野老，盛唐大诗人，人称"诗圣"。唐肃宗时，官左拾遗。后入蜀，友人严武推荐他做剑南节度府参谋，加检校工部员外郎。故后世又称他杜拾遗、杜工部。

杜甫是伟大的现实主义诗人，一生写诗一千四百多首。他的诗具有丰富的社会内容、强烈的时代色彩和鲜明的政治倾向，真实深刻地反映了安史之乱前后一个历史时代政治时事和广阔的社会生活画面，因而被称为一代"诗史"。杜诗风格，基本上是"沉郁顿挫"的，语言和篇章结构又富于变化，讲求炼字炼句。艺术手法也多种多样，是唐诗思想艺术的集大成者。有《杜工部集》。

我们先来诵读《登高》。

二、绘诗景

见《登高》教学设计。

三、品诗情

见《登高》教学设计。

四、做比较

（一）诵读《登岳阳楼》

（1）悲己忧国是杜甫晚期作品的一个重要内容，我们来看一首诗人作于768年，被明代著名学者、诗人和文艺批评家胡应麟赞为"盛唐五言律第一"的《登岳阳楼》。

登岳阳楼

昔闻洞庭水，今上岳阳楼。

吴楚东南坼，乾坤日夜浮。

亲朋无一字，老病有孤舟。

戎马关山北，凭轩涕泗流。

（2）背景资料：唐代宗大历二年（767年），杜甫五十五岁，距其生命的终结仅有三年，当时诗人处境艰难，凄苦不堪，年老体衰，患肺病及风痹症，左臂偏枯，右耳已聋，靠饮药维持生命。大历三年（768年），当时杜甫沿江由江陵、公安一路漂泊，来到岳州（今属湖南）。登上神往已久的岳阳楼，凭轩远眺，面对烟波浩渺、壮阔无垠的洞庭湖，诗人发出由衷的礼赞；继而想到自己晚年居无定所，国家多灾多难，又不免感慨万千，于是在岳阳写下《登岳阳楼》《泊岳阳城下》和《陪裴使君登岳阳楼》。

（3）投影，请同学们重点诵读诗的后两联，并说一说其内容和形象特点。

交流明确：颈联写身世之悲，尾联写国家之忧。悲苦不堪，感时忧国的诗人形象仿佛就在眼前。

（4）简评：首联叙事，颔联描写，颈联抒情，尾联总结。通篇是"登岳阳楼"诗，却不局限于写"岳阳楼"与"洞庭水"。诗人摒弃眼前景物的精微刻画，从大处着笔，吐纳天地，心系国家安危，悲壮苍凉，催人泪下。时间上抚今追昔，空间上包吴楚、越关山。其身世之悲，国家之忧，浩浩茫茫，与洞庭水势融合无间，形成沉雄悲壮、博大深远的意境。

这首诗意境开阔宏伟，风格雄浑渊深，是杜甫诗中的五律名篇，前人称之为盛唐五律第一。从总体上看，江山的壮阔，与诗人胸襟的博大，在诗中互为表里。虽然悲伤，却不消沉；虽然沉郁，却不压抑。

（二）诵读《蜀相》

蜀　相

丞相祠堂何处寻，锦官城外柏森森。

映阶碧草自春色，隔叶黄鹂空好音。

三顾频烦天下计，两朝开济老臣心。

出师未捷身先死，长使英雄泪满襟。

（1）背景资料：此诗作于唐肃宗上元元年（760年）。杜甫避乱成都的次年春天，安史之乱仍未平息，唐王朝仍处于风雨飘摇之中；唐肃宗信任宦官，猜忌如杜甫这样真正忧国忧民的文人。杜甫经历了一系列仕途打击，使其"致君尧舜上，再使风俗淳"的理想彻底落空。诗人流落蜀地，寄人篱下，困厄穷途，家事、国事均忧心忡忡，苦闷彷徨。这段时间，他创作了一系列赞扬诸葛亮的诗篇，《蜀相》为其中最著名的一首。

（2）朗读指导："天下计""老臣心""身先死""泪满襟"重读。"三顾频烦天下计，两朝开济老臣心"要读得放一点，带赞颂的语气。"出师未捷身先死，长使英雄泪满襟"中前句要读得稍快，带惋惜的语气，"死"字要读得沉痛；后句要读出感伤的语气，尤其是"泪满襟"三字要一字一顿，有泣而涕下的感觉。

（3）研读赏析。《蜀相》抒发了诗人对诸葛亮才智品德的崇敬和功业未遂的感慨。融情、景、议于一炉，既有对历史的评说，又有对现实的寓托，在历代咏赞诸葛亮的诗篇中，堪称绝唱。

这首诗分两部分，前四句凭吊丞相祠堂，从景物描写中感怀现实，透露出诗人忧国忧民之心；后四句咏叹丞相才德，从历史追忆中缅怀先贤，又蕴含着诗人对祖国命运的许多期盼与憧憬。全诗蕴藉深厚，寄托遥深，造成深沉悲凉的意境。后人读"出师未捷身先死，长使英雄泪满襟"二句时，常常潸然泪下。

在艺术表现上，设问自答，以实写虚，情景交融，叙议结合，结构起承转合、层次波澜，又有炼字琢句、音调和谐的语言魅力，使人一唱三叹，余味不绝。人称杜诗"沉郁顿挫"，《蜀相》就是典型代表。

（4）品味探究（专题训练）。

① 本诗首联采用了怎样的表现形式？

明确：首联在表现形式上是起句设问，对句自答，一问一答中透出对蜀相的思慕之情。

② 古人评诗时常用"诗眼"的说法，所谓"诗眼"往往指一句诗中最精练传神的一个字。你认为这首诗颔联"映阶碧草自春色，隔叶黄鹂空好音"两句中的"诗眼"分别是哪一个字？请结合全诗简要赏析。

明确：a."诗眼"分别为"自""空"。b."自"和"空"二字互文见义，碧草映阶，春光空自美好；隔叶黄鹂，声音空自悦耳。因为诗人思慕的人早已逝去，诗人无心欣赏自然，大好春光只能"空自"存在，这就突出了对诸葛亮的怀念之情，同时也表达了对当时缺少济世英才的慨叹。

③ 颈联"三顾频繁天下计，两朝开济老臣心"表现了怎样的人物形象？

明确：以凝练的笔墨概括了诸葛亮一生的功绩和才德，勾画了一个有为的政治家形象。

④ 这首诗表达了诗人怎样的思想感情？

明确：这首诗通过诗人对丞相祠堂的寻访，表达了对诸葛亮的景仰之情，寄寓了诗人忧国忧民的思想感情和政治理想：诗人对忧念苍生、济世扶危的诸葛亮极其崇敬景仰，希望能有诸葛亮这样雄才大略之人为国效力；同时也寄寓了自己生不逢时、功业无成的感慨。

（5）主旨：诗人借歌颂诸葛亮的过人才智和丰功伟绩，惋惜诸葛亮的壮志未酬，抒发了自己功业未就的深沉感慨。

（三）分组讨论

比较三首诗在诗歌体裁、所咏对象、题材分类、诗眼、主旨句、情景关系、形象特点、艺术手法等方面的异同。

（1）小组推举代表列出《登高》一诗的相关内容。

（2）小组推举代表展示《登高》与《登岳阳楼》的比较结果。

（3）小组推举代表展示《登高》与《蜀相》的比较结果。

（4）补充介绍。（详见"思维导学案"）

① 咏怀诗（咏物抒怀诗）是吟咏抒发诗人怀抱情志的诗，它所表现的是诗人对现实世界的体悟，对生命存在的思考，对个体生命的把握，对未来人生的设计与追求。

② 咏史诗（咏史怀古诗）是我国古代诗歌中重要的一类，是以历史为客体来抒写主体情志的诗歌。咏史诗大多针对具体的历史事件或历史人物有所感慨或有所感悟而作。咏史诗发端于秦汉时期，而唐代是咏史诗创作的成熟与繁荣期。

③ 咏史诗的阅读方法。

④ 咏史诗常见的思想感情。

展示交流小结与评价：

诗作	登高	登岳阳楼	蜀相
体裁	七言律诗	五言律诗	七言律诗
创作年度	767	768	760
所咏对象	夔州之景	岳阳楼、洞庭湖	古迹、古人
题材分类	咏物抒怀诗	咏物抒怀诗	咏史怀古诗
诗眼	悲	孤	寻（自、空）
主旨句	艰难苦恨繁霜鬓 潦倒新停浊酒杯	戎马关山北 凭轩涕泗流	出师未捷身先死 长使英雄泪满襟
情景关系	情景交融	情景交融	借景抒情，乐景写哀
形象特点	老病孤愁，悲苦不堪 胸襟阔大，心系国运	老病孤愁，豁达坚忍 悲己忧国，壮志难酬	鞠躬尽瘁，死而后已 报国无门，壮志难酬
艺术手法	工笔渲染，长于描写 借景抒情，四联皆对	虚实交错，今昔对照 叙述、描写、抒情兼用	设问自答，以实写虚 借古言今，叙议结合

五、探诗心

1. 杜甫多泪

师生互动交流：

《蜀相》哭孔明出师未捷功败垂成，哭自己怀才不遇生不逢时。

《登岳阳楼》哭自己人在他乡、老病孤愁，哭关山战祸、绵绵不休。

联想到《月夜》哭战中出逃，家人却被弃途中，哭自己被困长安前途未卜，哭安史之乱不知何时终结，联想到《春望》中"感时花溅泪，恨别鸟惊心"的移情，联想到《闻官兵收河南河北》中的"剑外忽传收蓟北，初闻涕泪满衣裳"的忘情，同学们一下子就知道了杜甫之哭，大概一为个人，二为家人，三为时局，四为国家。

2. 杜甫沉郁顿挫的诗歌风格是怎样形成的

我们来看诗人三十七岁（公元748年、天宝七载）时作的一首诗，你从中读出了一个怎样的杜甫？

奉赠韦左丞丈二十二韵（前八韵）

纨绔不饿死，儒冠多误身。丈人试静听，贱子请具陈。

甫昔少年日，早充观国宾。读书破万卷，下笔如有神。

赋料扬雄敌，诗看子建亲。李邕求识面，王翰愿卜邻。

自谓颇挺出，立登要路津。致君尧舜上，再使风俗淳。

讨论作答，明确：我们读出了一个年少轻狂，内心骄傲，自信满满，夙赋大志，抱负宏伟的杜甫，可谓"狂得要命""浪漫得要死"。但他而立之后，就再也没有过上几天安心日子，仕途坎坷，报国无门，命运多舛，困顿潦倒，残酷的社会现实，尤其是安史之乱和西北边事击碎了他的政治理想，也让他真真切切、完完全全地活在了现实之中，言为心声，诗歌是情感和思想的载体，诗言志，诗传情，就这样，杜诗形成了沉郁顿挫的艺术风格，大唐帝国由盛而衰的历史为我们造就了一位最伟大的悲情诗人，一座雄视千古的现实主义诗歌高峰高高耸起。

3. 延伸阅读

杜甫生平的四个时期。（详见"思维导学案"）

4. 双峰并峙

"李杜"双峰并峙，杜甫是李白的"超级粉丝"，但杜甫的律诗成就高于李白。"李杜文章万丈高，就中诗律杜陵豪。"（清·郝懿行）正如老杜自云"语不惊人死不休"，今天，我们诵读赏析的三首杜诗便是盛唐律诗顶峰上的顶峰，经典中的经典。李白"天子呼来不上船，自称臣是酒中仙"，仗剑去国，诗酒邀月，豪放飘逸，腾云驾雾；而杜甫"飘飘何所似，天地一沙鸥"，才不见用，老病孤愁，沉郁悲慨，心忧天下。难怪有人评说：如果说李白是一匹狂放不羁的骏马，那么，杜甫则是一头忍苦载重的老牛。

六、颂诗圣

1. 师：千年的时光，可以湮灭几多繁华和功名，却无法抹去岁月铭刻在一代又一代人心中的诗魂。成都杜甫草堂里有郭沫若先生题写的一副对联：世上疮痍诗中圣哲，民间疾苦笔底波澜。此联对杜甫做出了高度评价。（投影杜甫肖像和郭沫若评杜甫联）读了这首诗，请你结合以前对杜甫及其作品的了解，选择一个角度，说一段评价杜甫的话。

方法指导：可以结合《登高》《登岳阳楼》《蜀相》这三首诗谈，可以结合杜甫的其他作品谈，也可以与自己熟悉的历史人物（如陶渊明、李白、苏轼等）比较着谈，力求观点句鲜明，支撑句有力，结论句精当。

板书：颂诗圣。

2. 学生发表自己的见解，老师做点评。

板书：文化丰碑。

3. 探究。通过一首诗、一堂课来了解、评价杜甫是远远不够的。课后请你就"坎坷人生""忧国情怀""阔大胸襟""悲情诗人""诗史与史诗""为什么是'圣'而非他"等方面选择一个感兴趣的话题，搜集相关资料，做进一步探究，写一篇不少于一千字的学习论文。这篇论文就是你的研究成果。

七、结课

最后，让我们怀着无限景仰之情一起背诵《登高》这首诗。背诵时要突出悲慨之情，突出诗人形象，你可以心中默念，我就是悲情的诗圣。让我们一起来！

师生背诵全诗，下课。

【教学反思】

（1）以《登高》为阅读鉴赏范例，以"绘诗景""品诗心""探诗心""颂诗圣"四个板块结构教学，完成教学目标，通过四个环节的转换和提升促进了学生思维发展。

（2）课件制作重点突出，很好地辅助了教学，尽管页面不多，但恰到好处，图文并茂。

（3）教师的诵读指导和学生的诵读体验贯穿整个教学过程，读懂内容、读出感情、读出形象的三个阅读层次由浅及深，渐次高阶，而读美手法的维度也把握得颇有分寸。

（4）将《登高》与《蜀相》《登岳阳楼》做比较阅读，以诗歌体裁、所咏对象、题材内容、诗眼、主旨句、情景关系、形象特点等为支架，引领学生进行思维探究、深度诵读、鉴赏古诗的教学环节收到良好的效果。

（5）延伸阅读丰富了教学内容，有利于认识杜甫的伟大形象和文化丰碑的典型意义。

《滕王阁序》教学案例

【教学目标】

（1）品读文字美，领略山川美，感知人性美，体味文化美。

（2）探析：《滕王阁序》何以千古传诵？

（3）淘洗热爱生命的温煦心灵，砥砺乐观豁达的刚健精神，濡养坚忍自持的厚重情怀。

【教学设想】

（1）设计导学案，引领学生阅读、背诵并书面翻译全文，从常用实词、虚词、一词多义、词类活用、文言句式、成语、用典等方面积累语言。

（2）分三个层次诵读赏析：一是感性阅读，积累语言，重点是成语和典故；二是理性阅读，领悟文化，重点探析《滕王阁序》千古传诵的原因；三是读书滋味长，即个性化阅读，强调创造性阅读，鼓励发现并探究新问题，实现思维发展与提升。

（3）拟用两课时。

【教学流程】

一、入课——情境化课文名句理解

（1）广东省第二届语文教师技能大赛在我校举行，五百余人或参赛，或观课，虽不敢说"宾主尽东南之美"，但与会者大多是全省语文教学一线的佼佼者。

（2）陈祥春校长讲话，不徐不疾，如歌如诵，或引经据典，或诗意阐发，大有"腾蛟起凤"之势，听者无不赞叹。

（3）谁说"萍水相逢，尽是他乡之客"？我们南武中学高二（3）班的同学虽然来自全省各地，但却能亲如兄弟姐妹，一同呼吸语文的气息。

（4）我等正值少年，他日"等终军之弱冠"时，当效其请缨报国；十七八岁的男儿，不"慕宗悫之长风"，却学纨绔之逍遥，总是找不到"学习状态"，前途堪忧啊！

（5）我尽管姓谢，但并非"谢家之宝树"，邂逅百年南武是我生命中最浪漫的记忆。

（6）过一会即兴作文，同学们"请洒潘江，各倾陆海"，要尽情展示自己的才华。

二、感性阅读，积累语言

（一）自设话题，用课文名句写话展示

缩小课本和生活的距离，把阅读和写作融为一体，以名句诵读带动写作，以写作扩大诵读效果，既有益于语文学习，又有益于开启心智。

（二）成语荟萃

方法：学生个人抢答，两至三位同学板书，老师随机抽查对成语意思的理解。

（1）物华天宝	（2）人杰地灵	（3）胜友如云
（4）高朋满座	（5）腾蛟起凤	（6）钟鸣鼎食
（7）云销雨霁	（8）响遏行云	（9）天高地迥
（10）兴尽悲来	（11）萍水相逢	（12）冯唐易老
（13）老当益壮	（14）穷且益坚	（15）涸辙之鲋
（16）梁园虽好	（17）一介书生	（18）投笔从戎
（19）高山流水	（20）盛筵难再	（21）陆海潘江
（22）芝兰玉树	（23）过庭之训	（24）光风霁月
（25）昏定晨省	（26）荣载遥临	（27）合浦珠还
（28）失之东隅，收之桑榆		

（三）典故厚重

方法：学生分组抢答，两至三位同学板书，老师随机抽查对典故作用的理解。

这是一篇典范的骈体文，文章引用典故达三十多处，这势必造成文字上的艰涩古奥，在理解上造成了重重障碍。所以，把文章中的用典摘取出来，进行梳理归类，释文解义，就有非常之必要。

出自神话传说的典故：

（1）腾蛟起凤，孟学士之词宗。

（2）雁阵惊寒，声断衡阳之浦。

（3）酌贪泉而觉爽，处涸辙以犹欢。

（4）今兹捧袂，喜托龙门。

（5）紫电青霜，王将军之武库。

出自历史故事的典故：

（1）物华天宝，龙光射牛斗之墟。

（2）人杰地灵，徐孺下陈蕃之榻。

（3）望长安于日下，目吴会于云间。

（4）怀帝阍而不见，奉宣室以何年？

（5）冯唐易老，李广难封。

（6）屈贾谊于长沙，非无圣主。

（7）窜梁鸿于海曲，岂乏明时？

（8）孟尝高洁，空余报国之情。

（9）阮籍猖狂，岂效穷途之哭！

（10）无路请缨，等终军之弱冠。

（11）有怀投笔，慕宗悫之长风。

（12）非谢家之宝树，接孟氏之芳邻。

（13）杨意不逢，抚凌云而自惜。

（14）钟期既遇，奏流水以何惭？

（15）兰亭已矣，梓泽丘墟。

出自文人词句的典故：

（1）睢园绿竹，气凌彭泽之樽。

（2）邺水朱华，光照临川之笔。

（3）北海虽赊，扶摇可接。

（4）他日趋庭，叨陪鲤对。

（5）请洒潘江，各倾陆海云尔。

（四）百宝璀璨

方法：自由展示。

《滕王阁序》是一篇流传千古的名篇，是汉语言运用达到极致的典范之作。它精妙绝伦，辉煌烂漫。

链接一：初唐四杰。

链接二：四大名楼。

链接三：相关名句。

链接四：相关对联。

链接五：相关故事。

三、理性阅读，领悟文化（赏宝）

（一）文化滋养之飞花令——品读，探析，渐染

方法：由老师随机点名三位同学登台守擂，每组推选一名代表攻擂，交替介绍文化知识，一方停顿10秒即为告负。

（1）豫章	（2）星分翼轸	（3）地接衡庐
（4）三江五湖	（5）蛮荆、瓯越	（6）物华天宝，龙光牛斗
（7）下榻	（8）俊采星驰	（9）夷夏
（10）东南之美	（11）都督	（12）棨戟
（13）襜帷	（14）十旬休假	（15）腾蛟起凤
（16）紫电青霜	（17）家君作宰	（18）三秋
（19）帝子、天人	（20）钟鸣鼎食	（21）青雀黄龙之舳
（22）爽籁	（23）白云遏	（24）睢园绿林、彭泽
（25）邺水朱华	（26）临川之笔	（27）四美具，二难并
（28）望长安于日下	（29）南溟、天柱	（30）奉宣室于何年
（31）冯唐易老	（32）李广难封	（33）屈贾谊于长沙
（34）窜梁鸿于海曲	（35）君子见机	（36）达人知命
（37）老当益壮	（38）青云之志	（39）酌贪泉而觉爽
（40）处涸辙而犹欢	（41）北海虽赊，扶摇可接	（42）东隅已逝，桑榆非晚
（43）孟尝高洁	（44）穷途之哭	（45）勃，三尺微命
（46）请缨、弱冠	（47）投笔、长风	（48）舍簪笏于百龄

（49）奉晨昏于万里　（50）谢家之宝树　　　（51）孟氏之芳邻

（52）趋庭、叨陪鲤对（53）捧袂　　　　　　（54）喜托龙门

（55）杨意不逢、凌云（56）奏流水以何惭　　（57）兰亭

（58）梓泽、丘墟　（59）初唐四杰

（二）名楼（阁）文化——楼（阁）以文名，文以楼（阁）传

四大名楼：

滕王阁——《滕王阁序》"落霞与孤鹜齐飞，秋水共长天一色"（王勃）

黄鹤楼——《黄鹤楼》"黄鹤一去不复返，白云千载空悠悠"（崔颢）

岳阳楼——《岳阳楼记》"先天下之忧而忧，后天下之乐而乐"（范仲淹）

鹳雀楼——《登鹳雀楼》"欲穷千里目，更上一层楼"（王之涣）

趣题：比"四大名楼"更有名的楼是什么楼？

坚奉力爱楼——《南武中学赋》"启黎元之寡智，除混沌之尘氛"（冯海恩）

阁以文名：

本文是一篇骈体文。骈体文形成于魏晋，南北朝是全盛时代，这时骈体文成为文章的正宗，中唐古文运动兴起才逐渐走向衰落。我们要培养阅读古文的能力，就不能不了解这种特殊文体。

1. 骈偶与"四六"（形式美，音韵美）

（1）骈偶：即对仗。骈偶的基本要求是句法结构的相互对称，主谓结构对主谓结构，动宾结构对动宾结构，偏正结构对偏正结构，复句对复句。

试从文中找出例句：

① 雄州雾列，俊采星驰。

② 披绣闼，俯雕甍。

③ 勃（三尺）微命，（一介）书生。

④ 北海虽赊，扶摇可接；东隅已逝，桑榆非晚。

骈体文一般是用平行的两句话，两两配对，即上下句相对。也有句中自对，然后两句相对，这种"当句对"的句式显得更加工整。

试从文中找出例句：

① 腾蛟起凤，孟学士之词宗；紫电青霜，王将军之武库。

② 落霞与孤鹜齐飞，秋水共长天一色。

（2）"四六"：即骈体文一般是四字句和六字句。本文中四字为一语、六字为一语的很多，前后语句完全对偶（没有成对的，只有"嗟乎""所赖""勃""呜乎""云而"九个字），还讲究字的平仄关系，所以声调读起来十分和谐。

"四六"的基本结构有五种：

① 四四；

② 六六；

③ 四四四四；

④ 四六四六；

⑤ 六四六四。

这就决定了对仗的句式特点相应多为四字句对四字句，六字句对六字句。

例：四四四四。

家君作宰，路出名区；童子何知，躬逢胜饯。

2. 用典与藻饰（内蕴美，文化美）

（1）用典：骈体文用典的目的主要在于使文章委婉、含蓄、典雅、精练。文中典故不仅用得恰当，而且要引导学生欣赏其善于把古代事典中传颂的美谈与眼前的情景巧妙结合起来的艺术手法。如"睢园绿竹，气凌彭泽之樽；邺水朱华，光照临川之笔"。

（2）藻饰：即追求辞藻华丽。颜色、金玉、灵禽、奇兽、香花等类词是骈体文用得最多的词语。这一特点在文章的第三段中有明显体现。

该文写景雄伟壮丽，文辞华美；抒情真挚委婉，借助典故，充实内容，抒发心志，毫不滞塞。可从"藻饰""用典"两点入手，赏滕王阁盛景，解王子安幽怀。

——播放视频资料（《骈体文的对偶和用典》）。

3. 知识拓展

滕王阁有三个，都是滕王李元婴所建，而滕王源于其封地滕州。最著名的是江西南昌的滕王阁，四川阆中也有一个滕王阁，其实第一个滕王阁是建在山东滕州的，被毁后没有重建。尽管在阆中滕王阁，杜甫留下了"君王台榭枕巴山，万丈丹梯尚可攀。春日莺啼修竹里，仙家犬吠白云间"的诗句，但江西南昌的滕王阁却凭借王勃的一篇美文而名扬天下。

文以阁传：

（1）苏轼手书《滕王阁序》陈列于滕王阁第五层展厅，万千游客争相传诵。

（2）不唯楼阁，亭榭园林、日月星辰、走兽鸣禽，一旦邂逅高才妙笔，便会穿越时空，经久流传。

（三）问题探究

方法：呈现问题，由观课老师随机分配到各小组，小组探究，选代表展示交流。

建议采用"观点句+支撑句（课文语句）+阐释句+结论句"的答题路径。

1.《滕王阁序》中的溢美之词（情商——夸赞无错）

赏析要点：

《滕王阁序》中有不少出于应景客套的溢美之词。

（1）赞南昌。

（2）捧阎公。

（3）夸嘉宾。

（4）褒盛宴。

2.《滕王阁序》中的失意之痛（际遇——理性思考）

赏析要点：

（1）人生苦短，盈虚有数的顿悟。

（2）众人皆乐我独悲的孤苦。

（3）时运不齐，命途多舛的感叹。

（4）壮志难酬，舍国为家的痛苦抉择。

对文人而言，赞美他人不难，叙说痛苦实属易事。但怀着巨大的悲痛来赞美别人，又能做到态度诚恳、分寸恰当、优美动听的有几人？

3.《滕王阁序》怎样写山川之美？（智商——英才旷世）

赏析要点：

其一，色彩变化之美。

其二，远近错落之美。

其三，上下浑成之美。

其四，虚实相映之美。

《滕王阁序》为我们描绘了一幅何等壮美而迷人的秋色图，有目之所见，也有耳之所闻；有静态叙写，也有动态描摹，虽着墨不多，但字字珠玑，句句生辉，章章华彩，一气呵成。难怪韩愈情不自禁地称赞说："江南多临观之类，而滕王阁独为第一。"

4.《滕王阁序》怎样写人生感慨？（逆商——穷且益坚）

提示：重点抓第三、第四段感情色彩强烈的句子

明确：

①"关山难越，谁悲失路之人？萍水相逢，尽是他乡之客。"

——一问一答，答非所问，流露出怀才不遇的心绪，充满了自我悲伤的情调。表达了作者政治失意后的深沉悲哀和孤独，也反映了"失路之人"共有的特点。

②"怀帝阍而不见，奉宣室以何年。"

——直抒胸臆，坦言心怀，写自己报国无门，济世无路，言辞哀婉，情意绵绵。

③"老当益壮，宁移白首之心？穷且益坚，不坠青云之志。"

——将"老"和"壮"、"穷"和"坚"两个对立面，从相反相成中统一起来，抒发作者对人生理想的坚定信念。

④"北海虽赊，扶摇可接；东隅已逝，桑榆非晚"。

——表明处逆境而不悲观的人生态度，表现出不甘沉沦的豪情壮志。

⑤"孟尝高洁，空余报国之情；阮籍猖狂，岂效穷途之哭！"

——以微讥孟尝，非议阮籍，来反衬自己的坚定意志。

文字的背后是情感，是人性。在大起大落、腾挪跌宕的笔势之下，交织着王勃内心的希望与失望、追求与磨砺、前行与挫败，隐藏着一颗不愿退缩、不甘屈服的灵魂。一介书生无法济世匡时却又坚忍自持，于痛苦中自励，从困厄中振奋，在逆境中吟唱，奏出了初唐的生命强音。

5. 如何理解《滕王阁序》描写和抒情之间的关系？（客观环境与主观情感）

明确：一般来说，人物情感与所处环境和身世遭际是正相关关系。美的景致、好的处境易引发人们积极的情绪，反之亦然。但乐极生悲、景美人悲的情形也大量出现于诗文之中，既表现作者心情的复杂多变，又使文章曲折有致。面对"四美具，二难并"，作者偏感到自己千里奔波，漂泊无定，才不得用，志不得伸。兴尽悲来，顿觉忧思满怀，但冷静地观照了数位古人的身世遭际之

后，又能抖擞精神，抒发了"穷且益坚"的情怀。

6."落霞与孤鹜齐飞，秋水共长天一色"因何广为传唱？（脱胎而换骨）

（1）问题设置：叶诗、王文是否抄袭？

"杨柳不遮春色断，一枝红杏出墙头。"（陆游《马上作》）

"春色满园关不住，一枝红杏出墙来。"（叶绍翁《游园不值》）

"落花与芝盖齐飞，杨柳共春旗一色。"（庾信《马射赋》）

"落霞与孤鹜齐飞，秋水共长天一色。"（王勃《滕王阁序》）

（2）意象分析。

庾信句：落花 芝盖 杨柳 春旗

王勃句：落霞 孤鹜 秋水 长天

青天碧水，天色相接，上下浑然一色；彩霞自上而下，孤鹜自下而上，相映增辉，构成一幅色彩明丽而又天地浑成的绝妙好图。句式上不但上下句相对，而且一句中自成对偶，形成"当句对"的特点。王勃句法出自"落花与芝盖齐飞，杨柳共春旗一色"，但已然脱胎换骨。庾信句显得雕饰造作，意境不如王勃句优美动人。"落花"与马射队伍绘着芝草的车盖齐飞，联想欠自然。王勃写红霞在天上飘动，野鸭正在红霞中飞起，造成蓝天上一红一白的色彩对照；无生命的晚霞与有生命的飞鸟并举，构成的画面更为明丽鲜活，超出前人甚远。落霞自天而下，孤鹜自下而上，故曰齐飞；秋水碧而连天，长天静而映水，故曰一色。

（3）关注两点。

一是有生命的孤鹜，使画面灵动起来，充满生命力。

二是景与情的交融。"落霞与孤鹜齐飞，秋水共长天一色。"真实的情形或许是"落霞与群鹜齐飞"。我们在许多图片资料中看到的都是许多只野鸭子一起在晚霞中高低错落地飞着。王勃笔下那只与"落霞"齐飞的"孤鹜"颇似自身的写照，可否理解为其怀才不遇的孤独感在文句中的间接反映呢？

（4）启示：在借鉴中创新，王勃做到了极致。博览群书才能下笔成文，活学活用才能推陈出新，才能历久弥新，才能千年不朽。

四、个性化阅读（鉴宝）

（一）分组讨论，提出问题并探究

学生提出不懂的问题并分组讨论。

（二）老师提出问题，交流探析

（1）"雄州雾列，俊采星驰"中的"驰"与"多"何干？

（2）"紫电青霜，王将军之武库"中的"武库"是指"武器仓库"吗？

（3）"有怀投笔，慕宗悫之长风"中的宗悫因战功被封为洮阳县侯。今有两个"洮阳"，一在广西全州，一在甘肃临洮，老师拿不准应是哪个，请帮忙判断。

（4）"山原旷其盈视，川泽纡其骇瞩"的"其"作何理解？全句译作"放眼远望辽阔的山原充满视野，迂回的河流湖泊使人看了惊叹（粤教版教师用书）"或"山岭和平原开阔宽广，那开阔的景色注满视野；河川和湖泽迂回曲折，那曲折的态势惊骇（人们的）注视目光"，你更赞同哪个？

（三）将《滕王阁序》和《岳阳楼记》相比，你更喜欢哪一篇？

（1）师生背诵两篇美文。

（2）学生当堂写作，小组交流。

（3）由观课教师随机指名两名学生展示。

五、课堂小结

（1）老师展示收藏十年的"滕王阁青花瓷盘"，话说南昌：喜欢一篇文章，爱上一座城市，拥有一种生活。

（2）王勃被誉为唐诗黎明女神的天才诗人。郑振铎在谈到王勃诗歌对后代的贡献时说："正如太阳神万千缕的光芒还未走在东方之前，东方是先已布满了黎明女神的玫瑰色的曙光了。"阅读经典，从现在开始，"东隅已逝，桑榆非晚"。

六、作业

（1）背诵、默写全文；学习有思考，援笔写感悟。（基础等级）

（2）南武中学一百一十五年校庆，王勃应陈校之邀出席庆典并作赋以贺。请你当一回王勃，写一段文字吧！（发展等级）

【观课感言】

厚积薄发　百宝璀璨

贵州省册亨县民族中学　吴安琼

这是一堂鲜活的、富有生命力的宝藏课。课堂由寻宝——献宝——赏宝——鉴宝——展示藏宝等若干环节组成。整堂课气氛活跃，思维碰撞，新意盎然。

首先，老师亲切而幽默，善于利用动态的肢体、丰富的表情、变化的语调来营造教学氛围。老师博学强识，积淀丰厚；点评恰切，激发思考；点拨圆熟，启迪心智。特别是教师背书那一刻，相隔千里的两个现场掌声雷动。教学的魅力何在？在于教师的人格魅力！

其次，教学设计重基础，重层级，重发展，充分体现了学生的主体地位。检测手段多样且有趣味：情境填空，名句写话，成语、典故检测，文化飞花令。特别异于高考的情境填空，更富于生活气息，更贴合学生实际。教师引导学生解读文本，又跳出文本，再回归文本。在探寻文章意蕴时，老师提出"《滕王阁序》何以传诵千古？"的主问题，而后从"文字美、山川美、人性美、文化美"四个方面引领学生做多角度思考，意在不断拓宽学生的思维空间。

最后，教学的本真，不只是解决问题，而是带着问题而来，再带着问题离去。在这一方面，这堂课体现得非常突出。课前导学、课堂教学、课后促学，皆以对问题探究的方式展开、推进，有效培养了学生的积累能力、发现能力、思辨能力和探究能力，充分展现了语文教育的艺术魅力。

这堂课不是一截精彩的教学片段，而是一个完美的教学流程；用最短的时间来诠释语文教学理念，传递语文教育思想，不忌讳，不顾虑，很坦然，很陶然，就是为了引发思考和行动。这是一堂厚积薄发、厚重灵动的语文展示课，更是一堂滋养灵魂、濡养精神的文化探索课。

第三篇

教育体认

——厚重生命

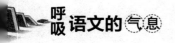

教育理念与方略

一、理念

打造有尊严的团队，追求有境界的教育。

二、方略

内省，让教育厚实，让生命厚重。

（1）办学定位要准（方向和目标）。

（2）办学思想要真（教育本质和学校愿景的"和"与"合"）。

（3）办学务求精神引领，情感凝聚。高度关注人的主观能动性，着力提升教育的软实力。

（4）严格的制度管理与深切的人文关怀相结合。不讲工作的感情轻飘飘，不讲感情的工作冷冰冰。

（5）做好三个凝聚：凝聚人心，凝聚力量，凝聚智慧。

（6）牢固树立质量意识。尊严源于实力，汗水+智慧=成功。

（7）重视文化熏陶和人格引领，尤其是师生习惯的培育，要分清习惯与态度的不同，有效促进学生核心素养的提升。

（8）共同的目标追求和共同的行为准则完美一致。建立健全教育教学评价与激励机制，打造一种"干事文化"。工作看实绩，人人比贡献，让高阶目标成为个体共识。

（9）加强专业技术水平、教育教学科研和班主任队伍建设等常规工作，重视细节，注重规范，讲求效益。

（10）重视文化建设与形象塑造，做好品牌宣传，尤其是招生工作，要充分认识到提升生源质量是办学的头等大事。

（11）引领师生处理好三种关系：人与物的关系，人与人的关系，人与内心的关系。

（12）着力奉行三个原则：悦纳原则，对等原则和方向第一原则。

三、培养目标

（1）立德树人。

（2）培养有智慧脑、有温暖心的孩子。（中国风骨，世界视野）

（3）教育不是为未来幸福在做准备，教育本身就是幸福生活。让学生拥有真实的生活和幸福的人生。（知识内化，思想外化）

（4）近期目标：短期、集中、具体、数字化的高考。

　　发展目标：长期、分散、抽象、社会化的评价。

　①既要赢得分数，又要拥有诗和远方。

　②既有"想学"的方向，又有"会学"的方法。

四、对教育的理解

（1）一所学校首先要有灵魂，而后才是建筑。

（2）要在教育的终点看教育，教育的思路就是培育的思路，而不是管理的思路。

（3）从一米的高度看教育，不要忘了自己做学生时的需求。内心充盈的教师才能教出内心充盈的学生。

（4）创新教育是宝塔上的明珠。学校要保护学生的好奇心，学校要成为创意博物馆。

（5）教师缺的不是专业精神，不是热爱，而是回归本质的勇气。

（6）决定孩子未来的是教师的状态，学校是一个比家大一点的地方，教师是可以托付未来和生命的朋友。

（7）有体育节的学校不一定崇尚运动，有艺术节的地方不一定热爱艺术。

（8）教育就是驾驭美丽。教育如同教学生开车，不能只教给驾驶技术，而不告诉他开车会疲劳紧张，会遭遇监控，会发生危险。现状：主动规避风险的教育几乎为零，直到车毁人亡时才去处理。

（9）教师是教育发展的基石，不以教师为中心就没有教育的发展。

（10）学校发展的四个要素：教师队伍，环境，课程，校园。

（11）一个人，在业余时间做什么，决定他五年后的职业走向。

（12）学生不痛苦而欢心，老师不焦虑而舒心，家长不抱怨而放心，社会不指责而倾心是我追求的教育。但这或许是一种理想。不过我深知一位教育工作者不能站在学生的对立面上去施教，要尊重规律，顺乎人性。

（13）最低效的学习方式是讲授，最高效的学习方式是教会他人（做中学）。听懂和会做不是一回事。

（14）教育需要内省，需要表达。我们要"留言"，不要"流言"。最需要表达的是瞬间，有发现真实和美的眼光源自一种情怀。

（15）特色是教师成长的生命。未来不是你要去的地方，而是需要你创造的地方。

（16）做一个愿意成长的人，这样我们才配享受幸福。教师是种福的人，我们因度人而自度，我们因种福而幸福着彼此的幸福。做学生生命中的贵人，让教育成为美丽幸福的遇见。

五、我看工作和生活

（1）工作是一个人安身立命的基础，工作可以改变生活，生活可以促进工作。一个工作一塌糊涂的人，生活质量也高不到哪里去。

（2）工作是生活的一部分，而且是投入精力和智力最多的部分，但它绝不是生活的全部。

（3）工作要尽可能在工作时间做好，不要因为工作影响了家庭生活，家人要陪，家务要做。

（4）拼命工作只能是年轻时的一阵子，不可能是一辈子，若是一辈子，也是不太久长的一辈子。

（5）善于总结和内省，找准行动的方向，科学规划时间和行为，比简单地拼搏、一味地努力更有效果。这样的工作才会给生活带来更大的快乐和幸福。

（6）不要以工作为借口，而放弃了生活中那些你应该做也可以做的事情，比如旅游、体育锻炼、阅读和写作。

（7）可以尽情地和家人分享工作的成功和快乐，但绝不可以把工作的失败和烦恼带给家人。

（8）再好的工作单位都不能代替家，家是一个富有独特意义的符号。单位的意义在于为强者提供舞台，家的意义在于为弱者提供港湾。

（9）个人的尊严永远比团队的利益重要，一个团队最大的利益便是让个体享有尊严。

（10）邻居文化可以研究，但经营好自己的家园更真实，更温暖。

（11）工作群是把双刃剑，讲什么、怎样讲是一种修为。

（12）工作不总是心满意足，单位也不会十全十美，最重要的是心态；生活不总是花好月圆，家庭也不会百事百顺，最重要的是亲情。

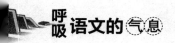
秦汉风韵，文化源头　红色基因，理想殿堂

——在砀山中学八十周年庆祝大会上的发言

尊敬的各位领导、来宾，亲爱的校友、老师、同学们：

大家上午好！

秦汉风韵，文化源头；红色基因，理想殿堂；沐雨栉风，岁月峥嵘。

走过八秩春秋，今天的砀中格外喜庆。清秋万里，菊蕊盈香；高朋满座，胜友如云。"有朋自远方来，不亦乐乎。"砀中欢迎你，亲爱的朋友！

桃李芬芳万千树，校友豪迈竞风流。群贤毕至、少长咸集、畅叙幽情的盛会令大家激动不已；漫步校园，昔日那刻骨铭心的回忆让你们温暖无限。是你们谱写了砀中的动人篇章，砀中的星空因你们而璀璨，你们是砀中的无上荣光！

亲爱的同学们，你们承载着砀中的未来。期盼你们仰望星空，丰富心灵，脚踏实地，笃学求真，做一个崇尚奋斗、拒绝平庸的砀中人。曾经沧海难为水，除却高考不是考。高三的孩子们，明年的六月，你们将乘长风破万里浪，放飞生命的梦想。

触摸砀中历史，老师们深感责任重大。国运兴衰，系于教育。砀山人民需要一个出类拔萃的砀中，一个勇立时代发展潮头的砀中，一个更富传奇、名满华夏的砀中。曾子曰："士不可以不弘毅，任重而道远。"非弘不能胜其重，非毅不能致其远。让我们专注教育，厚德泽人，脚踏一方热土，情系三尺讲台，将朴实的生活写成诗，绘成画，向着光辉的顶点，勇敢登攀！

悠悠芒砀情不老，俊采星驰恋故乡。无论你走到哪里，那秀美绵长的故黄河啊，都深深牵挂着她的儿女！让我们的心头永远盛开一树洁白淡雅、馨香四溢的酥梨花。

我们的明天定然会更加美好！

谢谢大家！

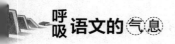

春花无数　何如秋实

——全市高三教育教学研讨会发言

备考已经到了最关键的时段，我们深知，学生的高飞，是我们最大的安慰。

（1）继续弘扬"睿思，敦行，敬畏，坚卓"的年级精神，做好最后阶段的各项工作。着力营造和谐竞争、共同发展的备考氛围。

（2）进一步明确高考目标，超额完成学校下达的高考任务。高三教师要增强责任意识和忧患意识，提升学校发展的软实力。

（3）加强对《考纲》《考试说明》和高考真题的研究，总结出一些简捷高效的应考策略。

① 正确的答题规律是慢审题，快答题；而不是快审题，慢答题；更不是不审题，乱答题。

② 弄清命题的两个层面：行为目标和内容领域。如鉴赏文学作品的形象，鉴赏是行为目标，文学作品的形象是内容领域。

③ 题型时段、模拟时段和迎考时段所占时间比例为10%、7%和3%。

④ 材料作文四不考：热点时政、煽情渲染、导向不正和扑朔迷离。

⑤ 要学会分类讲解，讲评时做一下变通训练，不要就题讲题。

⑥ 高效备考要打造一种纠错文化。我们提出了四步"纠"错法：总结错因、定时回望、同类对比、交换审阅。

⑦ 正确对待高考试题的难易。高考命题人不出偏题、怪题是必须的，不出难题是不可能的。

⑧ 高考前的同学们要了解自己，规划自己，解放自己，提升自己，相信自己。我们除了要练知识、练能力、练准确，还要练速度、练书写、练规范，更

要练就坚定的意志品质，练好饱满的精神状态，练出高考功成舍我其谁的非凡胆识和勇气。

（4）备考思路及重点工作。

① 以"教师的综合素质是基础，学生发展动力把握是核心，复习考试策略合理性是条件，教师的教学责任心是保证，教师的身心健康是前提"作为实施下阶段备考工作的理论指导。

② 提出一个观点：优秀的班集体欢迎高考，期待高考。每个班级都要借助高考塑造班级品牌和灵魂，让学生因高考而成长，让高三成为其生命中最香甜、最温暖的回忆，为学生的未来发展提供不竭的动力。

③ 智慧管理，重视学生内省的力量。最后阶段让学生每日"十省吾身"。智慧管理还体现在给学生提出一些理性解决问题的办法上，如我们提出了"高三学生矛盾解决方式"：有了矛盾，不要憋着，要学会沟通；同守规矩，常分小组、宿舍召开恳谈会。

建议一：想动手时，心里停一秒好吗？

建议二：即便怒火中烧，也要果断离开现场。

建议三：培养爱的能力，敬畏生命。

建议四：郁闷说出来，才发现可能误读。

我们告诉学生，最后阶段的备考境界是：有自己的行为准则并奉行不悖。

④ 提出五个"要让"，提高学生的发展动力，确保最后时段高考复习的高效率。即能让学生感悟的要让学生感悟，能让学生思考的要让学生思考，能让学生表述的要让学生表述，能让学生自己动手的要让学生自己动手，能让学生自己总结的要让学生自己总结。

⑤ 提出健康第一、方向第一和对等三原则。在确保师生身心健康的前提下，进行高效复习。指导学生合理安排作息时间，保证营养和睡眠，积极参加体育锻炼，尽量不服用药物及保健品，因为高三这根弦绷得太紧了就会失去弹性，我们提倡以班级为单位开展减压运动和微笑活动。在备考的关键期，方向是第一位的，只要方向正确就一定会有大的收获，如果方向错了，停下来就是进步。所谓对等原则，就是说这个世界是讲究因果的，高不可攀的梦想，须伴有坚不可摧的意志和竭尽全力的登攀。要想高考后收获人生的无限甘甜，就要在冲刺阶段洒下汗水，智慧前行，用实力去捍卫尊严。

⑥ 注重营造浓郁的高考备考氛围，精心布置走廊和教室，张贴一些励志类和提醒类的标语，打造一种高考文化。a.一刻也不要忘记我们的目标、承诺和精神。b.什么都可以丢，本分不可丢。c.每个人的心脏容量都差不多，就看你装什么。d.静心想一想，一个月之后，我们要给自己、给他人、给母校留下什么？我们要用敬畏之心和依恋之情对待每一件事情，努力实现美丽的"印象定格"。e.高考是一种延后享受。先付出，再收获；投资越多，回报越大。f.有一种付出叫对得起自己，问心无愧是人生最舒服的枕头。g.青春有一种气息，那是芬芳四溢的气息；成长有一种声音，那是花蕾绽放的声音。h.若生命凝结成石，我的责任是坚强；若生命幻化成树，我的执着是成长；若生命锤炼成剑，我的精彩是沙场；若生命流淌成河，我的归宿是海洋。i.要想六月有尊严，就要有尊严地走进六月。j.你的未来你做主，别人谁也保证不了。一声长啸，傲视苍穹，扼住命运的咽喉，打开心灵的窗户，呼吸先贤的气息，收获最动人的美丽。五月底，高三年级各班要出一期主题为"期待六月，决胜高考"的板报，旨在营造氛围，鼓舞精神。

备考的关键期还要努力做好班主任、科任教师、学生及家长的四方协调工作，进一步唤醒学生的高考意识，提高学生的应试能力，提升学生的心理素质，帮助学生走出四个心理怪圈：一是自暴自弃，二是迷信盲从，三是大海捞针，四是孤注一掷。

⑦ 加强周测、定时练的管理，提高应考效益，让师生在"发现问题，解决问题，研究问题，突破问题"的良性过程中共同成长。

⑧ 最后一个月，高三年级课程表重新排定，增设连堂课，提高训练的密度和强度。周六、周日进行高考模拟训练，单人单桌，电脑随机排位。要求老师精心命题，认真监考，及时批改，重点讲评，以提高学生的应试能力，帮助班级、任课教师、学生认真分析成绩，找出差距，解决突出问题。特别强调的是，试题的编选要注意"三性"（针对性、典型性、启发性），把握"三度"（梯度、广度、深度），坚持"三贴近"（贴近学生、贴近高考、贴近生活），注意"三易"（易混点、易错点、易漏点）。

⑨ 实行考试约谈制度，帮助暂时落后的班级和学科改进管理与教学，努力实现均衡发展。

⑩ 最后两周，早读课不做统一要求，晚自习提前一节课结束，鼓励学生早

休息，不开夜车。

⑪ 邀请专家来校做专题报告和考前心理指导。安排各学科最优秀的教师举办应考专题讲座。

⑫ 做好服务和后勤保障工作。学校为每一位考生免费提供高考专用答题板和"爱好"牌中性笔。6月6日至8日，学校为考生提供30元/人的伙食补助。

（5）下阶段安排。

5月初至5月16日，进行三轮检测性、综合性、模拟性训练。这一轮是备考的关键期和冲刺期，要借助模拟训练题实战高考，提高解题速度、技巧和应试能力。重点放到组题、讲评、校正和巩固上，训练方向要对路，实战性要强，边缘生成绩的提高是重点，采用考——评——练——考的形式。

5月17日、18日，第八次质量检测。

5月19日至6月1日，进入考前回归和知识再现阶段。采用半自由调整复习，即学生在校自由复习和教师到班进行针对性辅导。重在鼓励士气，坚定信心，提高应考能力。全力做好收官工作，引导学生回归基础，回归课本，梳拢做过的试卷，强化应知应会的记忆，平稳学生的心态。

6月2日、3日，进行最后一考。

考前安排：6月5日上午，召开毕业典礼，进行考前动员布置。班主任发放准考证和《考场三字经》，6日下午看考场。

拿破仑说："最困难之日，就是离成功不远之时。"的确，越接近成功，道路便越艰险。正所谓春花无数，毕竟何如秋实。行路漫漫，不易远志。

敬请指正！

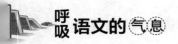
呼吸高考的气息　收获温暖的故事

——砀山中学2014届年级组工作回眸

一、年级概况

砀山中学2014届年级组是一个健康、理性、锐意进取的群体，是一个团结、战斗、激情澎湃的团队，共有八十四位教师，三十二个班级（六文二十六理），在籍生一千六百七十八名。全体教师能恪尽职守，孜孜以求，拥梦而前，用人格感染人格，用智慧点燃智慧，在成就学生的同时也在不断地成就自己，使自己一直奔走在馨香四溢的幸福之路上。学生的综合素养在不断提高，在做人、生活、学习诸方面都取得了长足的进步和显著的成绩。我们全面关心学生，关爱每一个学生，年级组提出以"求知""铸魂"为学生的两大任务，努力让学生成为德智双馨的优秀人才。我们引领学生学会学习，学会生活，学会交际，学会做人，学会宽容和感恩，更要学会承担生命的责任。教育学生在勤奋努力、不断提高学业成绩的同时，务必加强思想和道德修养，塑造良好形象，拥有博大胸怀，铸造高尚魂灵，做一个理性、睿智、有责任感、有进取心的优秀中学生，在人格的领土上健康成长。

回首2014届年级组所走过的道路：

我们一直高擎着一面旗帜：分担风雨，分享阳光。

我们铸造并发扬着一种精神：明德，笃行，弘毅，致新。

我们有这样的思想追求：上善若水，厚德载物，做自己生命的设计师。

我们有这样的教学追求：担负责任，勤勉努力，直面高考，科学严谨，追求卓越，创造辉煌，留下骄傲。

我们的管理方略是：深切的人文关怀和严格的制度管理相结合。

我们的同事这样相处：推己及人，和谐竞争，闻过则喜，饮誉不惊。

我们年级的价值观是：老师因学生而存在，高三教师因高考而存在，高三教师的价值因高考而实现。用理性和责任去实现高三教师的价值，努力做一个使学生感到幸福，让学生感到骄傲，为自己留下温暖故事的砀中教师。

二、确立明确具体的工作目标

2013年8月26日，全体高三师生在西廷馆隆重召开2014届高三年级成立大会，确立了高三备考和发展的方向，明确了具体的工作目标，并和学校签订了高考责任书。

1. 增强责任意识，建设美丽的精神家园

牢固树立"砀中发展，我的责任"的思想，把学校的荣誉和利益放在首位，严格要求自己，从小事做起，从细节入手，努力打造砀中品牌，引领高三教师加强师德修养，胸怀梦想，传播诚爱，专注教育，加强合作，注重学习，善于反思，懂得感恩，以积极的心态面对生活，勤勉工作，用自己的灵魂和操守去建设美丽的精神家园。

2. 实现学生综合素养的提高，让砀中成为学生心灵的驿站

让高三的星空照亮学生的生命，让学生回忆起高三生活，除了学习和高考之外，还有很多令其温暖、感动、永远铭记的东西。要求全体教师走进学生的心灵世界，占领学生的思想高地，真正把孩子当作孩子，把学生当成学生，爱与责任就是高三教师思想和行为的全部，严格要求和精心呵护就是我们工作的两翼。每一位老师都要经常拷问自己：班级管理是否尽心尽职了？备考是否科学高效了？作为一名主宰学生命运的毕业班教师，你是否在引领学生沿着一条科学正确的道路不断前行，在学生实现他最重要的生命跨越的关键时刻，你是否就在孩子身边？在他们最需要你的时候，你在哪里？你是否给予了你的学生最大的帮助？

3. 高考目标

（1）本科达线率超过70%；（2）二本达线基础指标六百七十三人，争取指标八百人；（3）超越本届砀山籍在外地就读的所有考生；（4）全国一流名校有突破，清华、北大裸分考取，"985"院校三十人，"211"院校一百人；

（5）各科平均分全市排名保二争一。

这些目标在当时看来难以实现，但结果全部大幅度超额完成。

三、注重思想引领，提高年级组队伍的凝聚力和战斗力

（1）以"明德，笃行，弘毅，致新"的年级精神统领高三工作，点燃激情，立德树人，打造"不抱怨、有态度、内自省、能担当"等内涵丰富、激励人心的高三文化。在2014届年级组，有三幅名联和三句话人人耳熟能详。三幅名联是"春风大雅能容物，秋水文章不染尘"（邓石如），"倚天照海花无数，流水高山心自知"（曾国藩），"天道无亲常与善，人才非正不能奇"（赵朴初）。三句话是年级主任陈清华老师先后提出的："不讲感情的工作冷冰冰，不讲工作的感情轻飘飘""别人说你行，你就努力地证明别人说的是对的；别人说你不行，你就努力地证明别人说的是错的""一个人最大的成功莫过让父老乡亲因你而骄傲，最大的幸福莫过于让关爱你的人因你而活得更有尊严"。

（2）坚持督导检查制度，年级组充分行使职能，对教师的出勤、备课、上课、辅导、作业等进行经常性督导检查。

（3）深化集体备课制度，推行阶段性检测制度，实行教学质量分析制度。坚持班主任、备课组长周例会，年级领导天天碰头会制度。

（4）年级组先后提出了"躬自厚而薄责于人，则远怨矣""删去抱怨，整个尘世就清净得只剩下天籁""用温和的眼光看人，用豁达的襟抱容物，用谦卑的态度处世，用激越的情怀工作""真正的平静，不是避开车马喧嚣，而是在心中修篱种菊""班主任的人生态度决定一个班级的发展高度，决定几十名同学的人生命运""获得幸福的秘诀并不是为了追求快乐而全力以赴，而是在全力以赴中寻找快乐"等内涵丰富、思想深刻的信条和警句，对教师特别是班主任老师渐染、熏陶、引领，大大提高了年级队伍的凝聚力和战斗力。我们实行班主任跟班考勤制度，班主任常年跟班，与学生一起生活，一起成长。

（5）打造一个特别能战斗的教师队伍，打好"团体战"。打好高考团体战，需要有一个高度团结、激情澎湃、特别能战斗的教师队伍。以年级组领导为核心，打好年级工作的"团体战"，树立高三"一盘棋"的思想，务必实现高考目标；以"备课组长"为核心，打好学科教学的"荣誉战"，向学科要分

数；以班主任为核心，凝聚六科教师力量，打好班级高考的"攻坚战"，向班级要人数。年级领导成员分工负责班级、备课组工作，坚持跟班听课、参加集体备课，定期召开学生座谈会，听取意见和建议，及时调整备考思路和方向。定期召开班级协调会，协调班级各科教学，认真排查薄弱学科、薄弱班级、薄弱学生，及时采取补救措施。将优拔尖、中转优作为年级组的重点工作常抓不懈。

四、智慧管理，科学应考

（1）高三实行选聘制。年级组选聘班主任，班主任选聘科任教师，进一步增强了教师的责任意识、协作意识和忧患意识。大家不争条件待遇的星级高，但求备考质量的高星级，知不足，求发展。坚持"谁得病，谁吃药"的管理原则，及时发现问题，高效解决问题。既不讳疾忌医，也不病急乱投医。既要广泛汲取，大胆借鉴，更要坚持本我，突破自我，成就大我。既要树立高远的目标，又要保持弱势心态，真正处理好革故、鼎新和复兴的关系。弯下腰去，深耕一犁，用成绩去赢得荣誉。高三教师人人争做提升砀中软实力的先锋，努力用一流的业绩去捍卫砀中人的尊严。

（2）高三师生能够深谙"高三不是放纵自己的借口，而是磨砺生命的舞台"的道理。年级组引领教师做点燃学生的打火机，唤醒教师的教学良心，一切从"心"开始，让学生的生命活力得以释放。变教的课堂为学的课堂，变用嘴上课为用心上课，让课堂富有张力，具有挑战性。

（3）学科备考准确定位，研究命题方向，创新能力和思维突破是重点。备考能够做到强化基础，注重细节，突出规范，突破难点，起点高，落点低。教师能自觉过好"七道关"，即过考纲关、过试卷关、过备课关、过上课关、过训练关、过听课关、过信息关。人人要弄清高考考什么、怎么考，教师备什么、怎么备，学生学什么、怎么学的问题，研究"两纲"和教学实际，把每节课的质量、效率当作头等大事，充分体现教师的主导性。

（4）坚持定时训练和周测制度。我们要求训练和测试做到"四必"，即有发必收、有收必批、有批必评、有错必纠。命题是关键，纠错是重点，批阅与评析试卷是保证。备课组通过优化重组，编制练习题，把最精华的试题筛选出来，尽最大可能使每一份试卷、每一道题目都有较强的典型性、代表性，全力抓好二次练习，定期搞错题过关，错题回望。年级主任是考试和训练的领导者，直接管理各科考试和训练。备课组长是考试和训练的组织者，要保证考试纪律，考后十二小时要将成绩交给班主任。定时训练和周测的成绩统计有严格细致的规定，批改过程要求教师必须亲力亲为，不得让学生参与。成绩统计表由年级组统一印制，分单次训练测试统计和周统计两种，每张表格都要求学科代表、学习委员、科任教师和班主任审核并签名，每周二年级主任要对上周的训练和测试情况进行总结，及时反馈信息，解决存在问题。定时训练和周测制度极大地提高了高考备考效益，让师生在"发现问题、解决问题、研究问题、突破问题"中共同成长。这是2014年取得高考历史性突破的一大法宝。我们同时要求各备课组资料投放与作业布置要适度适量，担负责任而不以责任的名义违背学生成长规律，要懂得适量最宜产生质变的道理，全力打造"干净"的高三，严防造成师生陷于题海苦苦挣扎的不良局面。

三年来，我们的老师每周都要保质保量地批改两次试卷，工作量巨大，但是大家都乐此不疲。因为我们知道如果只发不收，学生的训练情况就不得而知；收而不批，学生的训练热情则难以保持；批而不评、错而不纠，训练效果必定大打折扣。更重要的是，没有教师的批改，讲评课就少了针对性，只能停留在宣读答案的浅表层次，效果之差尽人皆知。为了保证训练和测试质量，节省更多的课堂时间，切实提高备考效益，全面打赢2014年高考战役，我们的老师不辞劳苦，勇于负责，做到了常人难以做到的事情。高质量的命题、高强度的训练、高质量的批改、高水平的讲评，大家做起来是那么习惯，那样自然。把试卷带回家批改是再寻常不过的事了，于是张继昌、刘雪芹、郭颖、马翠英等一大批老师就有了专门盛放学生试卷的手提袋。等孩子睡熟了再批改试卷早已成为女教师的专利，王丽娟、石静松、苗磊、田静等一批女教师在这方面颇有心得。因为在家里批改试卷，不少女教师偶尔会遭到家人的调侃，刘小妹、李惠老师家的先生就曾说：改试卷，改试卷，看你们到底能考多好？高考成绩揭晓后，她们终于有话说了：改试卷，改试卷，不改我们怎么能考出全省第二十三名，考出五百多个一本？

（5）实行考试约谈制度，帮助暂时落后的班级和学科改进管理与教学，努力实现均衡发展。我们每次考试的专题分析会都有一个重要内容，就是分科分班召开由文科最后一名、理科后两名的班级任课教师和各科平均分处于后五分之一的教师参加的约谈会议，校领导、教务处、教科处和年级组领导同他们在一起总结得失，分析问题，确定下一阶段的备考方向和具体措施。2014年高考，被约谈的班级全部大幅度超额完成高考指标。

（6）鼓励高三教师加强考试研究，不断总结反思探究，撰写高考应考报告和学科论文，加快专业成长，让高考在成就学生的同时，也成就我们的高三教师。

（7）重视学科竞赛及自主招生工作的指导。本届高三学科竞赛成绩优异，自主招生和农村自主选拔工作指导科学到位，一大批学生因之受益，被名校录取。

（8）开展"令学生终生难忘的教育"系列活动。如拔河比赛、跑操前激情宣誓、新春联欢会、故黄河三十公里远足、名校访问等，让高三成为学生生命中最美丽的风景，最宝贵的财富。

五、坚持开展"内省"教育，重视文化的力量

引领学生主动学习，遵循方向第一的原则，从较高的层面入手，提高学生的内驱力，充分挖掘其潜能。

（1）精心拟定2014届学生"十省吾身"，精美装帧后，统一悬挂于教室前侧，要求学生学会内省，善于唤醒内心，正确认识自己，不断修正自己，养成正确归因的优秀习惯，做激情洋溢、个性张扬、格调高昂的中学生。我们认为：再精深的理论、再深邃的思想、再高明的大师，都抵不过自己把事情想明白了。知道了自己的梦想，明确了生命的目标，清楚了行动的方向，就可以拥梦而前，做幸福的行者！师生已经达成了一种共识，即内省是一种智慧，自反是一种文化。

"十省吾身"的具体内容如下：
① 今天，我真诚微笑，擦拭心灵了吗？
② 今天，我保持规律，高效学习了吗？
③ 今天，我目标明确，有所进步了吗？
④ 今天，我捍卫梦想，全力以赴了吗？
⑤ 今天，我心存敬畏，传递温暖了吗？
⑥ 今天，我淡定豁达，拥抱生命了吗？
⑦ 今天，我个性张扬，有新的发现了吗？

⑧ 今天，我言嘉行懿，践行班级精神了吗？

⑨ 今天，我热爱班级，让家更温馨美好了吗？

⑩ 今天，我心安理得，为迎接朝阳做好准备了吗？

（2）为了引领学生主动学习，科学选择高效的学习方式，提高学习效率，我们把"学习金字塔"张贴于教室显著位置，让学生时时对照，校正自己的学习行为。

（3）各班级均确立适合班情的班级目标、班级精神，以方向和目标引领学生高效备考。我们坚持开展激情德育，每天课间操时间各班级都要庄严宣誓，既鼓舞了士气，振奋了精神，又让学生在铮铮誓词中拷问心灵，升华人格。

附：

2014届理科（十六）班

班级目标：

砥砺卓越精神，打造伟大团队。

踏入知名学府，追求一流学问。

涵养大气品格，成就壮美人生。

班级精神：

笃志向学，敦行致远

班级誓词：

群英荟萃十六班，壮志豪情凌九天，胆气撼泰山。

性灵出万象，风骨超常伦。

浩然明理，谦卑坦荡。

薄责慎独，刚毅坚卓。

敬畏宽恕，仁爱信敏。

博观约取，厚积薄发。

崇真尚美，科学严谨。

笃志向学，博雅厚德。

参天尽物，敦行致远。

上不愧天，丰富心灵，任繁星纵变，智慧永恒；

下不怍地，壮阔胸襟，纳河山锦绣，万里驰骋。

谱时代华章，数风流人物，看我们实践爱与进取的理科十六班。

（4）积极推行"小组—互助发展"教学模式的研究与实践。"小组—互助发展"教学模式要求学生尽可能多地采用讨论、实践练习、学后立即运用的学习方式，促进了教师教育教学观念的转变，实现了面向全体学生与面向个体的完美结合，唤醒了学生的学习意识，提高了学生的再学习能力，促进了教与学的和谐发展，是高考取得大面积丰收的重要抓手。该研究与实践荣获了"安徽省基础教育课程改革教学研究成果"三等奖。

六、全面落实导师制和小班培优制度，努力做好临界生和优秀生培养工作

我们坚持践行分类指导、分层推进制度。对优等生、边缘生、后进生进行针对性辅导和训练，建立导师和学生的联系制度，从学法指导、知识面拓展、基础夯实、思想教育、心理调整诸方面分层推进，取得了良好的效果。

导师制就是将本科临界生分包给任课教师重点跟进培养的制度，这项工作措施得当，落实到位，收到了良好效果，是2014年高考本科达线人数取得历史性突破的重要保证。

小班培优就是抽取年级顶尖学生组成规模很小的班级，由各学科最优秀的教师对他们进行针对性教学和辅导、重点加以培养，以期全国一流名校有重大突破的教育教学方式。这一举措极大增强了尖子生信心和教师的责任意识，最大限度地提高了学生的成绩和综合素养，为高考成功奠定了最坚实的基础。

附：

砀山中学2014届小班培优安排

班主任	陈清华				
辅导老师	陈清华	张辉	杨得志	刘小妹	王允朝
	董顺	陈枫华	马翠英	宋彩云	郭法亮
班长	刘夏茹	副班长	胡尊天		
生活委员	陈俊杰				
成员	姬梦迪	王同磊	刘夏茹	谢上	刘丹
	刘育坤	唐艺钊	胡尊天	张伉	刘辉
	张愉涵	李杰杰	李新达	李星圻	戚孝群
	张威	朱光顺	姬硕生	吴楠楠	刘亮

班级目标：QBD（考取清华、北大等名校）

学习定律：1. 克短，扬长，不贰错　　2. 科学，细致，规范

　　　　　3. 唤醒，合作，共赢　　　4. 自信，执着，完满

班级标语：1. 言嘉行懿　　　　　　　2. 知书达理，厚德载物

　　　　　3. 励志笃学，和而不同　　4. 长风破浪会有时，直挂云帆济沧海

七、加强研究，总结策略

加强对《考试说明》和高考真题的研究，总结出一些简捷高效的应考策略。

八、2014年高考的辉煌成绩

2014届高考我校取得了历史性突破，应届本科达线一千三百二十二人（不含借读生和艺体生），其中一本达线率提高了99.21%。高三（16）班刘育坤同学以658分的成绩，位居全省理科第二十三名，被清华大学录取。姬梦迪、刘亮、王创业、于晶武、唐艺钊、张悦、李新达、何凯旋、戚孝群、刘辉、胡尊天等五十八位同学被复旦大学、中国科学技术大学、南京大学、浙江大学、武汉大学、同济大学、南开大学、电子科技大学等"985"院校录取。有一百七十七位同学被"211"院校录取。有十二位同学被军事院校录取，其中孙传虎同学以优异成绩被海军航空兵学院录取为航母舰载机飞行员。县委、县政府为我校记集体三等功一次，并颁发嘉奖令，奖励人民币二十五万元。

九、2014届教师获得的荣誉

在2014年9月5日召开的砀山中学教师节庆祝表彰大会上，为学校发展做出突出贡献的2014届教师有多人受到表彰，获得人民币奖励计三百万元。

（一）高考特别贡献奖

（1）年级主任　　　　陈清华　　　　　　　奖励人民币10000元

（2）年级组副主任　　宋银标　张　辉　　　奖励人民币5000元/人

（3）理科16班　　　　　　　　　　　　　　奖励人民币100000元

班主任　陈清华

语文　陈清华　　　数学　张　辉　　　英语　刘小妹　　　物理　王允朝

化学　董　顺　　　生物　陈枫华　　　体育　李馥洁

（二）高考优秀班主任

理科16班　陈清华　　理科17班　孟朋朋

理科18班　董　顺　　文科6班　　杨得志

文科3班　　杜贵英　　理科29班　汪路长

理科14班　李风波　　理科24班　孟　导

理科9班　　雷　英　　理科12班　杜文明

（三）高考学科优秀教师

语文	陈清华	李　艳	单艳艳	汪　莹	王丽娟	杜贵英
数学	张　辉	周衍志	盖传敏	高　凯	孟朋朋	
英语	刘小妹	侯瑞芬	马雨振	孙　颖	田　静	董夏萍
物理	王允朝	侯政伟	沈德鸿	侯朝阳		
化学	董　顺	蒋　玲	侯艳丽			
生物	陈枫华	王　米	汪路长			
政治	许　娜					
历史	宋彩云					
地理	于　华					

历史为成功者书写，辉煌由优秀者创造。我们坚信，高考会成就每一个孩子大气而壮美的人生，高考注定会让我们的高三、我们自己成为永恒的经典。

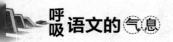

高三因奋斗而豪迈　生命以耕耘而饱满

——在砀山中学2017年元旦联欢晚会上的讲话

尊敬的各位领导、老师们，亲爱的同学们：

大家晚上好！

辞旧迎新，孕育万千希望；冷风飒飒，唱响奋斗凯歌。新年的气息褪去了烟尘与伤痛，沉淀在内心的却是缤纷的梦想和收获前的耕耘与饱满。今天，我们隆重集会，举办砀山中学2017年元旦联欢晚会，展示我校艺术教育的丰硕成果，抒发时代砀中人的满腔豪情，以励诸君斗志，以壮高三声威。我谨代表高三年级全体师生对学校领导、所有演职人员、工作人员表示衷心的感谢，高三师生将因你们而更富激情，更有力量；高三工作将因你们而更上台阶，更有成效。

风雨人生路，弹指一挥间。亲爱的同学们，三年前，你们带着满脸稚气走进砀中校园，怀着兴奋，怀着憧憬。三年来，校园里留下了你们刻苦求学的身影，留下了你们琅琅的读书声，留下了你们因苦思冥想而豁然开朗的那份喜悦。为了理想，你们披星戴月，寒暑不辍，发愤苦读，风雨无阻。春雨中有你们执着的追求，炎夏里有你们跋涉的身影，秋风中有你们勃发的激情，冬寒里有你们坚定的脚步。一路走来，你们汲取着知识和智慧的营养，完善着自己的人格，濡养着自己的情怀，收获着生命中最为宝贵的精神财富。

今天，距离高考还有160天！在此，我送给大家三句话：

一、要用积极的心态应考

要学会"关门"。学会关紧"昨天"和"明天"这两扇门，过好每一个

"今天"，既不对昨天耿耿于怀，也不对必然到来的高考忧心忡忡。

要学会"计算"。算自己的幸福，越算越幸福；算自己做对的事，越算越有信心。既不对考试的失误过度懊恼，也不对现实的环境过多抱怨。

要学会"舍得"。当高考的脚步声临近，你会越发觉得时间紧、任务重，复习无从下手，这时要学会"弹钢琴"，学会"抓大放小"，就是抓主要矛盾，抓关键问题，抓在点子上。

高考是一场学识与心态的较量。三年来，同学们在"睿思，敦行，敬畏，坚卓"的精神引领下健康发展，成长为同龄人中的佼佼者。我们没有理由在高考面前畏惧、退缩。面对高考，要壮阔胸襟，勇敢跨越。

二、要更为勤奋和严谨

常言道"勤能补拙"，又道"天道酬勤"。在未来的日子里，我们将是这片土地上最勤勉的一群人，每个清晨，当大多数人还沉睡的时候，我们就要开始忙碌：或读书，或教书。每个夜晚，当大多数人已经酣眠的时候，我们还不能停止操劳：或挑灯夜读，或秉烛备课。未来的日子里，我们需要严谨求学，严谨治学。绝不疏忽任何一个知识点，不忽略任何一个错误，不忽视任何一个细节，尽全力将每一天、每一节课、每一次考试、每一次练习、每一道题目都做得尽善尽美，不留缺憾高考后。

三、要有持之以恒的精神

我深信"有志者，事竟成，百二秦关终属楚；苦心人，天不负，三千越甲可吞吴"。我深信，一切阴霾都将消散，因为这个冬天里有我们心灵的暖阳照耀，2017年的夏天必将是胜利之夏。在未来的日子里，我们每个人都要有恒心，有毅力。课堂上一定要用求知的明眸替换你瞌睡的倦容，自习课一定要用沉静的思考替换闲聊的空虚。每一次训练都要用"平时如战时，战时如平时"的心态来对待。失去的时间无法倒流，但失去的知识却可以凭坚强的意志、切实的行动来挽回！

自信人生二百年，会当水击三千里。当砀山中学现实的校园在你们眼中渐渐成为过去的风景时，真诚地希望砀山中学精神的家园在你们心中越发明净美好。我希望，你们智慧的头脑里时刻洒满思想的阳光，处处生长责任的大树，遍地开放爱与宽容的鲜花。同学们，就请种下砀中人的思考，长出砀中人的责任，伸展出砀中人的爱与宽容吧！请珍藏一份感动，肩挑殷切希望，走进明天，拥抱未来。

最后，祝大家新年快乐，学习进步，生命璀璨！

盛装赴约　敦行致远

——在2017届高三年级毕业典礼上的讲话

亲爱的同学们，尊敬的各位老师：

大家好！

今天是高三年级同学最后一次参加学校集会的日子。此时此刻，依依不舍、无限留恋的情思盈满了每一寸空间。一年、两年前的今天，还是你们的昨天；两年、一年后的今天，也将成为高一、高二孩子的明天。孕育，磨砺，放飞，成长的过程就是这样。

我一直相信，青春有一种气息，那是芬芳四溢的气息；成长有一种声音，那是花蕾绽放的声音。同学们，你们青春的气息令人陶醉，你们成长的声音美妙无比。

此时此刻，所有的同学都在吟诵着这样一首诗：

轻轻地我走了，正如我轻轻地来。

轻轻地说一声再见，正如三年前轻轻地说你好。

轻轻地挥一挥手，带走的是无限思恋。

亲爱的母校，离开时，才知道偎依在你的怀抱是那样香甜美好；敬爱的老师，分别时，才知道枕靠着你的心房是那样幸福绵长。

岁月如歌，岁月有痕。三年前，携一缕清新之风，一群怀揣生命梦想的孩子走进了砀中。根之茂者实遂，膏之沃者光晔。清幽的气息弥漫于砀中校园，斑驳的历史早已积淀成厚重的文化底蕴。在这里，文化与心灵碰撞，沉稳与活力并存，传承与创新齐聚。俯仰之间，三年的日历就这样匆匆翻过，还没来得及端详每个人的面庞，还没来得及读完每个人的故事，毕业的钟声已经悄然响起。老去的是年华，凋敝的是历史，沧桑砺洗后的记忆会成为我们生命中一笔弥足珍贵的精神财富。

三年来，你们曾有过"指点江山，看天下谁与争锋"的年少轻狂；你们读懂了"从善如登，从恶如崩"的道理；你们感知了"士不可以不弘毅，任重而道远"的责任；你们拥有了"回首向来萧瑟处，也无风雨也无晴"的旷达；你们展示了"春来我不先开口，哪个虫儿敢作声"的豪迈；你们诠释了"春风大雅能容物，秋水文章不染尘"的情怀。你们渴望诗意地栖居，期盼自己的心灵温润、博大、细腻而丰盈。

亲爱的同学们，请铭记滋养了你魂灵的一种精神——"睿思，敦行，敬畏，坚卓"。不拒绝高考的舞台，激情洋溢的六月就不会拒绝你放飞梦想。一天，再过一天，你们就要接受高考的洗礼，从而步入一个更丰富、更高远、更具挑战色彩的殿堂。你们是狂放不羁的骏马，辽阔疆场才是你们驰骋的远方；你们是一飞冲天的鸿鹄，万里苍穹才是你们翱翔的领空。

在这里，我们要感谢伴随高三孩子成长的每一位老师。为了孩子的成长，你们倾其所有，用华发和笑容书写着责任和坚守。孩子们的星空不只是纯净，还多了几分深邃，放心地让他们飞吧，他们会飞得比我们高，比我们远！请不要担心孩子们离去后的寂寞，我们的寂寞高不可攀！当2017届的孩子们迈入大学之门的时候，一切又会从头再来！

长风破浪会有时，直挂云帆济沧海。

期盼同学们能够永远保持一颗进取之心，脚踏实地，追求卓越。求知若渴，虚心若愚，笃志向学，壮阔胸襟，追求真理，永葆思想之活力。

期盼同学们能够坚守一颗责任之心，甘于奉献，勇于担当。宋人张载有言："为天地立心，为生民立命，为往圣继绝学，为万世开太平。"这是人类教育最高的向往。

期盼同学们能够拥有一颗豁达之心，热爱生活，宽容自信。以淡定从容的心态直面人生的高潮或低谷，以博大宽容的情怀对待人生的失落和坎坷，始终满怀自信地去成就有意义、有价值、有创造的未来。

十年磨一剑，试锋在今朝。看今朝，莘莘学子，芒砀才俊，雄姿英发，志在千里；盼来日，朗朗大道，纵横天下，狂狷风流，群星璀璨。

高考并不残酷，考场绝非战场。十二年前，你们就和生命有了一个约会，那就是六月的高考，高考是展示生命精彩的华美舞台。我有一个梦想，也是所有砀中人的梦想，期待高三的每一个孩子都能够盛装出席这场约会，做最耀眼、最洒脱、最动人、最成功的那一个！

孩子们，记住恩养你的这片土地吧！她会给你无穷的力量。你们定然会续写砀中的传奇，你们的生命注定大气而壮美，你们必将成为砀山人民无上的荣光！

谢谢大家！

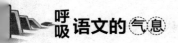

传承文化的两大途径：读书和内省

——2017年9月25日广州市南武中学升旗礼

话题引入：

某地大旱，众求雨。一次，龙王说众人之心不诚。二次，仍说不诚。第十次，依旧。第十一次，众人要龙王说出理由，龙王道："若心诚，求雨时为何不带伞？"众皆服。

故事在告诉我们：心诚则灵。我们的梦想就如同"雨"，实现梦想的过程就如同"求雨"，可我们有时真的不相信自己的梦想会实现。如果连自己都怀疑自己的梦想，这梦想何谈实现。

中华优秀传统文化源远流长，博大精深，璀璨辉煌，凝聚着中华民族自强不息的精神追求和历久弥新的精神财富。

一、加强中华优秀传统文化教育的重大意义

文化是一种精神、一种信念、一种力量，是民族的血脉，是人民的精神家园。中华优秀传统文化，是中华民族的"根"和"魂"，是中华民族的血脉，是中华民族精神的标识。

二、中华优秀传统文化的核心思想

儒家思想是中华传统文化的核心，在两千五百多年的风雨历程中逐渐积淀下了丰富的思想内涵。"讲仁爱、重民本、守诚信、崇正义、尚和合、求大同"，是中华优秀传统文化中思想道德、政治理念、价值追求、人格修养、独特品质、社会理想的精华。

仁爱：中华文化的核心力量。

民本：中华文化的价值追求。

诚信：中华文化的做人准则。

正义：中华文化的伦理原则。

和合：中华文化的独特品质。

大同：中华文化的社会理想。

三、中华优秀传统文化与现代学校文化建设

面对丰富的传统文化，现代学校文化建设应把继承学会做人、学会学习的传统作为弘扬和培育中华民族精神的切入点和突破口。因为学会做人、学会学习是具有中国魂和世界眼光的现代人必须具备的两种基本素质。这两种基本素质是一个人不断成长发展和弘扬民族精神的基础。

四、中华优秀传统文化的载体

成语、对联、古诗文、经典著作等。

三大名联：

（1）春风大雅能容物，秋水文章不染尘。（邓石如）

（2）倚天照海花无数，流水高山心自知。（曾国藩）

（3）天道无亲常与善，人才非正不能奇。（赵朴初）

五、传承中华优秀传统文化的两大途径：读书和内省

（1）读书是最经济、最具智慧的投资。

（2）内省——人人都有思考的权利，但不是人人都有思考的能力。

荀子：君子博学而日参省乎己，则知明而行无过矣。

曾子：吾日三省吾身（与人谋而不忠乎？与朋友交而不信乎？传不习乎？）。

孟子：自反而不缩，虽褐宽博吾不惴焉；自反而缩，虽千万人，吾往矣。

孔子：吾以言取人，失之宰予；以貌取人，失之子羽（澹台灭明）。

（3）内省什么？

什么是母校？就是那个你一天可以骂八遍却不许别人骂的地方。

什么是母校？就是那个左看右看不顺眼，但还要回来看的地方。

方向第一原则。（两大关键系统：目标动力系统，自我控制系统。）

责任：天下兴亡，我的责任（高震东）。南武发展，我的责任！人人生而有责。成长从承担责任开始；世界上真的没有一条路让你白走，因为每天的路都会让你收获成长；成长比成功更重要；生命不是一部好莱坞大片，既不会有过多的恰好，更不会有成功的模式。

幸福的四个要素：阳光心态，悦纳自我，一技之长，追求卓越。

真正的自由不是想做什么就做什么，而是不想做什么就可以不做什么。

内省是个体不断去伪存真、去恶培善、去丑育美、去粗存精、去愚启智、去闹臻静、进德修业、立己达人的行为过程，可以让一个人的心灵渐次温煦、博大，细腻而丰盈，是我们的智慧之方、力量之本、幸福泉源！

六、话说五班

（谭嘉雯：哪有那么多一夜成名，其实都是百炼成钢；因为有了我，一切都变得不一样了！）

七、我的寄语

（1）不热爱学习的人往往是不热爱生命的人。不爱学习的背后，就是迷茫、困惑、痛苦的生命。

（2）要让自己的心干净，但不能让自己的大脑干净。

（3）最可怕的两种人：没有自我，没有底线。

（4）何谓愚者？一是不知道该干什么，也不去干什么的人；二是知道该干什么，但不去行动的人。我们大多属于第二种。

（5）别人说你行，你就努力证明别人是对的；别人说你不行，你就努力证明别人是错的。千万别弄反了！

（6）抱怨比一个人得了癌症还可怕。删去抱怨，整个尘世就清净得只剩下天籁。

（7）过程可以准备，结局难以预知。做好当做的事情，很多美好的东西不是刻意追求的，而是从天而降的。

（8）我们不仅关注学生的今天，更要关注学生的明天。希望你们毕业20年回母校，让母校欣赏你们的发展；毕业40年回母校，让母校欣赏你们的贡献；毕业60年回母校，让母校欣赏你们的健康。

做一个善良诚实的孩子

——广州市南武中学升旗礼德育主题讲话

1. 什么是善良和诚实

老师唱几句民歌——同学说好是善良，说不好则是诚实。

善，会意字，从羊从言。言是讲话。羊是吉祥的象征。本义：像羊一样说话。像羊一样说话，才不会吵架、打架，才会有进一步产生合作的可能。

诚是一个形声字；《说文》："诚，信也。从言，成声。"意谓对待人们要诚实讲信用，不搞鬼鬼祟祟的把戏和阴谋诡计。《礼记·中庸》就说："诚者天之道也，诚之者人之道也。"认为"诚"是天的根本属性，努力求诚以达到合乎诚的境界则是为人之道。

以"止于至善"为校训的985院校：东南大学，厦门大学。

以"诚"为校训的985院校：南京大学，西北工业大学。

2. 日行一善，以善良和诚实为生命底色

日行一善，表示多做善事好事，积善成德。常用于鼓励人们的向善之心，常用的俗语搭配有日行一善，胜似日进斗金；日行一善，日省一过（恶）；日行一善，积善成德；日行一善，功满三千等。据清人编辑《德育古鉴》一书中记载，"日行一善"这个成语出自宋哲宗元祐三年任兵器监主簿的葛繁，葛繁坚持每天做好事，后来官至太守。有人请教他如何"日行一善"，他说："比如这里有条板凳，倒了碍人走路，就弯腰把它扶正放好，即是一善。"

去恶即从善。不以善小而不为，不以恶小而为之。

善的最大特征是利他性，但要从身边的人开始施行。

3. 从善如登，从恶如崩——《国语》

善良不是懦弱，不是无原则的退让，而是一种修为，一种悲天悯人的情怀，有时也要有点锋芒。

4. 你可以不漂亮，但一定要善良

若有诗书藏在心，岁月从不败美人。颜值总有一天会消逝，而你读过的书，走过的路，却使你沉淀得更加出色。

如果说漂亮是通行证，那么善良就是银行卡。岁月是把杀猪刀，但也可以是把美工刀。

三毛说：读书多了，容颜自然改变，许多时候，自己可能以为许多读过的书都成了过眼云烟，不复记忆，其实它们仍然是潜在的。在气质里，在谈吐上，在胸襟的无涯，当然也可能显露在生活和文字里。

5. 诚而无欺

不欺人，要言而有信，说到就一定要做到，做不到的就不要承诺。

不自欺。正心、诚意，不欺暗室。

最勇敢的事情是认清了生活的真相之后依旧热爱生活。不要害怕欺骗，但要知道世界上存在欺骗。

6. 爱、善良、纯真，让世界更有温度

我们首先应该善良，

其次要诚实，

再其次是以后永远不要相互遗忘。

——陀思妥耶夫斯基《卡拉马佐夫兄弟》

举例：王东问老师他能否成为中国的比尔·盖茨。

7. 对"善思雅新的文雅南武人"的理解

略。

8. 对善良和诚实的理解

善良和诚实应该是对所有人，无论是上司、长辈、餐馆服务员或是路边捡垃圾的老者。

9. 总结

不是所有的种子都会发芽，但我们只要播种就会收获满园花香和累累硕果。

家长坐班表现与学生成绩的关系

先来看一份来自广州市某示范性高中高三（2）班的观察报告。

观察内容：家长坐班表现

观察背景：该校在高三阶段，每天邀请一位学生家长于晚修时间入班陪伴学生自习。

观察人：黄钊颖

观察记录：

（1）一个学习成绩下等的学生的家长

他几乎是握着手机进来的，搬了凳子坐在后面一直在玩手机，头几乎没有抬起过，戴上耳机，对外界发生的一切不闻不问，完全沉浸在自己的世界中。

（2）一个学习成绩中等的学生的家长

他几乎没拿过手机，偶尔会在班里巡视，看看同学们的做题情况，甚至偶尔指点一下，课间也会询问同学们的学习生活状况，也会和自己的儿子交流。

（3）一个学习成绩上等的学生的家长

除了必要的事务联系，没有拿出过手机，而是拿出了工作用的设计图纸，握着铅笔潜心研究，与大家一同埋头做事。

（4）一个学习成绩拔尖的学生的家长

到学校看晚修从不带智能手机，只拿一个小灵通也没有使用过，自己看书看报，从未影响到学生，和同学们相处和谐。

观察结论：

（1）成绩较差的学生的家长表现欠佳，在晚修期间的举动较为随意，不理解为何要来看晚修，入班仅仅是应付差事。晚修期间只顾自己玩手机，听音频，和同学没有交流，缺乏责任心。

（2）成绩中等的学生的家长表现良好，主动与学生及自己的孩子交流，几乎不拿手机，对学生没有任何不良影响。

（3）成绩上等的学生的家长表现突出，在看晚修期间埋头工作，研究设计图纸，这种高度的工作热情和勤勉进取的钻研精神对学生是一种无声的教育，令人肃然起敬。

（4）成绩拔尖的学生的家长表现在于严格、谨慎、细心，从不带智能手机，自己看书看报，从不影响学生，努力为大家创设一个良好的自习环境。

总之，学生的学习成绩与其家长在晚修坐班期间的表现优劣呈正相关关系。在平日的学习和生活中，学生的行为习惯和精神状态与他们的家长也有太多的相同、相似、相通之处，可见家庭教育和家庭环境对孩子的学习和成长影响巨大。

观察说明：该校高三（2）班系理科实验班，该报告是黄同学多次观察记录后形成的文字。

很多时候，我们会对一些同学的表现极其满意，赞赏不已，甚至在想："这孩子怎么这样出类拔萃呢？"

也有不少时候，我们会对一些同学的行为极不理解，痛心不已，不禁感慨："这孩子怎么竟然如此的低劣不堪呢？"

当我们见到了这些学生的家长，几句寒暄，简短交流，略做沟通后，便立马有了明确的答案。父母的影子总是清晰地印在子女身上，孩子的一言一行多是家风熏陶渐染的外在呈现形式，父母有修养，孩子往往有教养，父母有远见，孩子常常有追求。良好的家庭教育是孩子健康成长的决定因素，家庭送给孩子的最好礼物应该是一个良好的习惯和一个乐观积极的人生态度。

笔者曾经先后教过兄弟二人，哥哥刘育坤，弟弟刘育珅。哥哥2014年以理科全省第23名（市应届状元）的成绩考取了清华大学，弟弟2017年以文科全省第17名（市状元）的成绩考取了北京大学，兄弟二人时隔三年均以骄人的成绩考入清华北大，一时传为佳话。许多人在问，是不是这兄弟两人智商奇高，有什么特别的地方？其实，刘氏兄弟的父母均是下岗职工，家庭条件很是一般，兄弟两人的智商也非超群，考入高中时哥哥在10名之外，弟弟更是在百名以后，但是他们的父母很注重孩子的品格教育，培养了孩子良好的生活和学习习惯。两个孩子共同的特点是听话，懂事，勤奋，待人热情有礼貌，成绩优异而不脱离群众，人缘极好。成绩领先时追求更高目标，学习遇到困难时积极面对，勇敢跨越。每遇节假日，总是和家人一起怀着感恩之心向老师致谢祝福，直到现在，他们兄弟及其父母都与老师保持着密切的联系。

这里也可以列举几个反面的例子。孩子考试作弊，被老师发现上报学校受到处理，家长不是批评教育孩子，而是到学校里大吵大叫，无理取闹。孩子旷课在家，跟老师撒谎说身体有病，去医院治疗，老师打电话询问家长，母亲不据实说明，反而替孩子打掩护。学校禁止学生将手机带入校园，家长非但不予以配合，竟然给孩子买了多部手机，某所示范高中就出现过一个晚上收了同一名同学三部手机的闹剧。还有的学生在作文里讲出奶奶偏爱叔叔姑姑、伯伯不疼侄儿、社会漆黑一片等诸多自私、偏执、冷酷、虚妄之语，着实堪忧。

父母孕育培养孩子，除了血脉相系，还有魂灵相继，即人情、人性、人格的传承。每一个儿童的身后都立着他的父母，父母笑，他也在笑；父母哭，他也在哭；父母向前走，他也向前走；父母朝后退，他也朝后退；父母在赞美，他也在赞美；父母在诅咒，他也在诅咒。

教育就是培育人的精神长相。家长和教师的使命就是让孩子逐步对自己的精神长相负责任，去掉可能沾染的各种污秽，培育人身上的精神"种子"，让人可以呼吸高山空气，让人可以扬眉吐气。

学校教育在人的发展过程中最主要的作用是引导，要引导儿童向真、向善、向美、向上。雅斯贝尔斯说："教育是人的灵魂的教育，而非理智和认识的堆积。"[1] 又有人说："教育就是一棵树摇动另一棵树，一朵云推动另一朵云，一个灵魂召唤另一个灵魂。""摇动""推动""召唤"突出的意味是"引导"，而非"决定"，明白了这一道理，就可以促使教育者要把教育的视角投向儿童的生长环境，投向其家庭和父母。如此，我们就清楚了学校、家庭、社会等不同层面的教育各自的侧重点和着力点之所在，从而更有效地实施学校教育，给孩子更真切的引导和帮助，便不会把儿童成长的全部责任一股脑地扛在自己的肩上。

在儿童成长的道路上，教育工作者责无旁贷，但加强和家长的沟通，了解并研究孩子的成长历程，调动多方面的积极因素，为其发展营造一个更健康、更广阔、更璀璨的环境或许更为重要。

参考文献

［1］卡尔·雅斯贝尔斯. 什么是教育［M］. 北京：生活·读书·新知三
联书店. 1991：4.

除了胜利，我们无路可走

——2020年5月25日高二年级学生会议讲话提纲

距离2020年高考还有四十一天，算一下，距离你的高考还有多少天？

高考是一次生命的跨越，一切要从"心"开始！

（1）学习是一种状态，青春是一种姿态。

学习要不畏难，不惧新，不怕变。

罗马哲学家塞涅卡说得好："并不是因为事情难我们不敢，而是因为我们不敢事情才难。"

（2）将一种思想付诸行动，并不一定能够证明其正确，能证明其错谬同样有价值。

清华大学校风：行胜于言；南武中学校训：力行。

风物长宜放眼量，而今迈步从头越。让我们弯下腰来，深耕一犁！

（3）学如弓弩，才如箭镞，识以领之，方能中鹄。

——袁枚《续诗品·尚识》

含义：学问的根基如弓，人的才能如箭，真知灼见（学识）引导箭头射出，才能命中目标。比喻没有学问，才能不能发挥，没有学识指导人生，就没有正确的方向。（方向第一原则）

如果一个人不知道他要驶向哪个码头，那么任何风都不会是顺风。

（4）人都想过得更好，但要先有让自己过得更好的本事。（对等原则）高不可攀的梦想与坚不可摧的意志是一对如影随形的孪生姊妹。

（5）除了胜利，我们无路可走。

"入学三问"马上会减缩为"高三三问"：我来南武干什么？我要从南武

215

带走什么？我要给南武留下什么？

一年后，你一定要说：我和南武的美丽邂逅最温暖，最浪漫，最动人，最幸福！

同学们，我希望每一天都能看到这样的你们，就像花草在微风轻拂中昂起头颅，就像鸟雀在晨曦初露中敞开歌喉，就像鱼虾在微波清流中自在游曳。

热切期盼大家：

恪守雅行规范，强化四个管理；

练好过硬本领，踏入知名学府；

涵养大气品格，成就壮美人生。

我曾邂逅一位教育家

——唐怀友老师班主任事略与思考

前日读林语堂的《苏东坡传》，看见这样一句话："我若一提到苏东坡，在中国总会引起人亲切敬佩的微笑。"当这行文字从眼前划过时，自己果然有了亲切敬佩的微笑，眼前分明立着一人，依然是三十五年前的样子，魁伟坦荡，亲切幽默，声如洪钟，永远眯眼在笑，一身的安全感，让学生总是愿意偎依。但这人不是东坡，却是和东坡同属乐天派的一位可以影响学生终生的点化高手，一位朴素的育人大师，一位行胜于言的基层教育家，他就是我初三的班主任唐怀友老师。

于是，回忆打开了感恩之门。

时在1985年，我就读于安徽省砀山县窦集初中。暑假开学，我被编入初三（2）班，班主任便是唐怀友老师。吕从德校长说，是唐老师特意找他要我来做班长的。就这样，一个改变自己人生命运的学年拉开了帷幕。

1. 让学生制定班规

第一节班会课，唐老师让我主持，主题是同学自定班规。他只在黑板上写下"学习""做人""荣誉"三个词语，告诉我们一切规章制度就围绕着这六个字讨论决定。我自己亲手整理的班规内容实在记不太清了，但唐老师的解读却言犹在耳："学习可以改变农家孩子的命运，可以让你跳出农门，吃上商品粮；做人要本分、勤奋、正直、不自私；荣誉有个人荣誉和集体荣誉之分，我更看重集体荣誉。"

从教后，学会学习、学会做人、爱惜荣誉、捍卫尊严便成了自己班主任工作的重要内容。在砀山中学担任年级主任、政教主任的十二年里，我给学生提出"求知""铸魂"的两大任务，就是从唐老师那里借鉴来的。

2. 预防针与万灵丹

现在想来，若为医者，唐老师追求的不是妙手回春，而是防患于未然。早做计划、周密安排、落实责任、及时总结是唐老师班主任工作的基本流程。唐老师最会打预防针，有话说在前面，做事约法三章。同学们都很佩服唐老师的"先知先觉"，学习也好、生活也罢，可能遇到的困难、可能出现的问题都被他预想到了，如何面对、怎样处理也早就有了预案。不同于他人的是，我们班的常规工作和临时性任务都是由班委会去布置的，唐老师常说：班级是我们每个人的，我要做的是替大家解决困难。尽管提前打了预防针，也不能保证万事大吉，不用担心，唐老师还有万灵丹伺候。谁出了问题，谁就会有一个很高的头衔——班主任助理。我这个班长岂不难做？开学第一天，我就被"封"为"副班主任"了。其实，唐老师的万灵丹是有文化渊源和理论支撑的，那就是换位思考，"己所不欲，勿施于人"。

几十年来，见惯了"头痛医头，脚痛医脚"的忙乱和低效，更懂得"三流班级靠管理，二流班级靠制度，一流班级靠文化，超一流班级靠建设"的道理。

3. 犯错者也有尊严

一个班主任的水平和修养是在面对犯错误的孩子时表现出来的。在我们成绩优异、屡获表扬、全面进步时，唐老师标志性的眯眼笑是很有魅力的。但当个别同学状态不佳、违反纪律、不求上进时，唐老师也绝不会在公开场合批评他们，而是把这些同学请到自己就在校园内的家里做客，一同商量"家务事"。几次交流，一番点化，有问题的孩子一个个灿烂得惹人羡慕。唐老师的一番话真的会让每个人甚至顽劣的学生感动莫名："既然我们把班级当作一个家，班主任就是家长，同学们就是兄弟姐妹。我是家长，但不搞家长制。孩子们有出息，家长最高兴；孩子们不长进，家长负责任。任何孩子出了问题，都是家务事，所以我把家人请到家里商量事，没有商量不好的家务事。一个家庭，最该得到温暖、受到帮助的就是犯了错的孩子，全家人都要帮助他。"现在看来，这段话朴实无华，却道理精深，逻辑严密。这是唐老师的工作智慧，更是他的教育情怀。

这段话，所有的班主任都能说，但却说不出口，就是因为缺少一种唐老师那样的情怀。眼下，在一些学校，我们已经习惯了当面批评和训斥学生，放弃了表扬和激励的权利，"当众表扬，私下批评"的常识也被忘得一干二净。一些学校甚至在最显著的位置大搞什么"曝光台"，以对违纪学生无情打击为能事，让德育沦落为扣分数、给处分、叫家长的粗暴行径。什么样的教育就留给孩子什么样的人生，是让犯错的孩子痛不欲生还是获得新生，很大程度上是由教育者决定的。目前，我所在的年级设置"闻过则喜，饮誉不惊"专栏，就是变管理为育人，用文化滋养灵魂，引领学生不仅知错善改，志存高远，更要正视问题，提升格局。

4. 善于点化重奖励

在我印象中，唐老师表情丰富，语气坚定，精神饱满，是天生的点化大师。同学们遇到问题都愿意向他请教，有什么心声也乐于向他倾诉，他总能春风化雨，拨云见日，三言两语指点迷津，使人豁然开朗。在唐老师和他的班级，只有沟通和理解，没有冲突和对抗；只有耳提面命，没有劈头盖脸；只有醍醐灌顶，没有万箭穿心。这里有严厉、喜爱、敬畏和信赖，但没有刻薄、厌恶、恐惧和敌视。

唐老师是最会奖励同学的一位班主任，几乎想不起来他什么时候惩罚过我们，他留给我的全是奖励。那时，学校还没有通电，晚自习要用汽灯照亮每一间教室。作为班长，也是全校烧汽灯技术最好的人，我每天晚上都要把汽灯准时烧亮，按时熄灭。夏天还好说，北方冬日的晚上，烧汽灯时会沾上一手的煤油，又脏又冷。唐老师看在眼里，疼在心上，便早早在家里准备好热水和肥皂，好几次在我洗完手后还奖励我一碗滚烫的鸡蛋面，那是我吃过的最有营养的面啊！在初三，能看一场电影绝对是十分奢侈的事。但作为对班级工作和成绩优异的奖励，那一年，唐老师让我和另几位同学到校外村子里至少看过两场露天电影。最难忘的是，在一次受到校长表扬后，我们请唐老师奖励全班一场电影，令大家欣喜若狂的是，唐老师竟然答应了。

初三，学习很紧张，但我们过得很快乐，无所烦忧，像一阵清风吹过，很快便度过了一个学年。如此看来，多年之后，学生刻骨铭心的可能便是当年老师给他的成长点化和真切奖励。

5. 自我管理真放手

20世纪80年代，农村的孩子唯有升学一条出路，中考压力之大可想而知。唐老师推行自我管理，班级事务分工明确，每件事都有人管，人人都有事做。

多年后，聆听魏书生的报告，其做法倒颇像抄袭了唐老师的。初三一个月就休息一天，老师们陪伴左右，形影不离。但毕竟要放假啊！当时有三个假必放：秋忙假、寒假和麦忙假。老师们家里都有土地，农忙要忙收忙种，初三老师只能轮流上课，上完课就要回去。这时，我这个"副班主任"的"副"字就会被唐老师抹去，不仅要管理（2）班，还要管理（1）班，因为唐老师又给校长提议让我担任了校学生会主席，还特别强调我在假期的管理是"全权"管理。于是，我迅速进入了角色，给两个班的学生开动员会，统一要求；组织两个班级开展跑操比赛，口号声响彻云霄；黑板报评比，互不服气。第一个假期结束之后，初三两个班级进入了全面挑战与应战状态，同学见面打招呼都恨不得比一比谁的拳头握得更有力。

当年中考，我们的成绩令人骄傲，领导和老师都说那一年学校发展达到了巅峰。我深知，这一切全赖有唐老师这样的基层教育家，自我管理在他那里绝非一句口号或是一种理念，而是真实有效的行动。

6. 培养一群小老师

初三一年，唐老师还培养了一群小老师。成绩优异或学有特长、口语表达好是小老师选拔的两个条件。六门中考学科各选出若干同学，分单元章节"备课"，经老师指导后在晚修时间"开讲"。当选小老师是多大的荣誉啊！做好小老师是多大的动力啊！在我"讲课"的时候，每次都能看到立在窗外的唐老师不时点头，满脸灿烂。物理小老师汪静荣介绍的一种听课方法很值得学习，她说自己每听老师讲一句话，就迅速地在心里默念两遍，紧紧跟着老师讲课的节奏，这样，别人听了一遍，而自己却听了三遍，成绩好也就不足为怪了。很多同学试着去用，效果真的很好。

了解"学习金字塔"之后，更发现了唐老师的神奇，当年他所采用的竟然是最高效的一种学习方式———向别人传授，也叫教会别人。二十多年后，汪静荣送孩子到砀山中学就读，我称她是物理小老师，她和我一样，对唐老师也是感念不已，还谦虚地说："我不如你们聪明，所以只能用笨办法。"原来，很多时候，最好使的却是笨办法。

7. 家长到校好开心

作为家长，举凡被班主任请到学校时，都很忐忑，会思忖自己的孩子在学校出了什么事，闯了什么祸。但是，被唐老师请来的家长都很快乐，因为唐老师请家长到学校只会做三件事：作为成绩优异、进步明显或贡献突出学生的家长介绍孩子的家庭表现，谈谈自己对孩子的期待；在学校表彰大会上和孩子一起登台领奖；到班级观摩班会课并代表家长讲话。这样请家长，家长哪个不开心激动？我父亲被请到的次数不少，后来和唐老师还扯上了亲戚，搞得我在唐老师面前又多了个"表侄"的身份。当然，没有被请到的家长也就翘首以待。唐老师的这一举措高明在哪里呢？就在"进步明显""贡献突出"上。唐老师时常叮嘱我做好记录，班委会要千方百计地让每一位成绩暂时不优异的同学要么"进步明显"，要么"贡献突出"，确保所有家长都能因自己的孩子开心一回。

作为一位农家子弟出身的农村初中班主任，唐老师的仁爱之心、悲悯之情和平直待人的态度强烈地感染了我，影响了我，几十年不敢忘怀，堪为最宝贵的教育和生命财富。三十余年来，我和家长交流时总是多谈孩子的进步和成长，即便是有问题的孩子，也要说他的闪光点，绝不打小报告，寄望于家长替自己解决所有的问题。家长会上，孩子的成绩也是单独发放，不让学困生的家长难堪。可以负责任地说，自己从未批评训斥过一位学生家长，因为我已经懂得这样一个道理：一位班主任如果连未成年人都没有教育好，就不要再去教育成年人了。

8. 承认错误见胸怀

唐老师的物理教得特别好，目标明确，条理很清楚；声如洪钟，极富感染力。可能是喜爱老师的原因，我们都很喜欢物理课，我的物理成绩也在不断进步。一次物理课，刚走上讲台，唐老师便深深地鞠了一躬，接着给大家道歉，说自己昨天上课时讲错了一个地方，请大家原谅。说真的，我们还真的没有听出来什么问题，唐老师一说大家才明白过来。课后，同学们热议的不是物理题，而是唐老师在讲台上坦诚向学生承认错误的勇气。从此，我们更钦佩唐老师了。

2002年，自己在砀山中学担任高二（2）班班主任，一开始，总有个别同学早晨迟到，谈心交流效果不佳。我便效仿了唐老师一回，来了一次深刻检讨，并当众宣读检讨书，而后将其张贴在黑板和前门之间的突出位置。不过我检讨的是自己的一次迟到，而这次迟到也是自己故意躲在办公室不去教室的"成果"。班主任迟到了一次就写检讨、读检讨、贴检讨，这一身教的效果可谓奇妙，一直到毕业，我们班几乎没有同学再迟到。多年来，无论教学，还是教育管理，自己一旦发现错误，便会坦然承认，及时修正。前几天，在年级大会上宣读一份处分决定时，我如是说："同学受处分，是我没有做好工作，没有呵护好孩子，但愿这是我最后一次宣读这种性质的文字。"

过而能改，善莫大焉。作为师者，不文过、不饰非是对心怀坦荡最生动的诠释，学生最服气、最敬佩这样的老师。

9. 有种制止叫捡球

我从小爱运动，尤其喜欢打篮球。初三那年，尽管学习压力很大，但自己偏偏不愿意放弃运动，于是便见缝插针，在午间、晚饭后去打篮球。刚开始，校长和唐老师没有说什么，慢慢地，打球的人多了，运动的时间长了，校长便着急了，要求唐老师去制止。唐老师并不十分反对我运动，但也不愿意总能看到我打球，又有了校长训令，便与我们几个最爱打球的同学约定：一天最多打一次球，不能超过十分钟。十分钟，还没热身呢！于是就继续。唐老师微笑着走过来，也没有赶我们。有了班主任做观众，我们仿佛受到了鼓励，球打得更起劲了。突然，球跑出场地很远，我正要去捡，唐老师却飞快地跑过去把球捡起，又跑过来递到我手上，口里还说："继续！继续！"球又出了场地，唐老师又一次捡回球交到另一个同学手上，口里依然说："继续！继续！"还能继续吗？

常想起这件事，一想起就会生出一种莫名的感动。那时还不知道，我们飞离球场的样子可以叫"作鸟兽散"，看着散去的我们，唐老师该是何等的得意啊！原来，有一种制止叫捡球。后来，自己遇到过度热爱打篮球的同学时，便和他们比赛定点投篮，如果输给老师立马走人，还好，自己从未败过。这是对唐老师教育思想的继承和发展，可谓"有一种制止叫赢你"。

10. 超票当选寄厚望

除了自我管理，唐老师还推行民主管理，班级大事由同学决定，定期改选班委会就是一项重要内容。有一次，大家票选班委，结果我的得票数居然远远超出全班同学数。见此情景，唐老师一点也没感到奇怪，倒显得很兴奋："真没想到，我们的同学眼光那么明亮，对班长如此信任，有不少同学投了两票，相信我们班一定会越来越好！"高兴之后，自己又深感不安，担任班长多年，见过全票当选，这次"超票"太令人费解，便去找唐老师想看选票，被告知选票不宜保留，已成炉灰。原来班级民主管理还可以有另一层理解：同学是民，班主任是主。

我一直不相信"超票"的结果，几次向唐老师了解"真相"，恩师都很认真地说，全是真相，那种情形他也就见过一次。这事，我早已释怀，剩下的唯有感激，其实，真相就是深谙教育艺术的唐老师想让全班同学更团结，更上进，更有前途。

11. 宽容学生有雅量

这件事不能不说。初三下学期，有同学看到了动画片《米老鼠和唐老鸭》，就给唐老师起了一个雅号——唐老鸭。我知道大家并无恶意，完全是出于喜爱，但给班主任老师起绰号终归是大不敬，便在班里予以制止，但最终还是被唐老师听到了。想一想从前给老师起绰号的悲惨下场，几位同学吓坏了，见唐老师好几天不提此事，便请我去探探情况。唐老师好像忘记了这事，但我知道他在思考和选择，他只是在圆熟运用自己极为擅长的一种问题解决方式——冷处理。周一班会课临近尾声时，唐老师终于讲起这事：我很喜欢"唐老鸭"这个雅号，我是一只老鸭子，你们就是一群小鸭子，我要领着你们去游水，还要带着你们去觅食，看你们长大，盼你们幸福；我这只"唐老鸭"，不爱"米老鼠"，只爱小鸭子。突然发现，敬爱的班主任还是语言大师，掌声之中，一群纯净质朴的农家孩子早已泪流满面。

这件事的处理堪称经典，这样的教育艺术只属于唐老师一个人。从此，我生命字典里就赫然写上了四个大字：雅量宜人。

12. 最适合的是需要

唐老师班主任工作的起点是立足农村教育背景的课堂学习，终点却是关乎学生未来的广阔社会。"学生需要的才是最适合的教育"，这是当下颇流行的一句话，三十五年前，唐老师就已经做到了。他很了解他的学生和他的学生家长最需要什么，用知识改变学生命运几乎成了农村教育全部的追求。数十年过去，唐老师的谆谆教诲言犹在耳，越发让我感到温暖亲切。"成绩就是父母的脸面，你的中考成绩决定了父母的腰杆弧度。""一个人连自己的父母都不爱，连自己的同学都不亲，怎么可能爱祖国、爱人民、爱社会主义！"

唐老师用他的教育智慧、非凡胆识和人格魅力把培育我们这群农家子弟的工作做到了极致，可谓"用教育的艺术，艺术地进行教育"。

承蒙恩师当年悉心教诲和精心锤炼，师范毕业后，又被校长要回母校从教，有机会继续向唐老师学习，唐老师自然是倾囊相授。两年后，22岁的自己竟然和恩师被同一份文件分别任命为两所学校的副校长，而且我去的是一所市级示范初中。29岁时，我担任了一所普通高中的副校长兼教务主任；三年后，我去了皖北最好的省示范高中之一的砀山中学，创造了"兄清华清华育出清华，弟北大北大源自清华"（刘氏兄弟相隔三年，分别以全省第23名、第17名的成绩裸考进入清华北大）的教育传奇，并被省政府授予特级教师荣誉称号；2017年8月，被广州市教育局作为"杰出人才"引进到广州市南武中学。

从前看半百之人，只觉极其老迈，仿佛和自己搭不上边。岁月不居，知天命的年龄已经渐行渐远，浑然不觉间自己竟然从教三十一年了，"常思既往"这一年龄特征也就时常得到体现。顾念既往，难忘师长。尽管自己担任过二十余年的班主任、中层和校级领导，也时而做一些教育教学讲座。但对照唐老师躬身自省，便觉自己远不如他想得纯粹，做得自然，走得从容。而今，恩师已从校长岗位上退休三年，自是心宽体胖，生活静好。春节困于疫情，未得拜见恩师。前日通话近百分钟，想起昔日情景，唏嘘间数度哽咽。

一个人遇到好老师是人生的幸运。作为学生，自己幸遇唐老师；身为老师，自己要终生做一个像唐老师那样的人。

写下以上文字，唯愿恩师教育思想相延不废。

第四篇

生活观照

——温煦情怀

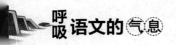

彼时少年

——我的入党自传

我叫陈清华，1969年11月23日，出生在安徽省砀山县一个叫大张庄的小村子，在兄弟姐妹中排行老大。我的降临是全家的大喜事，也是大希望，作为教书先生的曾祖父大人给我起了个内涵丰富的乳名——信忠，遗憾的是，在我不满一岁的时候，曾祖父就因病离我而去了，其寿竟与圣人齐。长大后，祖母告诉我，取名"信忠"二字，是希望我能够相信共产党，忠于毛主席，看来作为老派读书人的曾祖父，当时的思想已经跟上了时代。名字是一个符号，但却寄托着诸多美好的期冀和情感，从小，我便想着好好读书，要做一个不给先人丢脸的人。

在我小的时候，农村的孩子除了玩，还是玩，不知不觉间就玩到了该上学的年龄。上学，对我而言是新奇的，是早就盼望着的事。只是，因名额限制，入学时要有一个简单的考核，也就是数数，这一关也将几个同去的伙伴挡在了校门之外，要迟一年才能入学。我自然是轻松通过了考核，毕竟中学毕业的父母亲对我进行了一些必要的发蒙教育。

开学第一课，我的语文老师兼班主任赵素云老师让我们谈各自的理想。我的那些伙伴们有的要当科学家，有的要做文学家，有的要当英雄，还有的要做高官，而我只要做一个老师。后来那个班里也只有我一个人实现了自己的理想，因为后来我毅然选择了师范学校。

小学阶段，有一件事颇令我骄傲。二年级时，我积极参加勤工俭学，利用放学后和星期天的时间捡拾粪便，一学年竟交到学校八百多斤，扣除学杂费后，自己还得到两元人民币的奖励。四年后，我读初中时每学期的学杂费是五元钱。

　　总感觉自己很幸运，幸运的是我总能遇见激励我、帮助我的好老师，小学的赵素云老师、张广伦老师、辛龄英老师，初中的李福德老师、周玉友老师、康兴亚老师、唐怀友老师、吕从德校长，等等。他们一路扶持我积极向学，不断进步，尊师守纪、勇敢善良、热爱集体、品学兼优、积极向上、组织能力强、很有领导力之类的语言写满了每一份评价鉴定性质的材料。

　　从小学到初中，我均担任班长，三好学生、学习标兵、优秀学生干部等奖状贴满了祖母家老屋的整面墙壁。1984年11月，我加入了中国共产主义青年团，从此，自己又时常会获得优秀团员的荣誉称号。

　　初中阶段，我疯狂地爱上了读书，但是可读的书太少，自己想尽办法买了一百多本连环画，还有《说唐演义》《封神演义》《三侠五义》之类的演义小说。虽说书的档次不高，但也足以令我如痴如醉了好长一段时间。

　　初二时的一次"壮举"还是要说一下。年龄不大、个子不高、力量不强的我竟然帮祖母把好几百斤小麦从四五十里之外的阚寨村用平板车拉回到家里。前后六七个小时，自己没喝一口水，没吃一粒米，其间，放弃的念头一度极其强烈，但最后还是咬牙坚持了下来，当时自己真的想到了红军长征的艰苦。这次拉粮的经历磨砺了我顽强的意志和坚韧的精神，每每想起，便会生出许多力量。

　　时光荏苒，转眼到了1986年7月中旬，经过几次选拔后，我参加了极富挑战意义的中等专业学校招生考试，能否跳出农门、成为国家干部在此一举。苦苦等待之时，我的邻居周老师兴奋地跑到我家，告诉父亲说我"考上了"，当时家里正在建房子，所有人都欢呼起来。为了证明这一喜讯是真实的，我骑着自行车和另一位成绩也很优异的同学一起去镇中心校看分数，当中心校的高如善主任亲口告诉我考了569分的成绩时，自己好像顿然读懂了吴敬梓《范进中举》的又一层意思。但是同去的同学却差了几分遗憾落榜，回来的路上，他几乎一言不发，而后匆匆分手。

　　填报志愿时，尽管有人劝我不要选择师范，但出于对教师职业天生的热爱，要实现儿时的理想和追求，自己还是坚定地填报了师范类院校，最后，终于迈进了这所心向往之的师范学校。

　　两年来，我一直担任班长，班主任王润芳老师对我关爱有加，金鑫校长、马东洋副校长、张小孔书记、李明乐主任、杨振兴主任等领导给了我极大的帮助。除了担任班长，我还兼任班级团支部组织委员，担任校团委委员、文体部长，担任校学生会宣传部部长。作为学校团委、学生会主要干部，我参与组织了学校运动会、音乐会、诗歌朗诵会、演讲比赛等大型活动，作为全校的领操员负责每天的课间操。两年来，我工作积极主动，任劳任怨，成绩显著，多次被评为优秀干部，并荣获一等奖学金两次。在校运会上，自己跃过了1.51米的横杆，获得跳高冠军；参加书法比赛，荣获校一等奖，作品被选送展览。

在老师和领导的关怀和帮助下，我得到了很好的锻炼，思想有了明显的进步。特别是自参加党课学习以来，我能够更加严格地要求自己，将个人成长和集体荣誉紧紧结合在一起。

我知道，我们学校，三年时间里每一个班级只有一个党员发展名额。起初，我并没有递交入党申请书，因为我觉得我们班的团支部书记王玮同学比我更优秀，而且她已经递交了申请书。后来，班主任和张书记找我谈了话，说我更符合入党条件，鼓励我要勇于接受组织的考验。没想到的是，王玮同学主动找我谈心，鼓励我递交入党申请书。递交申请书不久，党组织就把我确定为入党积极分子悉心培养，培养合格后又确定为党员发展对象。当我填写了入党志愿书之后，真的很激动，很自豪，一个人在学生时代就能够加入中国共产党，的确是一件很光荣的事啊！

今后，我会珍惜荣誉，戒骄戒躁，谦虚谨慎，以更饱满的精神和更炽热的情怀去学习，去工作。不仅要在组织上入党，更要在思想上、行动上入党，用成绩来回报党组织对自己的信任和培养，为教育事业做出突出的贡献，也收获属于自己的温暖故事和动人篇章。

《心飏长天》序

　　芒砀古郡，梨都新城。风物锦绣，人文荟萃。故黄河蜿蜒其境，流奔东去，千年不息。河之两岸尽显勃郁生气，数十万亩梨树虬枝苍劲，根植沃土。春来梨花成海，涌起千层霜雪；秋到硕果满枝，凝结无限希望。百万生灵，相守于此，灵魂一如梨花般晶莹美好，生活仿佛梨果样幸福香甜。

　　人言砀山有宝二，一为酥梨，名驰天下；二为砀中，育人八秩。芒砀才俊少年多入我校，辛卯之秋，幸得百有十九者教之。三年时日将去，激越之情满怀，丰盈之心堪求。如歌岁月，少年情怀，生命梦想，尽诉诸文字。观之，虽无华章可不朽，但多至情出真性；虽无高才比八斗，但见璞玉皆本我。常思二十六年教学路，最浪漫者莫过于和年轻的心灵相拥。亲见百余颗心灵渐臻博大、细腻、温润，人生大幸也。

　　记一件事，抒一段情，言一番志，每人一篇文字，集而名之曰《心飏长天》。少年之心当快意，少年之情当昂扬，少年之志当飞翔。一篇短文虽难以尽言喜忧得失，但作为时光的记载，终可铭记于心，诚为生命之香甜记忆。岁次交替，沧桑砺洗，弥足珍贵，来日收获的不知是何等价值的财富。

　　和百余位家乡最优秀的学子共度三年美好的日子，真的很陶然，很释然，很受感染，自己也变得年轻起来。看到他们就会微笑在心，活力充沛；登上讲台，更觉思维活跃，情感丰富，顿生被幸福包裹的滋味。同在"明德，笃行，弘毅，致新"的精神旗帜引领之下，莫辜负韶光，须担当责任，便为一致的行为准绳。语文科并非孩子们的最爱，初中以前，他们在语文学习与积累上付出不够，故培植其语文情感系三年之首要任务，所幸已然大有改观，孩子们渐渐悦纳了语文，参与、享受、快乐与灵动成为课堂的主元素。"呼吸语文的气息"课题实验活动给孩子们提供了展示语文素养和个性风采的亮丽舞台，千余份记载表将成为美丽的容器，把一颗颗律动的心儿轻轻存放。

海德格尔说："人活在自己的语言中，语言是人存在的家，人在说话，话在说人。人要诗意地栖居在大地上。"以语言记载自己的经历，传递追求梦想的符号，我们的高一便有了些许诗意。"诗意的栖居"当是优雅精致、从容淡静、大气厚重的生命最完满的归宿。

据说，有一次，三毛卖给林清玄房子，当林清玄把钱准备好时，三毛却反悔了，林清玄要个理由，三毛说：门前的柠檬花开了！林清玄就不再说什么了。这个故事告诉我们，花开了，是那么的重要。面对鲜花般的少男少女，花开有声，花香袭人，便觉要做一个为鲜花让路的人。

传道、授业、解惑固然是一个语文教师的职责，但我深知，语文之外延等同于生活的外延，让学生拥有健全之人格、独立之思想、高洁之操守，将知识升华为智慧和胆识，从而使自己的人生璀璨壮美，更是我最热切的冀望。

现把朴老的名联"天道无亲常与善，人才非正不能奇"写下，与大家共勉。

不揣浅陋，权且把以上文字充作《心飏长天》序言，愿所有读者被语文的气息包裹，和语文神交，充盈生命，丰富心灵，永远记住回家的路。

人是一只能飞舞的蝴蝶

蝴蝶是春天的精灵，飞舞的蝴蝶轻盈而迷人。庄周梦蝶，梁祝化蝶，人类和蝴蝶早已结下不解之缘。

法国人帕斯卡尔说人是一根能思想的苇草，思想的阳光让他三十九岁的生命伟大而有尊严。其实，每一个被阳光照亮生命的人，又何尝不是一只能飞舞的蝴蝶呢？

飞舞的蝴蝶自是最美妙的风景，美在自由，美在灵动，更美在蝶翅的缤纷色彩。据说，在扫描式电子显微镜下，蝴蝶的翅膀本是无色的，只是因为具有特殊的微观结构，才会在光线的照射下呈现出缤纷的色彩。正是阳光赋予了原本朴素的蝴蝶别样的美丽，蝴蝶才能在阳光下的花丛中自信地、尽情地飞舞。

人是一只能飞舞的蝴蝶。经历破茧之痛成为一只蝴蝶类于婴儿的呱呱坠地，能否拥有一双色彩斑斓的蝶翅翩然翻飞，就看是否有阳光的青睐。人之降临，皆为赤子，身体透明，心灵干净，可谓无色。人之长成，皆有颜色，或黑或白，或红或紫，因人而异。心灵洒进阳光的人就是能斑斓起舞的蝴蝶，就会给生活增添光彩，就会给生命留下感动，就会给世界带来美好。

在霍桑那部著名的小说《红字》里，海丝特·白兰虽因通奸罪而被戴上标志耻辱的"A"字示众，但是由于她处处为别人做好事，同样是那个红"A"字，几年后在人们的心中却成了德行和品德的象征。海丝特·白兰勇于为自己的生命着色，人格的尊严在她身上表现得那么顽强，任何权势、邪恶都无法使其泯灭。海丝特·白兰无疑是一只能飞舞的蝴蝶，飞得坚定，舞得执着。

蝶翅翩飞的地方，总是阳光煦暖。心灵洒进了阳光，就不会抱怨生活，因为你懂得"删去抱怨，整个尘世就清静得只剩下天籁"。又一次绕不开苏东坡，因为在我心中，他是一只能飞舞的蝴蝶，豁达、从容、不抱怨、以苦为乐便是照射他那双蝶翅的阳光。"问汝平生功业，黄州惠州儋州"，愈贬愈是荒远，愈挫愈是完满。苏辙曾对人言：起先自己和兄长的作品水平相当，但自从东坡贬谪黄州后，自己的作品就相去甚远了。苏轼留给我们的财富不单是书画辞赋和东坡赤壁，更是鼓翅振羽、且行且舞的精神境界。

安庆赵朴初故居内，有一副先生手书的名联"天道无亲常与善，人才非正不能奇"，这句警世良言，养心省身，光芒万丈。自有一些人，他们享受生命阳光的照耀，生活得温润而丰盈，飞舞得陶然而优雅。而且他们还将璀璨的阳光收集起来，再通过最美的形式播撒出去，给许许多多人的生命之翼带来光亮和精彩。《傅雷家书》是阳光，光照百千读者；丰子恺《护生画集》似花香，香了整个世界；贝多芬《命运交响曲》如梵音，激荡无数心灵。

心灵像柔软潮湿的土壤，适合很多东西生长，但这里必须贮满阳光，不必华丽，不必执念。真实和美，是人类的终极追求。让我们像原本朴素的蝴蝶一样，在梦想的阳光映照下美美地飞舞吧！

【点评】（辜桂玲）

本文从"蝴蝶"入手，庄周梦蝶，梁祝化蝶，诗意转承接启蝴蝶与人类的"不解之缘"，由蝴蝶的蜕变，过渡到人之历练。人如蝴蝶，保持心灵干净，便会"给生活添光彩"。让阳光驻心间，删繁去粕，便可以拥有丰盈的生命之翼，在阳光下自信飞舞。其朴素真挚、娓娓道来的思想哲理，有理有据、层层推进的论述结构，夹叙夹议、起承转合的行文章法，流畅恣肆、文采斐然的语言表达，使本文摇曳多姿，质朴而深刻，丰富而高远。

碧野陈静婚赋

豫皖接壤，两县毗邻，一乃夏邑，一为芒砀。夏邑骆镇，陈氏有好女芳名曰静者，冰雪聪明，珊珊可爱。因姑丈供职于砀山中学而徙学至斯校，时廿一世纪二年也。砀之付氏，育有一儿，名碧野，少有大志，性敦厚，堪称谢家之宝树。缘由天定，碧野陈静俱在文科一班，余忝为兹班之主任，得授二人语文。初，二者皆志于学，几无接触。但见碧野英俊豪迈，热情似火少年郎；陈静蓓蕾初成，娇花照水柔软心。高二韶光飞度，二人心有灵犀。岁次更替，渐为知音，情切意笃，互相扶持，学业当先。陈静应届即入江南大学，碧野则成吾班唯一党员。碧野回校再读，终遂己愿，次年入皖之财大。是年，二人心系卿我，彼此挂牵。又七年，碧野先毕学业，后入银行，再举警界。陈静则由无锡至郑大攻研，一为进修，二为待碧野以定终身。石不可夺其坚，丹不可改其赤。几番打拼，数年坚守，命由我作，福自己求。现共居皖之名城马鞍山，事业之方向既定，生命之前景光明。八年之相依相恋，一朝成伉俪佳偶，可贺堪庆，余心陶然。

廿一世纪十有二年，四月廿五日，知碧野陈静之婚讯，喜不自胜。五月二日，砀之国际酒店，礼炮声声，其乐融融，二人婚庆典礼庄重而盛大，与者无不羡也。置身其间，欣喜陶醉，暖流荡漾，不觉竟泪眼婆娑，喜看诸生结连理，诚为教育之骄傲。忽被邀至庆典之台，司仪命作祝词。幸福叩门，全无所备，好在心热情挚，亦不紧张，满腹真言，脱口而出。自知此乃碧野父母筹划，意在造一惊喜，并不虑余窘于台上。近看碧野陈静，伟岸洒脱意气风发温文尔雅彬彬有礼谦谦君子，端庄贤淑芳香四溢秀外慧中楚楚动人绝代美眷，更觉地设天造，人间无双。执子之手，与子偕老，自是万千姻缘之所期。二人必可参透情爱之真谛，举案齐眉，两心相倾，彼此包容，同沐阳光，共担风雨，演绎爱情生命之佳话，留存恒久动人之华章。

犹记陈静大一自无锡回，随碧野过余，以一泥人小品赠，手指泥人男者，曰："此即吾师也！"继指泥人女者，曰："此为师母！"虽去数年，每睹泥人，盈盈笑语在耳如昨。时观其可爱，便忖之：不亦为碧野陈静乎！思与其家人交，多获教益，常告之于后学者。

余入教坛二十有三年，从学者众。碧野陈静玉成婚姻，竟以为己之子女娶嫁，告之于妻，笑曰："知你，他日若如二人则幸甚也！"诚可谓，生子当如碧野，娶妻莫过陈静。

心存感念，诉之以笔，碧野陈静览斯文必察余心。婚之成者，幸福之端也，事业之端也，责任之端也。再祝新婚甜蜜，前途璀璨，凤凰于飞，早生麟儿。

难忘少年欢乐事

不久前，在老家见到了小学同学孙顺河，他早已做了爷爷。见面时，他有些不好意思："你在省重点中学当老师，哪像我，就是孩子多，抱孙子早！"我便认真起来："老同学，我一直对你心存感激，我这辈子读的第一部小说就是从你那里借来的《晋阳秋》。"听我这样讲，他说实在记不起自己曾经有过这样一本书。

是啊！人过四十，记忆力明显减退，想记的东西很难记住，想忘的东西又忘不了。对于我而言，少年时代的一些欢乐故事，非但难以忘怀，而且清晰如昨，每每忆及，竟会笑出声来。

老屋油灯麦草香

前几天，儿子打电话让妈妈帮他晒被子，说是国庆节要回来，触摸秋阳下软暖的棉被，我的思绪一下子就回到了欢乐的少年。

清楚地记得，上小学时我和祖父祖母住在土坯墙、小青瓦的老屋。冬天，很冷的时候，晚饭后，我总要先和小伙伴们玩个痛快，然后在祖母的油灯下做作业，作业完成后再看些书。油灯下，祖母不是纺棉，就是做针线活，而看我读书则是她最幸福自豪的事了，因为一到考试我总是拿第一，不时能得到钢笔、脸盆之类的奖品。

我读的第一本小说叫《晋阳秋》，后来还读了《烈火金刚》《红旗谱》等，这些书都是借来的。《晋阳秋》就是前面提到的孙顺河借给我的，他给了我半个月的时间，我不舍得一下子读完，就做了个计划，每晚在奶奶的油灯下读上五十页，读够了就折一下，告诉祖母说要睡觉了。

这时候，祖母就会停下手中的活计，叫祖父过来把棉被撑开，她从院子里拿来一把麦草，放在撑起的棉被下面点燃起来，烟火就把棉被熏烤得热腾腾、暖融融，麦草的香味顿时弥满了整个老屋。祖母帮我做好被窝，我就脱掉衣服迅速地钻进去，刚进被窝时，还常常有烫烫的感觉，接下来我就被浓浓的、香甜的麦草的味道紧紧地包裹起来，暖暖地睡上一觉，感觉寒冬的夜里一点也不冷。

有一年冬天，天气突然变冷，我还没有厚一些的棉袄，祖母说："你先睡觉，睡醒了就有新棉袄穿了！"第二天的早晨，已经焐暖的新棉袄正静静地等着我呢！我知道，祖母的油灯又亮了整整一夜。而如今，祖母已经八十又七，祖父在八十九岁那年安然离开了我们，不觉已届四年，但麦草的味道一点也没有变，还是那样的香涩、温暖，胜却一切空调、电暖器。冬天又快到了，寒冷的冬夜，祖母只能靠电热毯取暖了，然而麦草的味道已经化为我终生不灭的记忆。

犹记当年麦草味弥漫的老屋的土墙上，有我刚入小学时用粉笔写的"我爱北京天安门""好好学习，天天向上"等一些字，我的妻子第一次登门时，祖母很兴奋地把这些字指给她看，欣喜之情溢于言表。从那时起，祖母和孙媳的关系就特别亲密，妻子对祖母的关心和感念早已超过了我这个做孙子的。如今，老屋已不复存在，但老屋永远是自己情感之根基，灵魂之依托。

不久前，我和妻子带着父母和祖母去了一趟曲阜。为了照顾祖母，我们订了两个标间，我原本想让祖母、母亲和妻子住一间房，我和父亲住一间房，可妻子提出让父母住一间房，我们和祖母住一间房。几十年过去了，又一次和祖母同居一室，妻子好说歹说才把祖母请进浴室，帮祖母美美地洗了个澡。是夜，祖孙三人似乎有说不完的话，有讲不完的故事，我又一次说起那冬夜里无限温暖的麦草，说起祖母为我连夜赶制的棉衣，不觉已是凌晨两点。游览孔府、孔庙时，八十七岁的祖母竟然连续走了三个多小时的路，还要迈过一道道高高的门槛，而且连说不累。我深知，祖母不是不累，只是心里高兴，一如我想起香甜的麦草一般陶然。

八口水的故事

小学一年级暑假（那时还是春节后入学）里的一天，我到地里割草，回来时经过村子后的池塘，小伙伴们正在水里尽情地嬉闹着，完全忘记了老师不让玩水的要求，我也忍不住下了水。过了一会，我发现曹春光在往里走，就跟了过去，继续往里走，我一下子陷进了土井子里，喝了不少水，扑腾了一阵子，余下的事便模糊了。

再有知觉时，我已经躺在池塘边上，一个叫张爱伦的伙伴也躺在一旁。后来才知道，我俩都被水给淹了，他是跟在我后面的，曹春光个子高些，也喝了一些水。那时，小伙伴里面没有一个会游泳的，幸好村子里有一个走亲戚的水性很好，救了我们三个，他叫刘海林，当是我的救命恩人。我是最后一个被救上来的，但恢复得挺快，见我慢慢坐了起来，小伙伴们便说："你差一点淹死，要不是那个走亲戚的，你们三个都得被淹死！"这时我才知道害怕，又担心回家挨揍，便呜呜地哭起来。但这一次父亲没有打我，只是一脸生气的样子，母亲和祖母不停地安慰我，祖母还请人来给我叫魂，说什么"大难不死，必有后福"。晚上我吃了三个锅饼，喝了两碗稀饭，故意装作没事的样子。第二天一早，就有小伙伴告诉我，张爱伦一夜拉稀，因为这我着实得意了一回。

开学了，最怕老师问起此事。我的班主任兼语文老师赵素云照例问道："暑假里都没有出什么事吧？"大家不说话，我便暗自庆幸这件很丢人的事可以过去了。突然，曹春光站了起来，指着我说："报告老师，他和张爱伦洗澡差点淹死，我去救他们，也差点淹死。"赵老师把曹春光好好表扬了一番，接着把我和张爱伦叫到讲台上，先敲敲我的脑门，问道："谁让你洗的澡？""我割草回来，几个人把我的衣服弄湿了，我就下去了。""还怪别人，我看还是你自己想洗！"赵老师接着问，"你喝了几口水？"我很茫然，鬼知道自己喝了几口水，却不知怎么就答道："八口！"（看来那时我就知道什么是吉祥数字了）老师又讲了句我一生都忘记不了的话："你都快被淹死了，还数着喝了几口水！"接下来便是问张爱伦："你喝了几口水？"爱伦更是不知所措，想了半天才答道"八口！""那你们两个谁先下去的？""他！""他先下去的，喝了八口水，你后下去的，怎么也喝了八口？"这个问题，张爱伦再也回答不上来了。终于，我怀着儿童的羞涩和倔强回到了座位上。

后来才发现，这件事竟成为自己最值得回味的美好记忆。赵老师是一位美丽的女老师，我学习的发蒙者，她给了我莫大的帮助，我就是受了她的影响才热爱语文、当上语文老师的。记得开学第一课，赵老师让我们谈各自的理想，我的那些伙伴们有的要当科学家，有的要做文学家，有的要当英雄，还有的要做高官。而我只要做一个老师，后来那个班里也只有我一个人实现了自己的理想。有时我跟同事们调侃："我可是实现了自己理想的人！"

岁月不居，如今自己早已过了不惑之年，谈及"八口水"的故事，总是忍俊不禁。赵老师刚过七十岁，身体很好，每次见到她，我们都有好多的话说，但是我从未提起这铭心的"八口水"，想必她早已不能记起，唯愿恩师健康多寿。张爱伦一直生活在老家，每年都可以见上几面，我曾和他说起我们"八口水"的故事，他唏嘘不已，慨叹当年太过顽皮。只是曹春光多年奔波于外，再也未能见到，不知还有无机会与他分享这少年时的欢乐往事。

欢乐串烧

（1）小时候不愿洗脸，小脸又常常弄得很脏，每次洗脸都是一家人强迫我完成的。一次，家里人又要给我洗脸，我坚决不同意，母亲、小姑便抱住我，祖母动手去洗，我没有逃脱掉，就号啕大哭。大家把我放开后，我一下子冲进厨房，抓了一大把锅灰抹在脸上，还发疯般地直跺脚，看着我的这幅熊样子，一家人哭笑不得。从此，洗脸成了我自己的事，再没人逼我了。这件事，成为后来我给自己脸黑找的一个绝好的理由。

（2）读小学二年级时，一个课间，同学们无拘无束地谈天说地，你一言我一语的，很是热闹。就见一个同学狠狠踢了一下自己的凳子，大声嚷道："国家主席也不如我厉害！"大家莫名其妙，就问他为何这样说。他一身的理直气壮："这个凳子，我能坐，国家主席坐不得，所以我比他厉害！"同学们都大笑起来，但又无法驳倒他，便让我与他理论。我拍拍脑瓜，一边想一边说："你绝对比不了国家主席！""为什么？""因为，因为你的凳子，国家主席想坐就可以坐，但是国家主席的凳子你想坐却坐不了！"同学们纷纷鼓掌表示赞成，我的那位同学也不再讲话了，我因此很是骄傲，连自己也不知道怎么就有了这样的应对。这次反驳堪称经典，少年时的记忆就是如此醇美醉人。我的那位同学叫全传华，当时和我最是要好。后来，我给他说起这事，他很是愕然，继而大笑不已。

（3）那时，我读初一，堂哥读小学四年级。一天夜里，我俩约好偷摘邻村一位按辈分要称呼老爷爷的黄瓜。他有两架黄瓜，我们"分工"，堂哥在东，我在西。堂哥很快就收获了一大抱，我却没有摘到几个，就隔着瓜架低声问："怎么没有？"堂哥送上四字，顿时收获不少黄瓜。论学习，堂哥两年才能完成一级，但学以致用的本领实在令我佩服。多年过去，情景如在目前，我清楚地记得，那四字为："顺藤摸瓜。"

少年情怀弥足珍贵，烂漫少年最是透明。人生如线，少年的那一段必是五彩缤纷的彩线结成，那一件件深入骨髓、化为生命养分的欢乐故事则是一颗颗晶莹剔透、璀璨美丽的珍珠，彩线串珠，精妙绝伦；沧桑砺洗，真情不老。

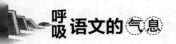
周庄碎语

著名画家陈逸飞的《双桥》使江南古镇周庄一夜间闻名遐迩，继而《双桥》成了一方邮票，周庄就有了"中国第一水乡"的美誉。

我思慕的周庄安详、静谧、端庄、秀美，到处有别致的小桥、曲折的流水、温馨的人家，她仿佛是蒙着神秘面纱的小家碧玉，珊珊可爱。古镇最有名的景点是双桥、张厅和沈厅。因周氏捐钱修了个全福寺，才有了周庄之称。

这一次，我来到周庄，沿着河边往前走，双桥终于在眼前了。一座是圆的石拱桥，古朴典雅；一座是方的石板桥，美观精致。一方一圆两座桥缘何会连在一起呢？原来桥下之水在此成了"T"字型，不亲见是很难想象的。难怪这并不宏伟壮观也无动人故事的双桥会如此令人心醉。在双桥上留影的念头强烈起来，但这时桥上桥下已是拥挤不堪了，我开始担心桥的承载力了。

窄窄的石板路上响起了高跟鞋的声音，耳畔满是嘈杂声，游人如织、摩肩接踵之于周庄已近乎一种讽刺，我心中的周庄已荡然无存了。摇船的妇人唱起了并不动听的歌谣，船桨划碎了娴雅的河水，水色显出了浑浊，偶尔可以发现几条可怜的鱼儿迷惑地打量着游客。坐船游周庄的计划自然泡了汤。

现在古镇的商店比古镇的水还要多。窄窄的街道旁全是密密的小店，古玩字画、丝绸伞扇、首饰衣裙、鱼虾糕点……品类繁盛，逼人眼目。店员们熟练的吆喝声和过分的热情让人感到了些许不适。我想，古镇周庄是不应该有如此浓烈的商业化气息的，从前的周庄定然不是这样。

随着人流缓缓挤到了张厅。张厅的建筑风格确实让人眼前一亮，其布局陈设也很容易使人想起数百年前江南大户人家的生活图景。这里竟会有一张琴，古色古香的。似乎有悠扬的琴声溪水般淌进我的耳朵，那样清纯，那样真挚，那样深邃和旷远。我陶醉其间，伸手想去抚弄琴弦，一个甜美的声音提醒了我：此乃仿制品，是发不出声音的。我方知道，周庄已经不复有美妙的琴音了！

沈厅的规模和名气都远远超过了张厅，里面的一副对联"桥从门前过，水自家中流"，颇让人浮想联翩。据说沈厅的第一任主人沈万三，富可敌国，曾捐钱替朱元璋修筑了南京城三分之一的城墙，后来因私自给明军发赏银而让洪武皇帝失了面子，终被流放。如今沈万三已经成了周庄的第一品牌，以"万三"命名的商品难以尽数。沈万三也算给周庄留下了一笔不小的财富。

随人流挤了一个上午，既没有等到梦中的小桥流水人家的影踪，也没有觅见想象中的江南秀美可人的女子，眼福终难一饱。无奈买下一只"万三"蹄膀，准备一饱口福，权作周庄一游的纪念。

周庄博物馆、周庄棋院倒令人对古镇生出了几分崇敬，可惜这样的崇敬与太多的喧嚣相比，分量实在太轻了。曾读过一篇名为《绝版的周庄》的文章，当时自己对"绝版"一词的理解真是肤浅，今天终于在现实中参透了"绝版"的含义。河滩上脚印太多了，美丽的贝壳就少了！难怪后来陈逸飞先生见到已非从前的周庄时，感慨良深，自言是他的《双桥》毁掉了周庄。

不知是谁谈起了隐士的话题。我敢断言，周庄绝无真正的隐士，无论是隐于林的小隐，隐于市的中隐，还是隐于朝的大隐都不可能选择周庄。

古堡里，若住着魔鬼，那么古堡就是地狱；星辰里，若住着仙子，那么星辰就是天堂！

周庄还是周庄，古镇终是古镇，只是我们的心变了。或许有一天，我们的心情能够晴朗起来。

那时，亮丽的阳光还会射进周庄，温暖的故事还会传出古镇。

那时，自在的清风还会邀约白云，满树的桂花还会飘散芳香。

那时，绵长悠远的小曲还会缓缓响起，秀美迷人的江南女子还会给人以香甜的回忆！

那时，小桥流水人家的江南水乡风情还会让人魂牵梦萦！

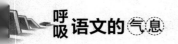
闻知家里苹果大丰收后

　　昨晚从学校回到家已逾十时，爱人说，刚才给母亲打了电话，告诉家里我们要在12月2日回砀山，母亲电话里说今年富士苹果大丰收，共采摘了三万多斤，可以听出来母亲很高兴。是啊！丰收自是农人最幸福的事情。但是，我却因此多出了一些不安，甚至想，要是少收一些苹果该有多好啊！

　　今年是老家果树的"大年"，我们计划采摘之后砍掉三亩多果树，以减轻父母的劳作之苦，因为父母亲都年过七十了，尽管身体还不错，但管理十几亩果园已经明显地力不从心了。真没有想到，这些陪伴了父母三十年的果树如此有情有义，竟然以令人惊诧的三万多斤产量作为自己的绝笔，倒令我对这些植物生出从未有过的敬畏来。不管怎样说，今年大丰收，明年父母亲会减轻不少的辛苦，都是令我们高兴的事，母亲看着满院子的果实，自然忘却了诸多的辛苦，便只剩下欢喜和满足了。

　　每年采摘苹果的时节，都是父母最劳累的日子。我在砀山的时候还可以和弟弟回家里帮一下忙，今年只有弟弟回了两次家。因为怕被磕碰，父母亲很少找他人帮助采摘果子。今年，父母亲早出晚归，有时顾不上吃饭，前后用了近二十天的时间，才把这三万多斤苹果一只只地摘下，一只只地运回，一只只地分类，一只只地存放，其劳苦可想而知。从前有我们帮忙的时候，母亲都常常累病，今年肯定好不到哪里去，只是不会告诉我罢了。

　　离家到广州已经两月有余，深知父母思儿之切，更知老人勤劳之苦，自己又很难回去，其间也就是打了几次电话。所幸我去阜阳出差时和弟弟见了一面，当时弟弟还流了眼泪。老王回了一趟老家，把这里的情况详细地说与了父母。

　　每每念及父母和祖母对自己的生养之恩，便有许多愧意，反可体念出父母

242

的隐忍和伟大。难忘我告知父母要远行广州时，父母的万般不舍和祖母的簌簌落泪，母亲的一句"你决定了，就去吧，出门不比在家，凡事要小心"便让我噎然无语。

两个月来，自己无时无刻不思念着父母亲和祖母大人以及我的家人亲友，何以为报？那就是不给他们丢脸，努力让他们骄傲，让他们因为我而生活得更有尊严。

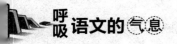

在黄菊、林天柱结婚庆典上的祝词

女士们、先生们，各位来宾、各位朋友：

大家晚上好！

此时的白金汉爵宴会大厅美酒飘香，高朋满座。受新娘黄菊、新郎林天柱双方父母之托担任今天婚礼的证婚人，见证一对新人同心携手步入神圣而庄严的婚姻殿堂，我倍感荣幸！

人生要收获两样东西：一是成长，二是爱情。初见黄菊，她就读初中，可谓烂漫天真；在高中，作为老师，见证了她的勤奋进取；现在的黄菊，已经成长为商界精英，令人欣喜。"执子之手，与子偕老"是爱情最美的图腾，最真挚的爱情就是让自己慢慢成为爱人心中所期盼的那个人。如果说生活是一本书，那么婚姻就是一幅画，爱情就是一首诗，而婚礼，就是一曲动听的歌，让我们用最热情的掌声送上滚烫的祝福，祝福新郎新娘永结同心，永沐爱河！

其实，我最想一睹新郎的翩翩姿态。今日一见，果然伟岸洒脱，气度不凡，名曰天柱，人如其名。正所谓擎天玉柱皖南力量，最美黄菊砀山芬芳。

不是所有的山峰都能被人记住高度，但是喜马拉雅做到了；不是所有的鲜花都能代表爱情，但是玫瑰做到了；不是所有的男人都有一个阔大的臂膀让爱人依靠，但是玉柱能够做到；不是所有的女性都会打理温婉精致的生活，但是黄菊能够做到。

今天是"五一"佳节，我想送给新郎新娘五个"一"：营造一个好家庭，成为一对好夫妻，拥有一样好生活，争当一个好女婿、好儿媳，早诞一双好麟儿。

在这里，我也送给大家两句话：女人最大的事业就是找到一个可以终生相爱的男人，男人的职业道德就是让老婆因你而骄傲幸福。

最后，请允许我代表新娘及其亲友向安庆人民表示衷心的感谢和美好的祝福！

这正是：皖南皖北结连理，亲水亲山有亲人。

祝所有人健康快乐，吉祥如意，一生平安！

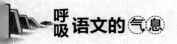

六中落成之赋

千年古砀，浩浩秦风。故河蜿蜒，汉韵绵绵。高铁广厦，巍巍群楼。
六中落成，言笑盈盈。忆昔先贤，肇造民中。栉风沐雨，砥砺前行。
精英荟萃，桃李芬芳。原址老校，囿于场所。设施滞后，市井喧嚷。
师生窘困，忧思忡忡。乾旋坤转，喜至惠临。党恩浩荡，蓝图指航。
时任领导，奔走激昂。赖有公仆，胸怀远谋。事不避难，大笔如椽。
投资数亿，辟地百亩。金秋搬迁，尽换新颜。科学论证，站位高点。
资源优化，放眼未来。标志建筑，钟楼耸空。轴为骨架，匠心独运。
院落布局，精妙层层。功能区划，合理分明。传统风格，典雅庄重。
文化气息，醇美馥郁。知识殿堂，神圣矞皇。怀揣梦想，才俊咸集。
斯校方立，人皆感奋。雄关漫道，直挂云帆。江淮一流，孜孜以求。
莫负时代，傲然潮头。盛世六中，千株竞秀。腾蛟起凤，梨都六中。
己亥孟秋，六中落成。华章谱就，勒石志之。上述伟业，以启来者。

遥寄慈亲

翌日元旦，亦是母亲受难之日。静思母亲五十年万般恩养培育，心中最柔软处被重重敲击，因地远难孝，竟至涕下若断线之珠，一时不能自已。母亲出生时，外公已辞世，故最是坚忍。幸今慈母康健，与父亲耕作土地十余亩积年不辍，生活安宁。最喜双亲且有九旬老母可奉养朝夕，每还家，我必先唤祖母，再呼爹娘，俨然稚子幼童。顾看小弟小妹携全家数口，甥侄皆伟岸，又见小儿指日而立，方知岁月不居，故土最亲。

欣悲交集，零泪以寄老母。

贱降之日思老母，娘亲哪天不思儿？

慈母育我五十载，一朝别家难见儿。

生孩娘挽青丝辫，却叹子成雪发儿。

何羡孟陶欧阳岳，上天怜爱数你儿。

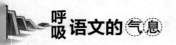

五世同堂的感觉真的很好

人生百年称作期颐，期颐之人皆跑赢了一场生命的马拉松，期颐堪为寿之完满，如此完满倒也不太稀罕。五世同堂则为家族最伟大的憧憬和最温暖的生活图画，是五代人合力进行的一场生命接力，重在传承，五世同堂殊为不易。

知天命之年渐行渐远，常省思既往，有两大憾事，一是读书太少，二是内省甚浅。每期冀前路，有三个愿望，一为五世同堂，儿孙绕膝；二为做一个不给学生丢脸的老师，培育出令自己崇拜的弟子；三为皓首苍颜之日，犹可以语文为伴，游历河川山岳。

2020年6月24日，农历庚子年壬午月戊戌日戌时（19：51），全家期待甚切的一条小生命喜诞南昌，体重3.35kg，身高50cm，母女平安，举家欢欣。女宝名字早已取就，乳名家宁，寄望熙和安宁；籍名芷瑜，"芷"，得自范文正公《岳阳楼记》之"岸芷汀兰"，唯盼生命旺盛，"瑜"，撷于"怀瑾握瑜"，以期德品高雅。

前日晚间和儿子通电话，还说预产期在本月28日，昨天小芷瑜就迫不及待地降临了，一定是被绵甜的粽香吸引了吧！

儿媳待产时，自己正在南武中学南校区打半年以来的第一场篮球，自是力量满满，仿佛年轻不少，正是人逢喜事跳得高啊！回家的路上，一边开车一边问老王孩子有没有出生，老王盯着手机等待着儿子的消息。"生了，女宝！"一路堵车，但自己一点也不急躁，在马路上拥堵的车里一样可以享受做爷爷的快乐和幸福。回家，第一件事就是赶快把消息告诉母亲，因为父母和祖母的期待之心比我还急切，母亲很高兴，她终于做了曾祖母了。母亲最关心的是母女平安，因为在她内心深处有一个永远的痛，外公二十九岁就离世了，母亲出生时并没有见到自己的父亲。这几年，每见到她孙子，母亲就会说："有你时，你老奶奶六十二岁，不知道我七十二岁能不能做老奶奶！"母亲今年七十五岁，如今有了曾孙女，自是不胜欢喜。

祖母今年九十二岁，身体康健，头脑清晰，手机号码能记得十几个。祖母十六七岁嫁给祖父，诞我父亲时只有十八岁。十年前，八十九岁的祖父辞世，祖母一人生活，并不需要人照顾。盼孙子有孙子，看孙子做爷爷就是祖母最美的心愿。

儿子发来小芷瑜甜美酣睡的照片，我和老王看了又看，夸了又夸，这孩子怎么那么漂亮呢！这孩子睡得怎么那么香呢！这孩子怎么那么可爱呢！

每每顾念前路，总觉自己是极幸运之人。家在农村僻壤，偏有曾祖父是一位教书先生，吾家便教子孙读书不辍。祖父读书不多，但读半页书也是圣贤书。父母均是初中毕业，对我读书的要求并不算低。入学之后，自己遇见的全是好老师，现在还能说起来一大串恩师的名字。工作后，遇见的又全是好领导，他们用我喜欢的和不喜欢的方式努力地成就了我。同事和朋友在我眼里也全是好人、贵人，工作上有些不同意见、生活中有些不同看法于人格全无关系。至于学生，已有一万三四千人，不肖者一个也记不起来，令自己温暖、骄傲的则不可胜数。

想起前日送给孩子们的"悦人悦己""阅人阅己"和"越人越己"，便想应将"悦人悦己"放在最重要的位置之上。年轻时可以将"越人越己"视为目标，将"阅人阅己"付诸行动，一个恰适的时段后则要将"悦人悦己"当作一种追求，让思想简约，让步履坚定，让心灵温煦，让生命真实。

赤子降临，五世同堂。自此，我有奶奶，是孙子；有父母，是儿子；有儿子，是父亲；有孙女，是爷爷。这样的感觉美妙无比，真的很好！

第五篇 学生佳作

学生佳作

——芬芳气息

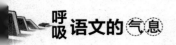

人生不能没有一种情操

张骁驰

人生不能没有一种情操，那就是宽容和感激。

曾为沈从文撰写了墓志铭的著名画家黄永玉接受采访时说，如果可能，只想在自己的墓志铭上镌刻五个字：悲悯，爱，感恩。

爱是人类最美的语言，宽容是人类最美的情操。唯宽可以容人，唯容可以载物。宽容是冬天皑皑雪山上的阳光，如果你有了宽容之心，快乐和幸福将成为你最好的朋友，因为宽容别人就是善待自己。

宽容是一种高尚的美。深邃的天空容忍了雷电风暴一时的肆虐，才有了丽日朗月；辽阔的大海容纳了惊涛骇浪一时的猖獗，才有了浩渺无垠。泰山不辞抔土，方能成其高；江河不择细流，方能成其大。宽容是海，是悦纳百川的浩瀚之海；宽容是山，是壁立千仞的巍峨之山。

孟子有言："爱人者，人恒爱之；敬人者，人恒敬之。"是花，就要美丽优雅地绽放，既香了世界，也醉了自己。朋友，能助人时，请不要爱惜你的力量；受人助时，请不要吝啬你的感激。

轻轻叩问心灵，我们赤条条降临人间，是谁恩赐了我们无尽的爱和赖以生存发展的一切？怀着感恩的心去看待万物，你的生活便无限温馨美好。生我者父母，养我者土地，育我者师长。我们应该感念我们的亲人、朋友、老师、同学，应该感谢我们的家庭、学校、家乡、祖国。生活注定不会总是惠风和畅，春光骀荡，阻力和困苦会让我们在千淘万漉、沧桑砺洗之后，更懂得宽容是一种生活态度，明媚是一种生命状态。心存感激天地宽，让我们永远都怀着一颗感恩的心吧！

"一只脚踩扁了紫罗兰，它却把香味留在那脚跟上，这就是宽容。"安德鲁·马修斯在《宽容之心》中说了这样一句能够启人心智的话。

作为一名中学生，社会并不要求我们全像刘翔那样成为追风少年，去赢取奥运冠军的金色奖章；也不要求我们都如杨利伟那样遨游太空，去实现中华民族千年的飞天梦想；也不要求我们皆是无畏勇士登攀珠穆朗玛峰，去创造征服世界第一高峰的辉煌……我们并不需要惊天动地之豪言，惊世骇俗之壮举，但我们一定要拥有一种至纯至净的情操——宽容和感激，并用自己切实的行为去诠释宽容的丰富含义，演绎感激的动人篇章。这种真切而美好的情操可以淘洗温煦博大的魂灵，濡养健康向上的精神，让作为青年的我辈胸襟壮阔，心怀远方，勇敢担负起时代赋予的责任，拥有大气而壮美的璀璨生命。

感谢你曾得到的，珍惜你正拥有的。用感恩的心，用宽容的情，温暖周遭的人，照亮前行的路。

【点评】（陈清华）

宽容、感激，确实是一种纯净美好的情操，人人都应当坚守。在美美与共、天下大同的今天，陶冶高尚情操，濡养家国情怀是青年成长的需要，也是时代发展的要求。文章立意高远，结构谨严，善用整句，极富文采。

（该演讲词被收入《春韵》一书。作者2010年考入南昌大学，现供职于厦门航空公司）

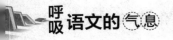

Miss清华

肖 迪

不知道清华看到这个中西合璧的题目会不会无奈地摇头？貌似语文老师都会痛恨英语。现在很多人都喜欢叫他"老陈"吧，而我还是比较习惯"清华"这个称呼，或许只是想证明他曾是我的老师。

前语文老师，这个"前"字必须加上，唉，很无奈！昨晚复习语文必修（1），真是"温故更怀故"啊！记得高一入学时，我对一切都感到新奇，老师说的每一句话都想记下来，规规矩矩地认真听讲，语文课本上更是记得密密麻麻，连自己都要感慨：壮哉！但那些令人头痛的"介宾短语后置""名词活用作动词"之间也藏着很多令我会心一笑的香甜记忆，那就是清华上课时给我们"胡侃"的痕迹。那些简单的字句就如磁铁一般，把脑海中的记忆碎片全都吸在一起，那些画面如此清晰，以至我都不敢相信时光已逝去一年多了。

在学《沁园春·雪》时，清华那气势磅礴的朗诵和夸张的动作，惹得我差点没笑翻，但后来那个画面就深深地刻在了脑子里，朗诵不就应该是这样的吗？又翻到《再别康桥》，一句话顿然让我眼前一亮，心头一热："拿起来又放下的是你的照片，拿起来却放不下的是我的心。"这是才子清华君写给他老婆情书里的句子，多浪漫呀！我想，师母当时都幸福酥了吧！清华上课时总爱扯点乱七八糟的生活琐事，我们也随着他神游万仞，心骛八极，有时说得激动了，正课就上不完，但他总有办法，不还有课间十分钟吗？于是就一口气把要点讲完。高一时还有点愤然，现在竟十分怀念那种情形了。每每看到他现在教的十六班的孩子在上课前半分钟冲向卫生间的情景时，我常常就会想，自己若是其中一员该有多好啊！

清华的老规矩就是在课前搞一个以"名言、成语、楹联和演讲"为内容的小活动，同学们轮流登台，每次三人，这活动还有一个动听的名字——"呼吸语文的气息"。记得刚开始时，大家听到语文课有这个任务，全是一脸的惊恐状，然后开始计算何时会轮到自己，最先轮到的同学就会哭丧着脸喊怎么办怎么办。后来这些逐渐变为我期待语文课的一个原因，每天都能听同学讲小故事，谈大道理，真的很享受。总会有那么几个奇葩说出让大家亢奋的话题，清华再附以"陈氏style"点评，呵呵，真是如他所说，语文让我们"温煦，厚重，博大，丰盈……"不过我发现自己高一时练就的脸不红心不跳的"本领"已经退化殆尽了，现在的语文课，我们无须煞费苦心地准备，倒多了几分悠闲与茫然。高二刚开学时有人还特欣喜地说："我们语文老师终于不整那一套了，真好！"可是，真的好吗？

还记得去年十六班的孩子为他秘密定做了生日蛋糕，在元旦那天为他送上了温暖的祝福，他还特可爱、特投入地跳了一回鸟叔的"江南style"，看着他和同学们闹成一团，真的羡慕不已。就像华丽的舞台在上演话剧，我一个人在台下看，不由自主地被吸引上去，却无论站在哪里都显得格格不入。不知为何会有这样的感觉，只是知道高一有他相伴的时光已然回不来了。

时常听清华现在的学生说起老陈如何如何，我只能在一边静静地听着，想插嘴却半句也插不上。我怎么变得那么矫情？说起一个过去的老师会那样伤感，可能是我更爱怀旧吧！正如清华所说：真正有用的东西是那些高考过后还剩下的。一年过去，他留下的那些或幽默或温馨或深沉的片段我一直记得。

他那一口一个的"孩子们"，我真的很久没有听到了；他腆着肚子叉着腿笑眯眯地说"抄《鸿门宴》的课文并翻译"的样子，我也很久没有看到了；他大手一挥脱口而出的"有一种……叫……"，我也很久没有听到了。现在时常碰到他还能高兴地打声招呼，不知以后是否连打招呼也会成为一种奢求呢？

只是想起那句俗套的话：珍惜现在。

（本文发表于《当代中学生报》。作者2020年南京师范大学硕士研究生毕业，现供职于上海某公司）

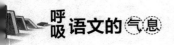
怎样放风筝

刘育坤

　　每年三四月份，家乡便会四处梨花飘香，蜂舞蝶忙。人们每每会在这个时候约上朋友，带着家人，找上那么一块平坦开阔、绿草如茵的地方，快活地放起风筝来。走在路上，不经意地抬起头，便会看到三两只五颜六色的风筝，或是花蝴蝶，或是小燕子，或是展翅的雄鹰，自由自在地在高空飞翔。

　　说起放风筝，不禁想起了儿时那段难忘的时光。东风的脚步近了的时候，我和小伙伴们总是会趁一个风和日丽的日子，背着家长，偷偷跑去放风筝，在玩得酣畅淋漓之后才踩着自己拉长的影子回家。当然，耽误了正事，难免会受到家长的一顿责骂。不过说也奇怪，虽然受到了责骂，我们并不懊恼，反而总是在心里偷偷地笑。

　　放风筝时，我们往往是两三个人一组，一个扯着线，一个拿着风筝，再有一个就是在旁边拼命加油。趁着风势大的时候，拉直了线，放开风筝，快速地逆风奔跑。不过这时候的风筝还不能一飞冲天，倒是常常会左摆右摆，别别扭扭地在半空徘徊。这就需要有足够的耐心了，拿线的人要快速地奔跑，边跑边把手中的线放长一点，然后再迅速拉紧，这样重复几次，风筝便会乖乖飞起来。当风筝飞到一定高度之后，就不需要再跑来跑去，所要做的便只剩下慢条斯理地松开手中的线，时不时顿一下，抖动抖动。风筝就在你头上越飞越高，哎呦，小心！要和别人的风筝撞在一起了——最让人头疼的事就是自己风筝的线和别人的缠在一起，这让我们不得不花大把的时间来把纠缠在一起的两股线分开。

　　看着天上的风筝，我常常幻想，要是哪一天可以化为天上的一只风筝，无拘无束地飞翔，走遍海角天涯，万水千山，和云朵嬉戏，与清风为伴，那该是一件多么惬意的事儿！可是，风筝飞得再高，也会有一根线连着大地；人飘得再远，也会有那么一种叫作乡愁的情思连着故乡。风筝终究要回到大地的怀抱，游子的心始终萦系着故乡的山山水水。

虽然已经有很多年不曾放过风筝，可每一次看到天空中自由飞舞的纸鸢，儿时那段欢乐的时光便会如同一张张胶片闪现在眼前。那些难忘的日子，正如一坛佳酿，在心底窖藏得越久越是醇香醉人。闲暇之时，品上那么一小樽，便会把你带回那条记忆的河流，让你仿佛又看到儿时的那只风筝。

闭上眼，只听见风在耳边呼啸，而手中的风筝已飞得越来越高。

（第十四届"新世纪"杯全国中学生作文大赛一等奖作品。作者2014年以全省第二十三名的成绩考入清华大学，现就读于中国科学院大学）

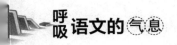

我真的爱您

陈子婕

　　时光悄然流转于世上尘纷的罅隙之间，迈着轻盈的脚步散落一地，我未曾察觉。踏过了无数风花雪月后，我蓦然发现，她老了，真的。

　　于是，年少的心开始不安，开始恐惧，开始迫不及待地回忆有关她的一切。生怕瞬间抓不住她的什么，便会永久地失去她。茫然的我像一个迷路的孩子一样不知所措，陷在时光与记忆的旋涡里，不能自拔。

　　她是我的祖母，是我最亲最爱却和我没有血缘关系的人。在"不孝有三，无后为大"的封建思想面前，她妥协了。不能生育的她接受了丈夫出轨的事实，在别人质疑与诧异的目光中毅然将丈夫与别人的孩子，也就是我的父亲，抱回家中。忍让、坚强，从那一天起成了她的代名词。她付出了为人母的所有心血，用一个女人阔大的襟怀默默地包容身旁的一切。她努力地、细心地照顾着孩子，几十年如一日，直到孩子成家立业，再有了孩子——她的孙女，我。

　　儿时的记忆清晰如昨。父母出外务工，祖母便成了日夜陪伴我的人。衣食住行，无一不周到细致。我的童年世界里，有无穷无尽的新奇事物。插上竹扦就会旋转的金龟子，色彩艳丽的蝴蝶，碧绿色张牙舞爪的螳螂……都像从她的手中变出来的，这激发了我对大自然最初的兴趣。

　　祖母做的吃食亦是极好的。父母不在身边的日子里，她做的可口的面汤，她煮的黄糯糯的小米粥，她包的三鲜馅的饺子，甚至她炸的小小的萝卜丸子，都是我至今难忘的美食。已经快成年的我现在偶尔想起来，还会像馋猫一样问她要这些吃食。她也总是不厌其烦地做给我，眼睛笑得弯弯的，眯成了一条缝，嘴里不断地重复着"你爱吃就好，你爱吃就好"……

令人庆幸的是祖母竟读过私塾，她自然成为我人生的发蒙者。"粒粒皆辛苦"的物力维艰，"霜叶红于二月花"的深秋景象，"出淤泥而不染"的高尚节操，祖母都一一为我解读。是她，在我还不谙世事的时候，用慈祥与温柔雕刻了一个我。

每一个关于她的细节，我都深深地刻在胸口；每一次源于她的感动，我都努力地铭记心间。就这样年年岁岁，因为有她，我不畏前途一切艰险；就这样暮暮朝朝，因为有她，我不怕坎坷一路向前。我的生命，已经烙上了她永不磨灭的印记。

夜色如水。

伫立在微凉的风中，轻言一声：祖母，我真的爱您！

【点评】（陈清华）

作者爱祖母缘由有三：一是祖母老了，勾起了"我"的不忍之心；二是"我"和祖母没有血缘关系，她竟一生疼爱"我"，祖孙情笃；三是祖母教育了"我"，"用慈祥与温柔雕刻了一个我"。作者用饱蘸真情而又不事张扬的细腻之笔记下了祖母的生命轨迹，抒写了自己对祖母的感念和依恋，字字关情。儿时的记忆则如彩线串珠，事事传情。写出了一位坚忍、宽厚、饱经沧桑的祖母，一个懂事、重情、快乐成长的孙女，人间真爱，血浓于水。从本文来看，写真人、说真话、写真心、动真情是中学生记叙文写作的上佳选择。

（本文发表于《读写天地》。作者2014年考入陕西师范大学，现供职于北京某公司）

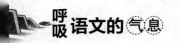
我的树先生

魏佳惠

　　我不愿你做责任太重的大山，只想你做一棵树，温柔待在我身边就好。

　　最好的开始是偶然的相遇，像在一个吹拂着清风的夜晚，刚好升起一弯明月。奶奶告诉我：你是年画里的娃娃，不知哪一天被我亲了一口，就从画里跑了出来，闯进我的生命。十二年前，在你的强烈要求下，在爸爸深思熟虑后，相差一岁的我们坐进了同一间教室，开始了相伴的光阴。我们一起吃饭、看动漫、打游戏、写作业，分享着每天的分分秒秒。直到多年以后，我才明白"郎骑竹马来，绕床弄青梅"是对那时最好的形容，但却不适合我们。树先生是我在这个世上最亲的人，我们一起走过了彼此生命里最单纯简单的十六年。

　　旧时光，总以其斑驳的模样尘封在我们的记忆里，待我们回首时说上一句：你好。犹记当初是有多么厌烦妈妈喊你时那宠溺的语气，又是有多么讨厌每次爸爸在我们吵架时说的那句："你是姐姐，你要让着他。"那时的我总是很羡慕那些不用带弟弟上学的姐姐们，觉得她们超酷。我坦言，甩掉你这件事，我想过很多次。直到有一年夏天，天气很热，我们一起去学校。你看见路旁干涸的小河，非要调皮地跳到上面，谁知，刚踩上去，就被淤泥"抓"住了双脚，怎么也出不来。我站在岸边，抓住你的手，把你往上拉，用上我所有的力气，一边拉一边哭。当你一脚泥走上来时，我突然发现自己也没有那么讨厌你。每一张毕业照，我们家都有两张，一模一样。有时家长会，我们爸妈会是前后位。我们也曾一脸孩子气却无比骄傲地告诉妈妈说："如果班里评选最美妈妈，获奖的一定是你。因为每个人都会选自己的妈妈，而你会有两票。"树先生，你看，因为有你，这些回忆像极了沪上的红霞。

是谁说长大了便会懂很多？幼稚如我，总是被你照顾：一次次包容着我的任性与无理取闹；一遍遍听着我的抱怨，忍受着我的小脾气；永远记着我的小秘密，"借"给我花不完的零花钱。记忆中有那么一天，不知是为了什么，我在树先生面前哭得一塌糊涂。他笨笨地在一旁安慰我，反复说着："不要哭啦……"更多的是沉默。其实树先生不用说话，站在那里，本身于我就是一种语言，可以给我旁人无法给予的安全感。树先生那天告诉我："你想做什么，我都会陪着你。"那一刻，感动之余，恍然发觉，原来我的树先生已然可以让我依靠。他承载着我太多的眼泪，见证过我太多的脆弱，在他面前，我可以肆无忌惮。因为我知道，不论发生什么，他都会是我的出口，我永远的紧急出口。

高三，是我和树先生不在一个班的第二年。但不幸的是，这不是结束，而是一个开始。未来，我们的征途是星辰大海。而他无法陪我去更远的地方，就像我没有办法陪着他一样。我们会就读于不同的大学，生活在不同的城市，拥有不同的朋友和工作，有着自己的家庭和生活。我们没有办法再去拥有和彼此同步的第二个、第三个十六年。没有人可以定格画面，时间也不会止步不前，我们终将独自长大。

也许，每个人都会有自己的树先生，那些温柔地陪着我们长大的人。虽然不如大山般巍峨，却是我们的骑士，我们心底的小骄傲。如同轻风懂得铃儿的喜怒哀乐一般，分享着我们那不长不短的一生。

愿我的树先生可以被这个世界温柔以待，愿我们都可以去珍惜出现在我们生命里的那个树先生。

【留言】（佳慧）

这张照片是20号我们建档那天，我趴在你办公室门口偷拍的。很想进去跟你说说话，看你太忙，只好走了。我们早就知道你要离开砀山，所以如今只是不舍，没有太多惊讶。你知道吗？没有你的砀中，失去了很多很多，好像再没有人在那等我们了。老陈啊！遇见你是我的幸运，以后会有更多的人能感受到这份幸运，所以我并不悲伤你的离去，因为你在逐光而居。不管老陈在哪，我都相信你会过得很好，不因为其他，只因你是我们的老陈。要记得哦，我们的征途是星辰大海，我们不说再见！

（本文发表于《读写天地》。作者2017年考入四川师范大学）

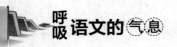

科学刷题　彼岸花开

张骁骋

不知不觉中，人的成长便与刷题紧紧联系在一起，刷题俨然成为中学生的一种生活方式。

作为一名高中生，我从不反对刷题，只是不赞成沉溺于题海，没有方向、毫无思想、暴虎冯河般地刷题。谈到刷题，我可以直言不讳、发自肺腑地说，它并不被太多的同学喜欢，但几乎每一个渴盼步入神圣大学殿堂的同学都在埋头刷题，拼命刷题也就成了很多人实现理想的不二法门。

毫无疑问，如果没有一定题量的保证，想在考试时游刃有余是不太可能的。就我而言，在上完一堂数学课后，自己常以为听懂了、掌握了所学的知识点，可以完成所有的题目，便不再借助刷题去巩固。但事实并非如此，在课后练习和考试时，自己才发现听懂与会做之间相去甚远，竟然有不少题目无从下手，眼高手低的教训还是很惨痛的。看来，适度刷题对学生来说是极其必要而有效的，难怪诸多高考状元都把适度适量刷题奉为制胜宝典。

刷题的积极意义显而易见。刷题的环节是促使学习行为不断强化的必要过程，刷题的经历是每个人学习和成长生涯中都绕不过去的重要内容。题目是对学科知识点的概括与拓展，刷题是掌握知识、运用知识、形成技能的必要途径。学霸的标志之一，就是不惮于刷题。他们常以刷题为学习之乐事，以解别人不能解之难题为平日之快事，刷题也就成为学霸们的家常便饭，刷题最直接的效果就是使解题变得熟练，熟练又是学习能力提升的前提。都说熟能生巧，其实何止生巧，更能生方法、生灵感、生创新。

既然如此，中学生只是一味地刷题可否就能高枕无忧、万事大吉了呢？

一味地刷题肯定会有一定的作用，但同有目标、有计划、有步骤地刷题相比，其效果必然要大打折扣。这和在沙漠里行走是一样的道理，倘若我们没有指路的工具，只是像无头的苍蝇一样在沙漠里四处乱撞，那样，我们不但不能走出沙漠，反而会消耗更多的体力，导致身体更快地崩溃。看来一味地刷题是不聪明的、不可取的，我们要带着思考去刷题，要将刷题与分析、总结、归纳、纠误、探究等相结合，不断提高刷题的针对性、高效性和合理性。

刷题，刷的不单是题量，更应该是质量。有很多同学勤于刷题，常常被资料包裹得严严实实，每天也似乎比所有人都刻苦，但成绩却没有多大起色。这就是因为他们忽视了刷题的针对性、高效性和合理性，熟练而无积累与升华，错误而无反思与精悟，量的积累并没有促成质的飞跃，从而造成尽管每日刷题不辍，成绩不进反退的局面。

我们刷题，不仅是为了积累更多的题目类型，让自己在面对各种各样的题目时可以从容以对，得心应手，更是为了对已经学过但并未彻底掌握的知识点加以巩固，深刻剖析，以探求规律，形成技能，举一反三，触类旁通，尽得学习之理趣，切实提高自己的学习能力和科学文化素养。

正所谓：题海无边，科学刷题有彼岸；书山有路，智慧取舍可登攀。

很多时候，我们也会大谈特谈刷题的种种弊端，说它单调重复、枯燥乏味、收效甚微，那是因为这样的刷题没有融入自己的思想，缺少科学的灵魂。当然，再科学的刷题也会有单调重复、枯燥无味之感，我们要耐得住单调和枯燥，相信重复的力量，懂得乏味之后有大滋味的道理。学习如此，生活也是这样。念念不忘，必有回响，只要我们怀揣梦想，有时候，单调重复何尝不是一种幸福？枯燥乏味何尝不是一种真味呢？

高考存，刷题兴。只要有选拔性招生考试制度的存在，我们就无法回避刷题这一令人爱恨交加的应对方式。但我们要理性地认识到，设若眼下真的没了高考，我们中的大多数人未必会比现在过得好，在今后一个很长的时期内，刷题依然是中学生重要的学习和生活方式。

刷题是一种学习方式，更是一种生活态度，而科学刷题则是一种生命智慧。科学刷题，彼岸花开，我选择智慧前行，要刷题，要分数，也要诗和远方。

（第十六届"叶圣陶杯"全国中学生作文大赛获奖作品。作者2020年考入中南大学）

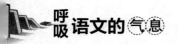
博览与熟读

赵云啸

博览，广泛阅览；熟读，反复阅读。一个是面，一个是点。

博览群书、学富五车是对有大学问大成就者的赞美之词，也是历代读书人的梦想与追求。

开卷有益，博览有利于积累。登书山，临学海，我们领略了煌煌历史和璀璨文明，游历了南国北疆、印度欧洲，知道了秦皇汉武、唐诗宋词，认识了宇宙永恒、岁次更替，懂得了孝悌忠信、礼义廉耻，学会了悲天悯人、感恩豁达。唯有充分地阅读与积累，我们才能获得广博的知识，继而感悟生活，明事理，知荣辱，晓进退。

书籍是人类的精神食粮，积累之上便是积淀。从小到大，我们吃过很多食物，虽然已经说不出来都吃过些什么，但可以肯定的是，它们中的一部分已经长成了我们的骨头和肉。只要我们去广泛涉猎，以书为伴，与书交友，浑然未觉间，我们就会生出不少的厚重、沉静和优雅来，因为那书香也化作了我们的骨肉和精神。

林清玄说："一个人的气质里，藏着她读过的书。"此语用来形容林徽因，倒是极为妥帖。林徽因从小就泡在父亲林长民的书斋里，广泛涉猎，在她那最聪慧的日子里，到底读过多少书连她自己都记不起来了，人常以"民国才女"谓之。她那一望而皎然的优雅，都是厚积薄发的沉淀。

由此可见，博览可以变浊俗为清雅，转狭隘为开阔，化执念为淡泊。

但是博览也要有重点，并非漫无目的地乱翻。我们应该知道，这世上是有一些污浊之书的，博览的同时还要睁开慧眼，有所读而有所不读，切不可被一些粗劣的文字毒而害之。

有了博览这一"面"的基础，就可以进而熟读，在"点"上下一番功夫，正所谓博观而约取。熟读的要义在于深思，清代学者袁枚在《随园诗话》中写道："盖破其卷取其神，非囫囵用其糟粕也。蚕食桑而所吐者丝，非桑也；蜂采花而酿者蜜，非花也。"浩瀚书籍中蕴含着无穷的珍品和极品，也藏纳着不少的次品和赝品，因此我们需要在熟读的过程中汲取精华而弃其糟粕。卢梭说过："读书不要贪多，而要多加思索，这样的读书使我获益不少。"熟读和思索要紧密结合，而深思便是熟读之后的一个行为体现。文字的背后是情感，是思想，是灵魂，只有在深思中才能与作者情感相通，思想碰撞，心灵交互。

我初读《林徽因传》时，只是一如众人，为其才貌而折服。后来，读了更多的作品，慢慢有了自己的思考，现在我看林徽因已由仰慕升腾为崇敬，因为我终于知道，她生命后期的主要工作是跟着梁思成深入基层考察古建筑，为战争中的文物保护事项乃至中国的城市化建设立下了不朽之勋。她的代表作品叫作人民英雄纪念碑，代表性名言更是霸气："门外就是扬子江。"——这句话是对劝她和丈夫离开西南联大飞赴美国躲避战乱的美国友人说的，当时她一度患病卧床不起，然而美国友人问她日本兵来了作何打算的时候，她给出了这样的回答。正是熟读和深思让我尽得读书之乐、读书之趣、读书之理。

博览与熟读不单是读书之法，又是两种应有的生活态度。比如交际，有时我们就要像博览群书般与多数人交往，而你身边的那些德才双绝的良师益友，才是一部部值得倾心熟读的名著，与他们深交便是熟读的过程，越深入，受益越多。书若生活，生活即书，需要我们用一生去读、去悟。

"惟书有色，艳于西子；惟书有华，秀于百卉。"去阅读，或博览，或熟读，读书之妙，存乎一心。

（第十六届"叶圣陶杯"全国中学生作文大赛获奖作品）

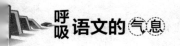

念念不忘　必有回响

王扬州

何事吟余忽惆怅？村桥原树似吾乡。

思绪就像抓不住的飞絮往北飘，飘飘荡荡落闽南。那里的人钟爱千回百转的歌声，一展歌喉之时，亦是表情达意之际。想到福建，几缕喜悦便上眉梢，萦绕耳畔的是婉转悠扬的闽调。

未见其景，先闻其声。人们最耳熟的大概是《闯码头》，它唱着先民沿海靠山辛勤劳作的情景，每个人都通过自己的付出换来了美满的生活，每一个音符都在跃动，诉说着人脸上朴实的笑靥。早在牙牙学语时，家里便经常播放这首歌，那是我快乐的时光。

既闻其声，眼帘入景。有人说过"多水的南方是易碎的玻璃"，可这里不仅仅有清澈的河水，更有怪石嶙峋，有峰峦叠起，满片的郁郁葱葱就这么横冲直撞。爬不完的石头山是儿时最常光顾的地方，而其中大片大片的绿，便是铭刻于记忆里的颜色。

景之美也，味亦鲜矣。小时候，最诱人就是母亲做的独有福建风味的香肠。伴随着氤氲的雾气，香肠出笼，空气里便充斥着绵密的香味。蘸着特制的酸辣酱汁入口，肥而不腻的肉馅和鲜嫩滑腻的肉汁便在嘴里翩翩起舞，唱起了欢快的歌。食而不厌，仿佛置身天堂。

佳肴过后，香茗上桌。大红袍的原产地便在家乡，看茶叶在热水中不断舒展身子，就像慢慢醒来的孩子。水有了颜色，渐渐变暗，是好看的橙红。啜上几口，茶香一点点带走油腻，毫不客气地冲进鼻腔且霸占了它，愉悦的情绪被它支配，实是享受。

每一只船总要有一个码头，每一只雀儿总要有一个归巢。求学时总会挂念着故乡，这种牵挂在读到余光中的《乡愁》之后，更真切、更深沉了几分。心头一紧，又是一阵触动，我在这头，乡里的风物在那头，欲回不得的滋味总让心里泛起层层涟漪。家乡，对苏轼来说，是"天涯倦客，山中归路，望断故园心眼"的愁思惆怅；之于李白，则是"仍怜故乡水，万里送行舟"的俏皮可爱；而对于高适，就成了"莫愁前路无知己，天下谁人不识君"的旷达豪放了。

于我，家乡始终是心灵的支柱，是光，它撑起了我对未来的美好幻想和对祖国的无限感念，照亮了我的童年还有整个人生，不管何时何地受到挫折阻挡，它都在那里，为我留一盏灯。

每个人的家乡都有独属于自己的光亮，点点光亮映照了泱泱中华的壮美河山。生活在这片土地上，是一种福分。感谢相遇，有幸欣赏那番美景和一抹艳丽。雨露飘落大地，汇成小溪流奔向海；心里念着家乡，就一定会有回响。

（第二十届世界华人学生作文大赛中国赛区二等奖作品）

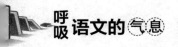
故梦·味道·心念

黄海晴

"旧忆就像一扇窗，推开了就再难合上，谁踩过枯枝轻响，萤火绘着画屏香……"轻轻的歌声里，素人在轻轻地唱，回忆像默片般静静播放，却也只能刻下一寸一寸旧时光。

我的故乡是湛江。这儿上有蔚蓝的天空，下有湛蓝的大海，还有翩飞的海鸟，每一样都深锁着我的梦。相忆怕相思，入骨谁得知？故乡本无愁绪，只因游子长思恋；故乡本无味道，只有远人品尝到。

在故乡的每一天，总能寻觅到不同的乐趣。

晨曦暖暖，空气中弥漫着山野的清香。我提着麻袋穿梭在自家田间，时不时顺手摘下好吃的偷尝一口。表哥递来一样东西，我张嘴就咬，又辣又苦的味道在口腔蔓延开来，没想到是一块姜。走着泥路，我笨笨地抱着鼓鼓的小麻袋，用蹩脚的方言哼着歌，兴尽而归。

故乡的这片田，让我心心念念的，是扑鼻的泥土味和留于指上唇间的瓜果香，还有表哥送我的那块姜。

暮色四合，我疯跑着穿过青瓦小巷，一路都是人家的烟火味。大舅妈在忙着准备晚饭，周围有不少小伙伴在"煽风点火"。当大人们把柴放到灶里生火时，我们就在一旁捣乱，等到火势好不容易稳下来，我又抓起一把干草往灶里扔，顿时火星四溅，小孩子爱"玩火"果真是天性。

故乡的傍晚，让我心心念念的，是醉人的黄昏，是烧饭时那满灶的红红火火。

除夕之夜，奶奶忙着点香烛。一根根矮小的红蜡烛密密地排放在一起，大大小小地组成宝塔形状，看去，一片红光映照。此时，窗外起伏的鞭炮声忽远忽近地响起，每一声响都寄托着乡亲们或大或小的愿景。奶奶对着烛光在絮絮地说着什么，我实在听不太懂，但我知道，老人家一定是在为她的子孙祈福。注视着奶奶在红光映衬下愈显苍老憔悴的样子，我的两眼不觉婆娑。

故乡的年夜，让我心心念念的，是辞旧迎新、迎祥纳福的爆竹，更是奶奶一身的甜涩香火。

味道是难于记忆的，理应是每念及故乡，一种味道就自然地把我们裹得紧紧。在数不清的夜里，故乡的影子悄然入梦，有时沉浸其中，不觉莞尔；有时蓦然惊醒，眼角挂泪。这恰好印证了冰心的一番话：梦，最能"暴露"和"揭发"一个人灵魂深处连自己都没有意识到的"向往"和"眷恋"。可入梦者，必有因果，梦醒与否，心思如故。

这是一场深入心底的故梦，无论结局好坏，总能轻易勾起内心的情愫。思乡之愁的确难耐，但能因此放弃那份念想吗？诚如叶圣陶先生所言："假如这味道是甜美的，我们固然含着笑来体味它；若是酸苦的，我们也要皱着眉头来辨尝它：这总比淡漠无味胜过百倍。"无限甜美也好，百般愁苦也罢，但这些都是故乡的味道。

没有故乡的人，身后一无所有。再吸引人的远方不过是一个美丽却冰冷的地方，终抵不过故乡的真实和温暖。"游子悲故乡"，萍飘四方的游子无论多么贫困潦倒，或是大富大贵，听到乡音时便会涌出热泪，这便是他们心有所归的幸福，亦是故乡给予他们的信念。

"这场故梦里，人生如戏唱……孤桨声远荡，去他乡遗忘。"故乡，是梦的起点，也是灵魂的归宿，哪怕相思无穷处。

（"楚才杯"全国作文大赛一等奖作品）